老智谈智慧

◎陈 越

LAOZHI TAN ZHIHUI

中国市场出版社

China Market Press

·北京·

图书在版编目（CIP）数据

老智谈智慧/陈越著. -- 北京：中国市场出版社，2018.2
ISBN 978-7-5092-1629-3

Ⅰ. ①老… Ⅱ. ①陈… Ⅲ. ①哲学-研究-中国 Ⅳ. ①B2

中国版本图书馆 CIP 数据核字（2018）第 032206 号

老智谈智慧

LAOZHI TAN ZHIHUI

著　　者：陈　越

责任编辑：晋璧东（874911015@ qq. com）

出版发行：中国市场出版社

社　　址：北京市西城区月坛北小街 2 号院 3 号楼（100837）

电　　话：(010) 68034118/68021338/68022950/68020336

经　　销：新华书店

印　　刷：天津嘉恒印务有限公司

规　　格：170mm×240mm　　16 开本

印　　张：16. 5　　字　　数：220 千字

版　　次：2018 年 4 月第 1 版　印　次：2018 年 4 月第 1 次印刷

书　　号：ISBN 978-7-5092-1629-3

定　　价：39. 00 元

前　言

　　人类的智慧在不断地进化，正如历史在不断地前进。作者试图用一种探索性的理论，运用唯物主义的思想方法，结合现代信息系统的基本论述，揭示出生物系统最本质的特征。生物系统除了物质和能量的循环，还有一个信息的循环，这个循环形成可以使用信息的系统，所以生命就是第一个信息系统。所谓生物系统的基本特征，例如：系统总体功能可以大于部分之和、可以实现负熵，以及最为重要的是系统能够不断进化等，都是建立在信息系统的基础之上。

　　生物内部的信息系统是生物进化的根本原因，由此找到了衡量进化程度的相关标准，进而可以结束有关进化论的长期争论。在此基础上，我们建立起生物信息系统分层次进化的逻辑体系，首先是细胞层次的 DNA 信息系统；之后是由此进化来的多细胞生物的由组织和器官构造的神经信息系统；第三个层次才是通过语言形成的无线网络，由人类个体构成的信息系统。通过对这些系统的特点、运行机制和进化过程的分析，揭示了生命、人和人类社会的共同本质特征，找到了生物进化与社会进化共同的规律，从而构建起严格的逻辑与历史相验证的理论体系。

从这个角度来看待社会，就能发现社会的发展不仅有生产力和生产关系，还有更深层的结构，我们称之为基础信息结构，这个结构制约着社会系统的信息接收、传递、处理和使用各个环节，决定着这个社会所处的进化阶段。同理，我们也可以通过加速信息基础结构的进化，来促进整个社会系统的快速升级，找到一条不同于传统国家之间竞争方式的发展道路。

人类精神的"直立行走"

　　不用多说，大家都知道直立行走对于人类进化的意义，不但解放了双手、为大脑进化创造了条件，更重要的是抬起头的古猿获得了无比宽阔的视野，极大地丰富了大脑的信息来源，加速了大脑的进化，从而促进了新层次信息系统的形成，终将其他竞争的物种踩在脚下。

　　在人类经历了几百万年的文明进化之后的今天，人类精神作为一个整体终于开始挣脱各种利益的羁绊，艰难地抬起头、挺起身来，跳出自身所处的环境局限，开始又一次真正意义上的"直立行走"，这是人类精神上的直立行走，新的智慧进化的理论体系构建起支撑人类精神直立的脊梁。

　　新理论使我们站得更高，将人类社会几百万年的发展、进化，放到几十亿年的生物系统进化过程之中，而这几十亿年的生物进化又是上百亿年的宇宙物质系统演化的历史长河中的一部分，从而补充和完善了宇宙物质系统从基本粒子-原子-分子-大分子，到单细胞生物-多细胞生物-生物群体-人类社会的演化秩序。

　　新理论使我们看得更远，什么个人的七情六欲、民族的恩怨情仇、国家的是非黑白，无非是历史长河中的几朵浪花，而沿着大河奔流的方向我们所看到的是人类社会仍然延续着生物进化的规律和进程，不管遇到任何艰难险阻，总有一种力量推动着生物系统由简单到复杂、由低级到高级的不断进化，这是不以人的意志为转移的。

智慧进化理论揭示了这股神秘力量的根源和本质，其根源就在于生物系统所具有的特殊本质，也就是生物信息系统的不进则退、不进则亡的属性，从而也揭示了地球上生物进化的历史使命。**这个使命就是一定要在地球这个适于生物生存和进化的环境窗口关闭之前，将这个经过三十多亿年生物进化的成果——人类智慧系统保存下来，并扩散到宇宙之中，使生物进化在宇宙中持续下去，并向更高级的阶段迈进。**这就是我们人类肩负的伟大使命，也是我们生存的意义和全人类共同的发展目标。

站得更高、看得更远，自然理解得更深，我们从生物进化的过程中发现其有别于之前简单物质系统演化的特殊规律，也就是说，其内部除了具有物质系统所共有的物质和能量的循环之外，还有一个特殊的循环，这就是信息的循环。这个循环必须具备信息接收、储存、传递和使用等环节，由此构成的信息系统才是所有生物系统的共同本质特征，而由信息系统的运行机制所导致的生物系统演化的特殊性，正是大家称之为生物进化的原因，这个规律贯穿所有生物系统进化的始终。

信息系统是生物系统所具有的共同本质特征，所有的生物进化本质上都是生物信息系统的进化，最早是由细胞DNA构成的大分子智能信息系统；之后升级为由动物组织和器官构成的智力神经信息系统；最高级就是人类个体通过语言的无线网络组成的智慧信息系统。每一层次的信息系统都有各自组成结构的不同特点、不同的运行机制，以及不同的进化规律。

对于生物系统共同本质特征的揭示，是建立在近现代一系列科学理论发展的基础之上，是对于系统论、信息论、控制论等一系列新型理论的高度总结和概括。智慧进化理论用更新的、更简单的概念和理论，来解释生命、人和社会，为我们促进人类社会的进化指明了方向。

与几百万年前类人猿的直立行走相类似，这次由智慧进化理论体系带来的人类思想的直立行走，明确了全人类共同的进化目标，揭示了人类社会生物信息系统的本质，以及社会发展的终极原因，必将为整个人类新型"大脑"的建立和形成创造条件，从而将整个人类社会带入到更高级的进化阶段，我们称之为大智慧系统。

接下来就让我们走进神秘的智慧进化理论之境，并尝试用之来分析现实社会的具体问题吧。

是为序。

陈　越

目　录

老智谈智慧之一——从"智"开始／1

老智谈智慧之二——智慧的起源／5

老智谈智慧之三——生命第一阶段的进化／10

老智谈智慧之四——达尔文的生物进化（1）／21

老智谈智慧之五——达尔文的生物进化（2）／31

老智谈智慧之六——什么创造了人？／46

老智谈智慧之七——初级智慧系统的进化／68

老智谈智慧之八——从部落升级到国家／86

老智谈智慧之九——建立在文字上的国家／102

老智谈智慧之十——制度进化的歧路／114

老智谈智慧之十一——民主制度的理论基础／127

老智谈智慧之十二——系统之间的"代差"是如何形成的／138

老智谈智慧之十三——人类社会发展的终极原因／156

老智谈智慧之十四——制度进化的局限／170

老智谈智慧之十五——认知的进展：从制度到系统／179

老智谈智慧之十六——人造信息系统／191

老智谈智慧之十七——智慧系统升级的必然性／203

老智谈智慧之十八——智慧系统升级的条件开始具备／214

老智谈智慧之十九——向"大智慧"迈进，谈谈高级阶段的智慧系统／232

主要参考书目／252

老智谈智慧之一

——从"智"开始

　　"智慧"是人类古老的概念，也是人们常用到的两个字，最近更是在媒体中常常见到，如"智慧交通""智慧城市""智慧的结晶""集中了人类智慧"等，谁都大体知道所谓智慧指的是什么，认为智慧反映了人类某些最本质的东西。但是，对于智慧的真正含义，却鲜有深入的研究，对其起源和发展更缺乏系统的论述。

　　随着人类社会向信息型社会快速迈进，除了智慧，其他与"智"有关的概念也大量地出现，例如：智能、分子智能、人工智能、智力、心智等，实际上这些"智"的概念都与生物这个复杂系统有关，这使得我们想起达尔文在其著名的进化论中提到的智力问题，他说"许多本能是如此不可思议，以致它们的发达在读者看来大概是一个足以推翻我的全部学说的难点。我在这里先要声明一点，就是我不准备讨论智力的起源，就如我未曾讨论生命本身的起源一样"。显然，由于当时科学发展的限制，未能讨论智力在生物进化中的作用，是造成生物进化学说的最大局限。

值得庆幸的是科学经过 100 多年的发展，不断为讨论这个问题积累着条件。20 世纪 30 年代以来，一方面，用以研究复杂系统的基本理论框架——系统论开始出现，之后揭示复杂系统某些性质的，诸如信息论、控制论、耗散结构理论，以及反应进化过程的突变理论、自组织理论等不断出现，形成逐步完善的系统科学基本理论的庞大体系。另一方面，实证科学也不断取得突破性的进展。20 世纪 50 年代，建立在高显微技术下的分子遗传学，使沃森和克里克发现 DNA 双螺旋结构，人们开始认识基因的分子生物智能，揭示了构造生物体所有功能的新本质，同时由于医学不断发展所带来的人们对动物神经系统和大脑的认知不断深化。

最新成果来自综合了多门学科的认知科学，其将生物学与系统信息科学联系起来，心智问题的奥秘开始逐步被揭开，心智是大脑和神经系统的功能，心智问题的核心是人类大脑信息处理的功能。随着近年来在大脑处理信息整体运作机制研究方面的新进展，综合各方面的知识建立起有基于解剖学基础、量化描述大脑信息处理过程的模型和框架，实证性地分析了大脑如何正确而高效地处理信息，使智力、心智等产生的原因逐渐明晰起来。实际上智力就是脑和神经系统产生的一系列复杂的信息处理过程。一般而言，只要有脑和神经系统的动物都有某种程度的智力，且只是高等动物的智力才称为心智，因此**隐含的前提就是它们都是信息系统，智力程度因为信息处理的复杂程度而不同**。人类心智的奥秘被称为上帝最后的秘密，因为人类心智的奥秘一旦揭开，上帝再无任何秘密可言。

但是实际上我们仍然相差甚远，因为尚有智慧的奥秘没有揭开。几万年前人类的智力已经形成，科学研究已经证明，几万年前形成的智人与我们当今的人类在大脑的结构和智力方面并无太大的差别，但今天人类的能力和几万年前又怎能相比呢？即使是最新的认知科学研究揭示了心智问题的奥秘，也只能停留在对人类个体智力研究的水平，难以概括整个人类社会的飞速发展，包括人类整体认知的巨大进展，以及精神、物质财富的爆炸式增长。

要揭示智能、心智、智力以及智慧问题的核心，必须在已有的理论基础上进行新的综合、创新，在深化系统理论、信息哲学、信息科学等一般理论的基础上，综合系统科学的四大领域，**建构出一种统一的综合信息系统进化的理论体系，用以解释复杂物质系统的本质特征、演化过程以及规律性，从而将生物和社会系统的进化统一起来，实现人类从认识自然到认识自身的飞跃，把精神和物质两大系统统一起来，也将为自然科学和社会科学的结合提供理论基础。**这就是**智慧进化论**，这一理论无论在基本概念的解读，还是在基本观点、理论的阐释方面，都将体现出其全新而独特的意义和价值。

当我们用新还原论的方法，将智慧进化的理论作为一种世界观去观察地球演化的整个过程，一种以复杂生物信息系统为基础的分层次进化的图景就清晰地展现在面前，**在这里我们才能把生命系统的进化过程真正地统一起来。**到目前为止，最高层就是人类社会系统，我们称之为智慧系统。从信息系统的角度来重新认识智慧的概念，我们将会发现，**智慧才是人和其他生物相区别的标志，智慧才是人类最本质的特征**，尽管人类一直在不断努力地寻找地球之外的"智慧生命"，到目前为止，只有人类才称呼自己为"有智慧的生物"。

智慧进化的理论为我们提供许多新的观念，首先将争论了近百年的生物进化论，牢牢地构筑到了科学实证的基础上，从此建立起从基本粒子到生命、从简单生命到复杂生命、从复杂生命再到人类社会的不同层次生物系统的进化秩序，从而补充和完善了宇宙物质系统演化的秩序，或许能彻底地改变了人们的世界观和宇宙观；提出生命是世界上的首个信息系统，而生物进化经过智能系统、智力系统和智慧系统三个阶段，**彻底地改变了人们的生命观**；提出智慧系统的本质是新层次的信息系统，揭示了人类的本质属性，解决了人们长期争论的个体的自私本能与各种不断进化的集体行为背后的物质基础，**彻底地改变了人们的是非观**；提出智慧系统进化理论，概括了思维进化、文化进化、文明进化等多种社会进化理论的本质，揭示了所有物质财富的根源在于智慧系统进化过程中系统信息的处理和积累，**彻底地改变了人们的价值观。这些基本观念的改变为我们建立全人类统一的观念体系奠定了基础。**

与其说智慧进化论是一种世界观，不如说它是一种方法论，因为它把对不同社会发展水平的衡量，转变为对不同智慧系统进化水平的比较，从基础信息结构的各个环节，可以提供量化的、简明而清晰的指标体系，从而直接指导我们认识、评价、改造，甚至重新构建我们的社会系统。

即使对于我们日常的生活和工作，它也提供了新的方法，就是从整个信息系统的角度去考虑问题，不但要考虑所处理问题的情况，还要评估自身获取信息是否足够、对这些问题的信息处理是否充分，以及是否具有执行或者说信息使用的能力等。

下面我们将从智慧系统最基础的生命起源开始，揭示生物系统的这种最新属性，深化我们对生命系统的已有认知。

老智谈智慧之二

——智慧的起源

生命是智慧之源。没有生命，智慧就无从谈起。随着近几十年来揭示复杂系统规律的新理论不断出现，使我们可以从更广阔的视角来看待生命，从宇宙物质系统演化的角度来研究生命现象，才能更深刻地揭示生命的特征，从而更好地理解生命的意义。

目前，对于生命起源的过程有了大体一致的看法，这个过程主要分为两大阶段：一是化学进化的阶段，就是在地球形成的初期，伴随着多样性的地理环境，有机大分子大量出现，并经过不断的化学进化，产生出具有各种生物功能的大分子，为新系统的形成准备各种配件；二是生命诞生的阶段，就是生物大分子配件在地球特殊的液体环境下实现自组织装配，制造出生命这个目前来看在宇宙中仍是独一无二的新系统。

生物学教授贝希提出了一个"生物不可简化的复杂性"的概念，他认为有些生物结构的各个组成部分是同时出现并组合在一起才可产生生物功能的，这就像一个老鼠夹一样，它的各个组件是简化到最小的组合，正是这个组合构成了新生系统最基本的性质。

对于生命这个新生系统来说，什么才是最基本、最本质的东西呢？在此之前所有的教科书和相关理论告诉我们，生命的基本特点是新陈代谢和复制自身。但是随着人们对生物大分子研究的深入，发现作为新系统配件的生物大分子也具有这些特性：新陈代谢指的就是在液态水的环境中生物大分子与外界环境之间物质的交换和体内物质的转变过程，即从外界摄取营养物质并转变为自身物质，以及自身的部分物质被氧化分解并排出代谢废物；而复制自身则是生物大分子所特有的一种功能，它能够吸收周围的有机小分子，组成与自己一样的有机大分子。这些特性，诸如脂类分子、蛋白质以及核酸分子都具有。

那到底什么才是生命系统最本质的特征呢？分子生物学的最新探索为我们指明了方向，这就是对"祖母细胞"的追踪研究——追寻生命的起源，就是要寻找地球上第一批诞生的、最简单的原核细胞。随着分子生物科学的进展，人们开始从现有的生物体内部来寻找。既然生物进化的理论证明，现在所有的生物都是由最早形成的单细胞生物进化而来，那么理论上我们可以从现有各种生物的 DNA 结构中，找到最早的细胞——"祖母细胞"留下的信息。

目前生物学家确实找到了这些信息，就是一组在所有生物中都存在，而且执行相似的、看家功能的基因群，即直向进化基因簇群。通过对已完成全基因组序列分析的三域生物的分析，确定了可追溯到生命共同祖先的基因——核心基因。核心基因大约包括 151 种基因，它们已经足以复制 DNA，产生 RNA、核糖体，并生成非常原始的隔膜，从而形成最简单的生命系统。

这就是生命组成的"老鼠夹"组合吗？但是它到底意味着什么呢？DNA 是储存信息的结构，RNA 是传递信息的模版，核糖体是使用这些信息合成蛋白质构成细胞的结构。信息储存+信息传递+信息使用，这不正是信息系统的标准定义吗？**原来这个组合构成的是一个具有信息储存、传递和使用功能的系统，也就是一个信息系统。**正是信息系统构成了生命最基本的特征，从而将诸如病毒等所谓前生命、半生命的系统彻底地区分开。

人们对生命本质的认识是逐步深化的。首先发现的是生物新陈代谢的生化特征，它可以从环境中吸收能量，进行物质和能量循环，并且能够对环境的刺激做出反应；之后随着 DNA 螺旋结构的发现，人们发现细胞结构具有这种完美复制的功能，通过这种功能，生命可以得到大量的扩散；现在终于开始认识到生命的第三个层次，这才是生命最基本、最本质，也正像我们上边提到的，是其独有的东西。正是此功能将以上两项整合在一起，从而组成一个崭新的系统。

这个由生物大分子构成的新物质系统，是一个极特殊的系统，以目前人类的科学手段，并不能在宇宙的其他星球上发现该类系统。**我们将这个具有自我复制和新陈代谢功能，并具有一定目的性或目标性的信息系统，称为生物信息系统。**信息系统是构成生物系统复杂性的根源，并构成生物才具有的多项特征，包括：（1）在之前的物质系统内部也存在着物质和能量的流动，但是新系统除此之外，还多了一项信息的流动，并且因为信息结构带来系统架构的蓝图，信息流决定着物质流和能量流的方向，新系统是三流合一的超级复杂系统。（2）与之前所有系统不同的是生物系统内部各部分的联系是有机的，各部分或子系统常常表现出很有秩序的集体行为，产生出总体效果远大于各部分功能之和的结果。（3）在此之前的几乎所有物质系统都是符合热力学第二定律，即随着熵值增加，系统逐渐退化，直到消亡。但是这个新系统可以通过自组织的过程从外部环境中获得信息，并利用这个信息来降低系统内熵值的增加，成为一个能够脱离平衡态的系统。（4）最重要的就是信息系统运作过程所带来的生物系统全新的演化方式。从系统运作的角度来看，信息流动所产生的信息不断积累和系统结构的不断改变，使系统不断地产生出新的结构和功能，构成生物变化的"内因"，而外部环境的选择只是"外因"，正是在"内因"和"外因"共同作用下，才形成生物系统从低级到高级、不断优化进步、不断适应外部环境的演化过程，人们用"生物进化"一词准确、生动地反映这一演化过程，并将其与之前的物质系统的演化过程区分开来，正是由于有了生物进化才有我们今天这个生机勃勃、气象万千的世界。

生物信息系统的提出，使我们对生命的认识进入到一个新的层次，生命的新陈代谢、复制发展和信息系统的进化是紧密联系、不可或缺的。从个体的角度来看生存是最重要的，复制产生更多数量的个体可以提高生存的概率；**但是从生命整体的角度来看，生存和发展都是为进化服务的，因为只有进化才能为生存创造更好的条件，从而不断提高生存的质量。**

如果我们站得更高一点，从宇宙物质系统演化的角度来看，地球上出现的生物系统，是从宇宙诞生以来又一次伟大的革命，是物质从诞生开始经历分子—原子—质子—夸克之后，在层次上的又一次提升。但是由于其生存的条件非常特殊，难以在宇宙中普遍存在，只有在地球这个生物生存的环境窗口关闭之前，尽快地进化出可以在广泛宇宙中生存的生物形态，才能真正完成这次演化升级，因此生物进化承担着宇宙物质系统演化的历史使命。

实际上随着人们对细胞微观结构研究的深入，逐步发现 DNA、RAN 以及核糖体等微观结构的各种功能和运作机制，但是可能因为它们体积太过微观、结构比较分散、运行难以观测，与人们日常所见的信息系统相差甚远。因此，人们往往只是提到这些微观结构的信息组合、信息结构和信息功能，但是几乎很少有人提到最为至关重要的东西，就是信息系统。

生命就是信息系统，这实际上颠倒了我们几十年来对信息和信息系统的认知，原来信息系统不仅是人造的系统，还是制造生命的系统、造人的系统（后面将论述）。生命的起源揭示了信息系统的起源，使我们对信息的认识大大深化，原来信息既不是像广义信息论所说的在宇宙中到处存在，也不是像很多人认为的只有意识或者精神才是它唯一的存在形式，信息是物质系统演化到高级阶段，随着生命的诞生而出现，是生物系统的特殊属性。信息只有在信息系统内部或外部的流动和使用中实现自己的价值，离开了信息系统，信息也就没有单独存在的意义。

我们揭开了生命是第一个信息系统绝不只是捅破一层窗户纸，而是开辟了一条全新的道路，从此我们可以通过理论的逻辑推导和历史的事实相互验证的方法，来研究与生命一起起源并随生命一起进化的信息和信息系统，从而用这些更简单、更新鲜、更具实证性的概念来试图逐步地解释智能、智力、智慧、意识、精神等让人类头大了几个世纪的复杂问题。

我们的智慧进化论就是在此基础上建立的全新的理论体系，从智慧的起源也就是生命的起源开始，来研究生物信息系统进化出的不同形态，下一篇我们将把大家带入生命诞生后的第一个进化阶段，这是达尔文没有研究过的进化阶段，也是生命经历过的最长的进化阶段。

老智谈智慧之三

——生命第一阶段的进化

人类总是过于重视自己的历史，而从智慧进化的观点来看，生命的每一段历史都同样的重要，因为这是构成我们新观念的基础。上一篇我们从生命诞生的过程揭示了生命的本质特征，接下来让我们用新的视角来看看这个新生系统经历过的最漫长的进化过程。

一、生物智能系统

这个新系统的学名叫做原核细胞，一个微米级的、由生物大分子构成的系统。在人类社会相当长的时期单凭肉眼或一般的放大镜是根本观察不到的，在如此微观的环境中物质运动的规律与我们所见的中观和宏观的环境有所不同。

首先这个系统是靠生物大分子在地球液态水环境中的化学进化得到的，其内部的运作是靠生化反应来进行的，系统的结构及信息的传输都是由化学物质承担的，信息的使用也是靠生化反应完成，这个系统充满着化学的特性，从这个角度来说它是一个靠化学能量运行的系统，信息的处理和能量的运用是结合在一起的，是一个智和能紧密结合的系统。有人将生物大分子的这些特性称为分子智能，信息结构运作的"智"来自于化学"能"，因此，为了与以后不同层次的生物信息系统相区别，**我们称其为生物智能系统。**

生物智能系统、生物学称为原核细胞型微生物，主要包括细菌和古菌。早期它们的细胞结构非常简单，只有简单的细胞膜，DNA 生物分子裸露在核区，既没有核膜的保护也不与组蛋白相结合，因此极易受到外部的影响。一般在核区周围的细胞质中分布着一些核糖体，这些都是组成生物信息系统的基本要素。

二、生物智能系统的运行机制

尽管新生的生物智能系统极渺小、极简单，但是作为生物的运行机制一点也不少，新陈代谢自不必说，复制和信息系统运作的过程也是不能马虎的。

首先看看复制的机制。一般情况下，一个细胞只有一套基因组，因而为单倍体。每个细胞的 DNA 在细胞生长期间十分稳定，在分裂时染色体便复制为二，并能均匀地分配在 1~2 个子细胞中。在细胞内，DNA 开始以一种分支状的形式存在，主要发生于 DNA 复制（为细胞分裂作准备）和重组（遗传物质在配对的 DNA 之间交叉互换）阶段，当这种分支结构的解旋 DNA 双螺旋部分成为两条单链时，复制过程开始，每条单链沿着它的全长添加相对应的核苷酸，成为新的双螺旋（核苷酸是碱基与双螺旋骨架相应部位的结合点）。

许多原核细胞，以快速复制而闻名。在食物和温度适宜时，微生物能快速繁殖。有一种细菌在几分钟内会从一个变成两个，其他多数细菌在 20~30 分钟数目就会翻一番，繁殖慢的则需要 2 小时到 24 小时。与大多数生物相比，细菌的繁殖速度是惊人的。当有足够的营养供给，大肠杆菌细胞在 3 天之内就可以繁殖得遍布地球，因此，微生物构成了地球上约90%的生物总量，为所有生物存在奠定了基础。

下面来看看信息系统的运作过程，在此之前这个过程掩盖在复制过程中，并不被人们所重视，但实际上恰恰像我们在上一篇所指出的那样，**信息系统的运作体现了生物系统的本质特征**。与所有的信息系统一样，生物智能系统也必须具备信息系统最基本的 4 个环节，就是信息接收、信息储存、信息传递和信息使用。

1. 信息接收与信息储存。生物智能系统的信息储存结构是由生物大分子 DNA 双螺旋结构构成的，表面上看它并没有一个信息接收的环节，但是实际上有多种方式可以改变 DNA 的储存结构，从而形成事实上的信息接收功能，这种变化是由以下几方面引起的：

（1）复制。复制的功能成为 DNA 信息储存结构改变的重要来源之一。这主要是指当复制出现错误时，尽管出错的概率很小，但复制的量是天文数字时，情况就不一样了。但是只有有用的改变才会被保留下来，在一定的条件下，DNA 结构可以将这种改变后的信息，一代代地传下去。

（2）变异。简单地说，变异就是微生物的 DNA 发生了化学变化。因为还没有形成对细胞核 DNA 的保护结构，原核细胞的信息储存结构可以说是处在一种不稳定的状态中，当受到外界的影响时很容易出现变化。例如，当微生物暴露在紫外线、X 射线及其他化学物质的影响下，其 DNA 对上述因素敏感而受到损害。微生物可能通过增殖来修复损伤，也可能无法修复而使 DNA 部分密码子发生错误。当变异严重、产生出了无意义的密码子，则微生物就可因无法繁殖而死亡；如果损伤轻微，微生物将继续繁殖，但因为 DNA 信息结构已经改变，使其功能和遗传特性也发生了变化。

（3）转导。它是由细菌病毒将原宿主的部分 DNA 带入新宿主，后者存活下来并利用引进的 DNA 遗传下去。病毒会直接与具有生命的生物体在生命网络中交换遗传信息。大多数病毒基因组（完整的 DNA 或 RNA 补体）可以永久地移植在宿主中，为宿主后代加入病毒基因，最终成为宿主物种的基因组中的关键部分。因此，与缓慢产生的内部基因变化的力量相比，病毒的影响绝对要快得多，也直接得多。病毒的数量巨大，再加上它们极快的繁殖和突变速度，使它们成为这个世界上基因革新的最主要源泉，它们经常会"发明"新的基因。来自病毒的独特基因会四处传播，进入其他生物体，并且在进化过程中发挥作用。

（4）转化。转化是生物智能系统接收信息的第四种方式。细菌有时可以从环境中吸收完整的 DNA，典型的就是细胞与细胞之间物理接触后所获得的以质粒为中介的 DNA 转移。这次真是从外部接收得来的 DNA，并且许多是有用的基因。质粒多半是一些小的、环状卷曲的 DNA，自身独立复制，它们携带各种各样的遗传信息，然而当携带雄性因子时，它便能携带其他基因从一个微生物转移到另一个微生物。由于具可移动性，质粒能够在细菌的系、种间甚至属间进行交换，携带着具有许多重要功能的基因，使其在微生物进化中具有基因库和载体的双重作用，在一定程度上为细菌提供了基因相互交流的通道。一般说来，噬菌体辅佐传递的信息只能处理相当小的 DNA 片段，而转化作用则可引起大段 DNA 性质的转移。

2. 信息的传递和使用。具体来说，信息传递在生物学上称为转录，而信息使用则被称为翻译。细菌基因的转录和翻译大都是在同一空间相继连续进行与调节的，两者密切偶联。一旦转录开始，一种 RNA 携遗传信息从 DNA 传至核糖体并告知需合成哪种蛋白质；另一种 RNA 本身是核糖体的一部分；还有一种 RNA 将氨基酸运至核糖体，与核糖体结合，并翻译出蛋白质，整个过程非常精妙而且调控得当。随着 RNA 不断转录，有更多的核糖体与之结合，并翻译产生蛋白质，其结果往往是当某个基因的 RNA 转录完成时，它所编码的蛋白质也很快完成其合成，用过的 RNA 将被分解成单核苷酸，重新进入新的循环。

信息使用的功能是通过核苷酸分子对氨基酸分子的编码来实现的。每个细胞里有数千个到数万个基因，每一个基因都是一串核苷酸分子，它们分别对氨基酸分子进行编码，3 个碱基核苷酸分子编码 1 个氨基酸分子，以便把成千上万的氨基酸分子聚集成为 1 个蛋白质分子。因此，每个细胞里的蛋白质分子数量通常都有数百个到数千个甚至上万个之多，正是这些蛋白质构成了细胞的结构，并承担着细胞日常各式各样的工作。

实际上 DNA 信息系统的运作随着不断进化而出现越来越复杂的趋势，除了有基因之外，还有调控因子，即在基因之间延伸较短的碱基序列起标点的作用，它们告诉解读机构的工作停止、开始或减慢。一些信息从 DNA 传递至细胞并合成其各种物质的中心体上，而另一些信息则潜伏不动，直至某种化学剂解除潜伏状态，它们才发生信号并启动某种新物质合成。RNA 也在这一过程中起着重要的作用，以便物质合成能够按时进行并且数量适宜。

3. 生物信息系统的作用。生物智能系统信息结构的运行功能，主要体现在系统自身实体的构造上。DNA 的信息储存结构就好似一张建设蓝图，新生细胞的结构和功能都是来源于这张蓝图，当信息来源出现有用的变化时，新生一代细胞的结构和功能就会相应改变，造成细胞代际之间的差别。在自然选择的作用下，这些差别慢慢积累起来，就会出现新的品种。这就实际验证了我们上面提到的信息系统才是生物进化的真正内因的观点，生物系统通过与它所处环境的相互作用，逐步形成一种进化的机制，从而不断地进化。

实际上在生物智能系统进化的过程中，原核细胞除了以上的主要信息结构之外，还有与外部环境相联系的核膜网络，这是日常运作的系统功能，主要是在受到环境因子的刺激（输入信号）后调整其内部的遗传结构和生理功能，以至于对环境产生适应性。在生命进化的初期，生命系统自身实体结构的进化成为主导，在主体结构下日常运营的核膜结构作用较弱，使得原核生物在与环境的关系中处于几乎完全被动的局面。

 ## 三、生物智能系统的进化

受到观察条件的限制，人们在相当长的时间内没能认识到生命最长的这段进化，即使是达尔文的进化论也没有提到。近年来随着一门最年轻但也是最活跃的分类学科——原核生物分类学的发展，人们开始改变过去仅仅依据细菌的形态、生理和进化特点，对原核生物进行分类的方法，而是运用生物信息系统的分析方法，通过分析生物整个基因组的构成、基因组序列和根据特异基因来构建系统进化树，使我们能够从智能系统信息结构的角度来研究进化问题，从而对这些地球上第一批生命的进化过程有了更深入的了解。

所有生物都从原始细胞进化而来，在原核生物阶段大概分成三支：第一支在各种极端环境中经过漫长的进化形成甲烷菌、嗜热菌、嗜盐菌等各种古细菌；第二支进化出各种厌氧、好氧细菌，包括各种病菌和蓝细菌等形形色色的真细菌；第三支进化为原始真核细菌，并通过内吞入好氧的紫细菌，再经内共生过程，进化成具有线粒体的单细胞真核生物，即各种原生生物。部分原生生物又通过内吞蓝细菌经内共生，形成具有叶绿体的光合真核生物。单细胞真核生物最终有三个方向的进化，形成了多细胞生物，这三个方向就是真菌、植物和动物。

1. 第一批祖先细胞启程。大约在 38 亿年前，地球上大的、稳定的地块逐渐形成，海水温度下降，大气圈仍然缺氧。最早的原核单细胞生物的化石，是在距今约 33 亿年前的地层中发现的，这些原核细胞微生物是以环境中的有机物为食，称为异养微生物。由于早期地球有机物的来源有限，因此生物进化将朝着简而又简的营养需求方向进行，也就是以地球上到处存在的无机物作为营养的方向。先是出现混养的微生物，就是既能以有机物为食，又能以无机物为食，混养的偶联作用是通过产生能量的无机反应，把单个的有机物同化进细胞内，以构建细胞的成分，再经过一段时间的进化，真正的自养菌出现了。

部分生物进化出能利用周围环境中的无机物合成所需食物的能力，被称为自养微生物。它们逐步进化成全部利用无机物，如硫、阳光、二氧化碳和水来维持生长的微生物，可以用无机物来建成其机体，需要具备大量为其所独有的酶类。而除了化学自养之外，还有光学自养，即在强烈的阳光照射下，在浅海底出现具有光合作用的原始蓝菌，蓝菌的光合作用使地球的大气由缺氧变为有氧，从而为将来多细胞生物的出现创造了条件。自养微生物的出现是进化过程中的关键一步，因为它为地球上大量积累微生物提供了一条最可靠的途径，这种新的获取能量的方式极大地拓展了微生物生存的范围，为生物智能系统各种不同结构的进化创造了条件。

2. 千变万化的原核细胞。随着原核微生物能量结构的进化逐步突破限制它们生存的条件，使它们可以随着水的循环扩散到地球各处，并进入到进化的第二阶段——个别发展阶段。在这个阶段它们会面对地球的各种不同环境，按照进化机制，演化出各种不同的类型。在现今的地球上，不管是在水深2653米、水压达５０个大气压的深海中，还是在温度超过30℃的油层中，都有细菌的生长，有的细菌能在−190℃的液态空气中存活48小时，有的细菌能耐受强酸环境或强碱环境，有的能耐很高的盐浓度。如此惊人的适应能力不能不使我们对原核生物的生命力感到惊叹！这种体积极小、分化程度很低的生物形态，维持了原来的胶体特性，其遭受各种不同环境条件压力的机会比任何多细胞生物要多得多。原核生物的代谢方式多种多样，无疑是由于它们生活在多种多样的环境中且具有很强的调节能力所致。也体现出生物智能系统的另一特点，即高效率的结构构造能力。生物智能系统在全球大扩散和个别发展过程中所进化出千差万别的结构形态，十分类似于生物大分子进化阶段，大量不同类型的功能和结构的原核细胞成为配件，为第二阶段自组织的装配选择奠定基础。

3. 核膜信息网络的进化。在智能系统的长期进化中，对生存环境的变化作出行为反应是活细胞的基本属性，这对于单细胞生物尤为重要，因为它直接同生存的微环境变化发生相互作用。在DNA这种实体构造性的信息系统基础上，细菌通过不断进化还形成了一套有效的方式来帮助它迅速对环境信号作出应急反应，形成的信号分子在微生物细胞内和细胞之间传递。细胞接受信号，以及反馈作用等各环节而形成的网络，通过调控基因转录的功能使微生物对环境信号分子作出响应，从而赋予微生物趋化性、趋磁性、趋光性、趋触性及鞭毛运动等微生物行为，以及光合作用、抗逆性、质粒结合转移等表型特征。

4. 生物通讯的鼻祖。经过数十亿年的缓慢进化，各种微生物已经充斥在各种水域，生物进化也将进入第三个阶段——生存竞争阶段。当然与动物层次相比，其无论是范围还是激烈程度都相差甚远，但是对于个别细胞来说，所面对的已经不仅是自然环境，还有同类或不同类细胞之间的竞争。这种竞争促使生物智能系统在不断完善自身的 DNA 主信息系统的同时，逐渐进化出与外部相联系的核膜信息网络。除了对外部的环境信号作出反应外，还进化出通过化学信息素与其他细胞相联系和沟通的功能。

细胞产生的信息素既能对自身许多生理过程进行调控，又是细胞间相互作用的基本信息物质。现在已经发现许多种类的细菌能够分泌小分子物质的信息素，这些小分子物质能自由进出细胞或通过一定方式分泌到环境中，在环境中积累到一定浓度时，就能够调节细菌群体的生理状态，使细菌群体表现出新的功能，例如黏细菌，在食物缺乏时，会分泌信号分子，诱导细胞互相聚合成一大细胞团。

生物智能系统经过长期进化，出现的**这种细胞之间的化学信息联系，是信息系统之间最初级的通讯关系，可以称得上是生物通讯的鼻祖**。这是生物信息系统功能转向外部的开始，之后尽管在新层次上又进化出视觉、听觉、触觉、超生波等多种更高级的器官通讯手段，但是所有生物都没有放弃化学通讯。生物通讯的作用不但能更好地感知环境，而且在此基础上形成的生物群体，对生物进化更是有非凡的意义。

5. 进化升级的通道——共生。经过十几亿年的进化，有氧的大气圈逐渐形成，海水的温度继续下降，原始生命的细胞经过全球的大扩散和在不同的环境中个别发展这两个阶段的进化，已经布满江河湖海。随着在部分水域密度增加，竞争的阶段开始了，在此过程中不同种类细胞之间的紧密接触开启了一个称作"共生"的过程，这个过程将不同种类细胞组合到一起，构成一个新的体积远大于原核细胞、结构更复杂的系统，称为真核细胞，为生物智能系统的进化升级奠定了基础。

美国著名科学家马古利斯提出的连续内共生理论在科学界有着广泛

的影响。该理论认为，现在生物细胞中的一些组分在历史上曾经是自由生活的细菌，具体地说，所有真核细胞都是由至少4种不同细菌通过吞并、融合等方式构成的复合体。第一种细菌是接纳其他细菌的宿主细胞，它可能是热源体菌；第二种细菌演化为作为生物的能量工厂的线粒体，这种细菌可能是原细菌；第三种细菌变为叶绿体，这种细菌可能是一类生活在水表层中的光合细菌；第四种细菌变为中心粒——毛基体，这种细菌可能是螺旋体，经常与其他生物共生生活的、动作敏捷的蛇形细菌。

"共生"是生物自组织的重要形式，实际上最初的生命细胞也来源于这种装配形式。这归功于地球这种独一无二的水环境，水的运送能力和媒介作用是这些微观生物体自组织的重要前提和条件，这种"共生"是生物信息系统处在微观进化阶段的结构重组和升级的重要手段。

尽管都是细胞，但是真核细胞与原核细胞相比就产生了"质"的飞跃，表现在生物智能系统内部基础信息结构的重大变化。首先，真核细胞形成了双层膜的细胞核，把核内的遗传物质与细胞质分开，使DNA从环状变为长链分子，并与组蛋白以及其他蛋白结合而成染色体，改变了信息储存的基础。从信息结构的角度来看，原核细胞的信息储存结构发生了质的改变，核膜结构加强保护了DNA的稳定性，极大地减少了之前频繁受影响的因素，促进了DNA链的稳定增长，必然带来积累信息的大幅增加。其次，真核细胞的体积较原核细胞大几十倍，体积的增大为扩展更多的内容创造了条件。最后，真核细胞有了各种膜细胞器，例如线粒体、叶绿体、内质网等，吸取了原核细胞十几亿年来在能量结构方面进化的精华。

用如此简短的文字概括生物几十亿年的进化过程，只能是提"纲"挈领，这个"纲"就是信息系统，从这个角度看，生物智能系统的大扩散、在不同环境下的个别发展，都是信息积累所带来的"量变"式进化，而不同类型的原核细胞组合"共生"才是基础信息结构的"质变"，所有的生命都不会白活，都是在生物进化使命的推动下，为进化到新的层次而奠定基础。下一篇我们来谈多细胞生物的进化。

老智谈智慧之四

——达尔文的生物进化（1）

这一篇要谈的是生命进化的第二个阶段，就是大家熟知的达尔文所研究的动物和植物的进化，因篇幅所限我们只能简单讨论表现最突出的动物一支，因为动物的神经系统构成一种完全新型的生物信息系统，正是由于这个系统的不断进化才有我们人类智慧系统的出现。

一、升级版的新系统——生物智力系统

上面讲到真核细胞的出现为生物系统的升级奠定了基础。真核细胞不仅促成了DNA分子数量的稳定增加，为构造更复杂生物体提供了可能，更重要的是新结构逐步带来内部运行机制的改变，尽管这个过程十分漫长，从古生物学的证据来看，在18亿年前就出现了单细胞真核生物，但是一直到大约距今6亿年前的埃迪卡拉纪，珊瑚、水母等多细胞动物先驱才开始大量地出现。

1. 真核细胞的新运行机制。在这十几亿年中新组成的真核细胞是如

何进化的？这个谜底目前仍未完全揭开，但是从生物信息系统的角度来看，一定涉及以下几个机制的改变：

（1）复制和基因表达与翻译的时间机制发生改变。第一个复制周期完成后，细胞分离的机制并不执行，而表达和翻译开始进行，之后是这两个过程周而复始的循环，直到新的停止指令出现，这是多细胞生物出现的前提。

（2）核膜网络的进化。上一篇中已经讲到原核细胞除了DNA主要信息结构之外，还有更基础的核膜网络结构，具有接收细胞外部环境信息和对外发放信息等一系列功能。随着真核细胞的进化，这个结构逐渐成为传递能量和信息的系统，慢慢构成新的生存结构，这才是多细胞生物生存的关键。因为随着大量的细胞结合到一起，许多细胞已经接触不到外部的环境，无法通过原有的膜系统获得营养和传递信息，只有依靠细胞之间的核膜系统输送的能量生存。慢慢地，它们成为构成整体的一部分，成为构成新系统的基础。

核膜系统的进化对智力系统的形成和进化至关重要，除了它为多细胞构筑起新型的生存结构，这个结构的逐步进化完善，对支持细胞担负起新的功能，即细胞的分化起着重要的作用，使得新系统成为具有以细胞为基础的新功能组织，并向多种生物类型进化。

（3）新机制细胞的"分化"。核膜系统在经过一段时间的进化之后，连接在一起的细胞之间出现了新的关系，当这种新的关系（主要是能量和信息的联系）发展到足以影响细胞内部的转录和翻译的过程时，一种被称作"分化"的新机制诞生了，这种新的机制使细胞分化成为具备一定外部功能的组织和器官，为生物进化到新的系统——生物智力系统创造了前提条件。

所谓细胞的分化是细胞内部信息系统运行方式的一次创新，通过对信息系统运行时间的调控，达到了对细胞空间结构的重新建造，**分化的关键是由于细胞之间膜系统的发展，形成对部分 DNA 基因的表达和翻译产生影响的调控机制**。具体地说，当某个细胞一部分的基因表达和翻译已经完成，成为一个半成品后，后一部分的基因表达和翻译就要受到调控机制的影响。目前已知的包括组织特异性抗原提供适当的信号、细胞间的通讯连接、细胞外基质等物质提供细胞相对位置信息等，有了这些信息细胞就知道自己应该怎么分化了。

神经科学的试验揭示，简单的无脊椎动物的细胞分化主要是由 DNA 决定的，而在脊椎动物之中，细胞间的诱导性相互作用是决定细胞分化的重要因素，这种诱导性作用是通过已形成的细胞对正在发育的细胞发出一系列信号，对其基因表达起到激活或抑制的作用来实现的。高等动物是更复杂的生物，其 DNA 含量更大，远端的 DNA 的翻译和转录是最容易受到外部变化影响的，这也可能就是高等动物的"用进废退"进化机制产生的内部原因。

（4）生殖细胞的诞生。新生的多细胞生物还有一个难题没有解决，就是如何遗传下去？细胞分化似乎能够解决这个问题，就是分化出专门的生殖细胞，从最新的化石证据来看，就是这个方向（最近中国科学家在翁安的古生物化石中发现分化为一般细胞和生殖细胞的早期多细胞生物）。但是如何让生殖细胞分离出去，以及与不同性的细胞相结合形成新的遗传机制，还有大量的难题等待研究。

（5）新旧运行机制的区别。从形式上看，与智能系统的运行过程基本相似，但实际上有非常大的区别：首先这种区别表现在，DNA 信息来源的结构已经大不相同，因为细胞核"核膜"的阻隔，通过外缘直接插入式的改变已经很少，真核细胞的信息储存方式与原核细胞并无太大的区别，都是存储于 DNA 的碱基对，但是新基因形成的方式已经有很大

的不同。主要是因为真核细胞形成的包裹着 DNA 的膜结构阻挡了质粒等外来 DNA 的进入。

其次，除原有的复制错误、病毒插入等偶然性的新基因形成方式外，一种新的概率极高的新基因形成方式开始出现，这就是水平基因转移、有性繁殖的出现。在两性繁殖过程中，双亲各供给每条染色体的一个复本给予子代，因而使后者具有来自双亲的基因，极大地改善了基因信息的来源。

新的 DNA 信息结构的运行机制已经不同，改变仍然是进化的基础。编码于 DNA 中的信息放在细胞核里与直接使用其信息这两种方式，存在着许多其他的遗传学差别，二者使用的 DNA 实际上是不同的。DNA 密码就像写有遗传指令的普通字母，但有核和无核生物各有语法上相区别的不同语言指令。这种情况让人联想起汉语的文言文和现代语文的差别，姑且说你能从中认出共用的词根，即 DNA 携带着细胞的所有遗传信息。一些信息从 DNA 传递至细胞合成其各种物质的中心核糖体上，而另一些信息则潜伏不动，直至某种化学刺激解除潜伏状态，它们才发信号并启动某种新物质合成，以便物质合成能够按时进行并且数量适宜。其间有多种调控方式，如反馈调控，它存在于蛋白质的合成途径中，使一系列合成减慢甚至停止前面的步骤，从而保证合成过程的顺利。还有组织特异性抗原提供适当的信号以及细胞间的通讯连接，细胞外基质等物质提供细胞的相对位置信息等，因此对于智力系统来说，**不只是新的基因，而是新的基因和新的调控方式共同造就了新的物种**。

2. 生物智力系统的形成。生物智力系统的形成经历了一段漫长的时期，简单的多细胞生物出现只是为智力系统的出现创造了条件，因为它还不具备生物智力系统的最基本的功能，只有当细胞分化成组织和器官，这个由细胞组成的新系统具有了新的结构和功能之后，我们才认为它进入了生物智力系统的初级阶段。之后随着该系统的进化，多细胞生物形成比较完整的外部信息接收器官，和新层次的内部信息传输网络，以及最后形成产生信息处理和控制的器官——大脑，这才是在更高一级的层次上形成的新的生物信息系统，标志着完整的生物智力系统的形成。从与环境的关系上看，最主要的就是主动的运动功能，正因如此，它们才被称为动物。而这种运动的功能是由神经系统，即建立在细胞基础上的信息系统来主导的。人们习惯称呼大脑的功能为智力，因此我们把这个新系统**称为智力系统是恰当的，因为运动所需的"力"是由"智"来主导的。**

二、生物智力系统的特点

从生物智力系统的形成和进化过程，可以总结出该系统的主要特点：

1. 与生物智能系统的关系。生物智力系统是建立在微观智能系统基础之上，智能系统为智力系统提供构成其组织和器官的基本素材。新系统与智能系统不同的是，前者是建立在有机大分子结构之上的微观系统，而后者是建立在细胞结构基础之上的中观系统。生物智力系统是生命层次的提升，使生命从微观层次上升到中观层次，在这个层次上生命将面对更复杂的环境，进化出全新的结构和功能。

2. 从结构上看，新系统仍然建立在智能系统的基础之上。也就是说，尽管信息结构的运行机制有很大的差别，但它的基础结构仍然是由DNA信息系统的运作所建立的，并在此基础上由经过分化的组织和器官形成了新的生存和信息结构。

首先从生存结构上看，组织和器官的进化建立起系统获得新能量来源的方式，从原来细胞级的生存结构升级为由组织和器官所构成的新生存结构。这时的个体细胞通过核膜网络以及后来进化出的代谢系统来获取营养和能量，细胞内部原来独立获取营养和能量的功能将逐渐消失，符合整体需要的功能将逐步成长，细胞丧失了原来的独立性成为整体功能的一部分。

其次从信息结构方面，在原有的细胞级 DNA 信息结构的基础上，形成新的组织和器官级别的信息结构，这才是真正的智力系统层次的信息结构，其构成如下：

（1）信息接收方面。智力系统进化出由分化的细胞所构成的各种信息接收器官，这些器官可以接收外来的刺激，包括分子气味、波动感觉、声波、光波和接触刺激，以及微电波、超声波、红外线等信息，几乎涵盖了自然界的所有领域。

（2）信息传输方面。首先是内部的信息传输，由感觉器官接受外部刺激产生的局部分级电位，之后转换成动作电位在神经纤维中做长距离传播，产生了全新的信息传递功能，尽管在细胞内部仍有各种化学传输系统在起作用，但是由神经细胞构筑的新传输系统很快就起主导作用，这就是神经系统，主要通过生物电流传递信息，比原来只是依靠化学物质传递信息要快速、准确、先进得多。其次是外部，我们从信息系统的角度看多细胞生物的进化，可知内部信息结构的进化使得这些个体有了超乎寻常的接收能力，它们能将外部信息转变为自己的内部信息，尤其是当它们所面对的是自己的同类或者也是多细胞生物时，便产生丰富多彩的动物之间的通讯关系。

（3）信息存储和处理的功能。与生物智能系统相比，智力系统信息储存的功能已经大大地拓展，其进化出的神经细胞能够储存长期和短期的记忆信息。在信息储存的同时进化出信息处理的能力，这是智力系统全新的特殊功能，并形成专门处理信息的器官——大脑，成为生物智力系统的主要特点。正是因为这个由细胞群体构成的第二层次的生物信息系统，具备了处理各种复杂信息的能力，因此将其称为智力系统。本章将专门论述大脑各项功能的进化，因为它构成了生物智慧系统形成的基础。

（4）信息使用。细胞的"分化"功能使细胞组织和各种专门器官逐步进化出来，形成外部的多种功能，这些功能往往构成智力系统特有的行为，这些行为是智力系统信息使用的具体方式，并通过行为来满足需要，以达到系统的目标。

智力系统的新功能体现着进化上"质"的飞跃。通过这些新的功能，作为智力系统的动物开始从被动地适应到具有一定的主动选择能力，这种选择使动物的生存范围大大地扩展、生存能力大大地提高。同时，运动加速了感官的进化，感官的进化促进了内部信息结构的进化。从信息系统的角度来看，生物的智力系统比原来的微观智能系统有了"质"的飞跃，这种飞跃首先是使系统进入到更高级的中观层次。其次是体现在智力系统"能动性"的不断提高。所谓能动性，反映的是生物信息系统与环境的一种关系，它表现了生物信息系统通过不断的进化升级，在与环境的关系之中不断地增加主动性的过程，这一过程在智力系统的进化之中得到了精彩的体现。

智力系统形成更高层次和更多样化的群体。与智能系统的细菌类群体相比，智力系统的群体不仅体积上升到中观层次，而且就像智能系统极端多样化的个体种类一样，也具有更广泛的多样性。在中观生态系统中，生物群体的形成和维系同样由一系列的信号来协调，如鱼群、鸟群、蜂群、白蚁巢等，都产生了新的结构或形式，如储存信息、作出集体决议等，从而实现生物个体不具备的功能。因此，生物群体和个体的

生态学意义是完全不同的，群体是一种更高级的生态结构，具有新的功能，增强了生物对环境的适应能力。

生物的群体是建立在同种类个体之间关系的基础之上，这种个体之间的关系实质上是一种信息之间的联系，研究人员将动物之间的这种信息关系称为动物通讯。通过这种通讯关系，一个智力系统或智能系统的个体可以作用于另一个个体，并以适当的方式改变另一个个体行为的概率模式。通过与智力系统多样性的群体相适应，其群体内部的通讯也向更多样、复杂、高频率的方向发展，并且最终在一个特殊的类群中产生"质"的飞跃，这是我们下一篇要讲的内容。

三、生物智力系统的运行机制

从达尔文在 1859 年出版的《物种起源》一书系统地阐述了他的生物进化理论，到如今发展成为庞大的生物进化理论体系，直到今天才能把生物系统进化的内因和外因真正梳理清楚，种群遗传学曾经提出四大进化动力：突变、自然选择、基因流动与随机遗传漂变。实际上可以概括为内因和外因两种：**内因就是生物信息系统的信息不断积累而引起的渐变和信息结构改变所引起的突变，而外因就是不同环境对这些变化了的生物功能的选择。**生物进化是一种自然属性，遗传和进化的结果使生物的结构和功能日趋复杂，从而更好地适应环境。

1. 智力系统的运行机制。今天我们终于可以深入到生物系统的内部，通过对信息结构的考察来揭示这些变异和遗传的内部机制。随着作为生物智力系统基础的真核细胞信息结构的彻底改变，新的生物智力系统在两个层次上都形成了新的运行机制。第一个层次仍然是细胞的层次，上面已经提到这个层次不同于智能系统的新运行机制；第二个层次信息结构的运行，是新构造的组织和器官层次的系统运行。接收外来的各种信息之后转化为生物电讯号，通过神经细胞传导到信息处理的中心——大脑，经过大脑储存、处理之后，再通过神经细胞传导到肌细胞的肌纤维，使其收缩产生动作，形成神经肌肉体系，对外界的刺激（如接触、光或化学刺激）起有效的反应，使身体各部分的动作得以协调，实施特定的行为，以满足系统的需要。

两个运行层次之间，第一个层次是基础，因为它构筑了系统的硬件，使第二个层次可以在此基础上运行。第一个层次带来的改变，要经过第二个层次实际运行的检验，由此贯彻自然选择优胜劣汰的机制。第二个层次可以通过对 DNA 翻译和转录的调控机制，对第一个层次施加影响，这是一种对低级层次的可塑性控制，一种带有反馈的控制，这种影响表现在动物器官的形成上就是一种"用进废退"的进化机制。

新系统的进化机制形成之后，必须要经过环境的检验，进化论中将自然选择作为生物进化的主要动力之一。现代科学的发展不但深入到生物系统的内部，而且也将抽象的自然选择具体化为某种环境模式。目前某些最佳的进化模式重建研究，已在物种水平从模拟一种模式到另一种模式变化，直接揭示了具体环境对生物选择的作用过程，尽管这些研究仍然很初步，却标志着人类对生物系统认知的巨大进步。

2. 生物进化的本质。尽管人们对多细胞生物的进化研究经历了漫长的过程，但是建立在化石证据为基础上的研究仍然难以揭示生物进化的本质。近几十年来，生命科学和相关学科不断发展和相互渗透，尤其是遗传学、分子生物学以及神经生物学等学科的飞速发展和广泛应用，为系统与进化学研究带来了前所未有的发展，也大大拓宽了系统与进化研究领域的范围。而建立在最新科学成果基础上的智慧进化理论，揭示了生物信息系统的本质特征，从而为信息系统的进化提供了可以实证的统一标准，从利用传统的外部形态结构性状、化石证据来理解生物的亲缘关系，到现在利用生物信息系统的信息积累和信息系统的结构变化，来重新认识"生命进化树"所代表的类群系统发育关系，不仅使我们可以清楚地找出其内在的联系，而且可以从信息系统的变化中确立进化的标准，从而为建立模型化的认知而将生物进化作为一门可实证的科学奠定基础。

老智谈智慧之五

——达尔文的生物进化 (2)

这一篇我们仍接着上一篇来谈智力系统的进化，实际上讲的就是动物神经系统的进化，而动物神经系统是最容易理解的信息系统，不但与我们人造的信息系统十分类似，而且在生物进化中表现出明显的规律性。

四、智力系统的进化

从藻类、水母、海绵等简单的多细胞生物开始，生命进化之树分成三支：植物、真菌和动物。为简化起见我们只研究与我们智慧系统关系密切的动物一支，因为动物进化形成的智力系统不但是世界上最精密的系统，而且它构成了智慧系统的基础。

随着对生物进化过程的更多了解，我们能够从更宏观的角度来看待这一过程。生物智力系统的进化呈现出极其复杂的特征，首先经历了海洋和陆地两个完全不同的进化阶段；其次多细胞生物在陆地上经历了几

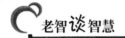

次大的环境突变，使正常的进化过程被打断；期间多次经历生物进化的大扩散、个别发展以及生存竞争几个典型的进化阶段，但是不管经历多少艰难曲折，生物进化的脚步从没有停歇，智力系统随着多细胞生物的进化而逐步形成并不断完善。

智力系统的进化，看似杂乱无章其实有很强的规律性，结构功能的出现有严格的先后次序，前者往往是后者的基础。智力系统进化的机制我们在上一篇已经探讨，主要是通过不同环境模式对动物不同类别和功能的方向性选择来实现的。**智力系统新层次的信息网络实际上就是多细胞生物的神经系统。新信息系统——生物智力系统就是建立在此基础之上。**

从多细胞动物的进化过程来看，神经信息系统的功能进化可以划分为三个层次。最简单的神经网络是感觉器官（感受器）接收外界刺激的信号，直接传送到产生应答的动物器官或分泌器官（都属于效应器），这是一种传令或信使作用。从信息系统的角度看，只有信息的接收、传递和使用三个环节，类似于智能系统，几乎是最简单的神经信息网络结构。第二个层次是感受器的信号经过适当的储存和处理后才能指导效应器的动作，就是调整作用，已经包括了信息系统的主要环节。第三个层次则是将来自感受器的信息先储存起来，再将新信息与原先的信息加以比较，之后发出新的指令，这就是思考的作用，包括复杂的信息处理过程。神经信息系统进化的三个层次是随着时间的过程顺序出现的，因此我们将智力系统的进化过程相应地分为三个阶段：

1. 智力系统进化的初级阶段。这个阶段环境的背景是新生的多细胞生物在水中的大扩散。简单的多细胞动物和海藻之类的低等动物还没有神经细胞，只有在海葵之类的腔肠动物及更复杂的动物中，神经细胞才变得发达起来。

（1）神经细胞的出现。神经网络的形成有赖于神经细胞，神经细胞的出现在进化史上是一个重大的突破，它奠定了智力系统信息网络——神经网络的基础。多细胞动物进化到腔肠动物（水螅、海蜇、水母）的阶段，随着体型的增大，活动范围更广，活动时身体的前端最容易接受刺激，这部分细胞的性质慢慢地发生了变化，细胞分化进一步增强，有了专门接受刺激的特殊细胞，如产生了感觉细胞、皮肌细胞。它们受到的刺激要传给其他细胞，经常负责传递的细胞也发生了质变，变成了神经细胞。神经细胞可分为细胞体和细长的突起，其细胞体与一般细胞形状、大小都相同，并且有细胞核。突起中有根特别粗且长的轴突，它恰似传送信号的导线，轴突以外的突起称为树突，与其他神经细胞形成联络网。

（2）简单的神经网络。随着腔肠动物细胞分化的增强，导致组织分化出现，产生了上皮组织、神经组织等，出现了原始的消化腔，以及动物界最原始的神经系统——网状神经系统，它将简单刺激——反应系统连接成网，可用于协调整个身体对刺激的反应。水螅已经具有了高等动物的反射弧的雏形，这是神经系统的最初形态，腔肠动物能够移动及捕食也与具有这种神经系统有关。但没有神经中枢，使得神经细胞传导一般是没有固定方向的，这种神经的传导速度较慢，又称为散漫神经系统。

（3）初级阶段的通讯和群体。智力系统的初期阶段，由于内部信息系统还未发育完善，细胞只经过初级的分化还无法形成特殊的器官，基本上只能沿用智能系统阶段细胞之间的化学通迅。而低等动物的群体都已接近是完全社会化了，从自由游动孢子形成的聚丛，到功能上，其与生物智能系统没有什么区别。

2. 智力系统进化的中级阶段。其是智力系统发展的第二个阶段，这个阶段经历了较长过程，既包括在广阔水域的个别发展，也有动物，比如昆虫登上陆地后开始大规模扩散、个别发展的阶段，这时动物的神经网开始进化出简单的信息储存和处理功能，已经不是对外部信息的简单反应，而是经过对信息处理之后的反应，和初级神经系统的刺激反应模式相比，多了一个信息储存、处理的环节，从而起到对系统的调整作用，而这个环节是由神经节以及由其进化出的简单脑来完成的。

（1）更复杂的神经网络。环节动物（常见的有蚯蚓、沙蚕和蚂蟥等）进化出更复杂的神经网络。首先是神经细胞聚集，随着聚集在一起的神经细胞越来越多，形成一个团体称做神经节。当感觉器官接收的信息传递到神经节后，经过一定程度的储存和处理，再传输给感受器官，开始有了简单的记录，不仅对外部的刺激做出反应，而且能够记录这种简单关系并形成经验。随着聚集在一起的神经细胞增多，神经节开始增大，这种现象称为发头现象。典型的就是蚯蚓，蚯蚓的神经系统是链索状的，称为链状神经系统，这个系统就出现了神经节，头部神经节发达。发头现象的出现为大脑的产生准备了条件。

在进化的过程中，神经节并不是都集中在头部，例如有些昆虫，它们形成了三个大的神经节，这些神经节分别在头部、胸部和腹部，所以它们的神经系统称为节状神经系统。还有一些动物的神经节在身体的不同部位，这些神经节通过神经线与感觉细胞相连，在神经科学中由于结构简单、便于观察而被用于研究的典型例子，就是环节动物水蛭。它的身体和神经系统都分成节段，每个节段都有一个神经节接受信息、调节行动，相邻的神经节直接连接相互影响，头尾两个较大的神经节是它的两个脑，负责协调运作整个神经索和身体的行动。

（2）脊椎——信息的主干线。还有一些动物走向另外的进化方向，通过吸收海洋中的钙质，在身体背后形成一条脊柱骨，称为脊椎。据推测，脊椎动物的祖先可以追溯到 5 亿年前。随着不断进化，脊椎形成管状神经系统，且其神经组织是空心的。从信息系统的角度看，**这是智力系统信息结构的重大改变，在脊椎骨保护下形成的神经信息网络，成为系统信息安全流动的主干线，极大地促进了信息系统的发展**，正是在这安全的信息主干线的顶端，真正的大脑开始形成，同时由于结构的优势，脊椎类动物也开始在海洋中大量出现。

（3）大脑初步形成。刚开始形成脊椎的原索动物，如文昌鱼、海鞘等，只有这条背部的神经管，其应该属于最早期的脊椎动物。动物的第一个真正意义上的大脑，是由原索动物的背部神经管的前端发育而成。到最原始的脊椎动物的圆口纲，如七鳃鳗，已经产生出大脑，但脑的各部分在一个平面上，无任何脑曲。大脑的进化是一个非常复杂的过程，伴随着整个神经系统的进化。八目鳗等动物大脑中出现了新的结构。原始的大脑皮质，称为古皮质，皮层中主要是神经细胞，用来记录由感觉器官传来的信息。

（4）大脑的进化。智力系统进化的中级阶段是新层次信息系统形成的关键阶段，标志就是大脑的形成。随着生物系统结构日益复杂，其内部的稳态越难以有效维持，因为各个部分越发难以掌握其他部分的运行状况，也无法预见自己的运动将对生命整体起到何种影响。因此，**一个可以用来协调其他机制的运行状况，以减少各种不必要偏离的机制是十分必要的，这就是中央协调机制**，这个机制是通过对信息网络的中央控制和管理来实现的，也就是大脑产生的基本原因。

从古脊椎动物的出现，到真正大脑的形成，其过程体现了以上进化原则，而其他处于多个神经节或脑分散控制阶段的动物，难以进化到高级阶段。鱼类的大脑进化到大约 4 亿年的软骨鱼类时，神经系统已经进化得比较完善，由三部分组成：中枢、外周和植物性神经系统。鱼类的脑也分化为端脑、间脑。鱼的脑比较简单，脑体积也比其他脊椎动物小得多，其对内协调内部器官、控制鱼体的运动和平衡，在接受嗅觉、视觉、皮肤感觉等传来的外部信息以及储存和处理等方面还是比较初步的。人们常说鱼类大脑记录视频信息的时间很短，只有 7 秒，转个身之后就不记得了。

到泥盆纪末期，即 3.5 亿年至 4 亿年前，地面上气候潮湿温热，原来在水中生活的古总鳍鱼逐渐演化成最早的两栖动物。鱼类进化产生两栖类动物，标志着智力系统的进化在陆地开始扩散。两栖类还保留着水栖祖先的原始习惯，因此分布的地区只是在热带、亚热带湿热的环境中，其他地区则很少。后来两栖类进化成为爬行类。爬行动物自石炭纪出现后，它们进化出"羊膜卵"，彻底摆脱掉自然水的束缚，可以深入内陆生活，蜥蜴在那个时代出现，相信是世界上最早的爬行动物。爬行动物时期，大脑初具雏形，又称"原始脑"或"基础脑"，包括脑干和小脑，而最先出现的脑成分则称为大脑旧皮质。对于初级爬行动物来说，这个大脑控制着身体的肌肉、平衡与运动机能。而脑干和小脑对物种的外部行为起着控制作用。到后期进化到较高级的爬行动物（如鳄鱼），大脑产生了左右脑室，在古皮质和旧皮质之间出现了新皮质的原基，爬行动物的脑开始产生协调生存的原始本能。

本能基本上是一种从出生就带有的记忆，是动物通过遗传得到的大脑神经元的固定组合，里面包含了种群祖先所生存环境的大体信息：**祖先们在远古时代经常遇上的一些特定的危险或有利的状况，以及它们处理这些情形的行为模式，这些就是动物后代的本能反应**，包括动物的情绪感受、环境识别、物种识别、食物与性、恐惧与喜好、逃避与进攻等。这些本能在爬行动物中表现得最为明显，不管是蛇还是蜥蜥都有着相同的行为模式：呆板、偏执、冲动、一成不变，它们只会无休止地复制着相同的行为方式，不会从以前的错误中吸取教训。但从当时的生存环境来看，能够并善于在危险或者有利的环境下做出适当的整体反应，已经是巨大的改变，能更好地适应环境，并且随着种群的进化，这种本能也会随之进化。到二叠纪晚期，生物的演化出现了两个不同的大趋势，而两个趋势都对地球的历史有深远的影响，其中一种趋势是向大型化进化的恐龙，另一种趋势是后来向群体型进化的哺乳类动物。

（5）进化方向的选择。石炭纪（3.63 亿至 2.9 亿年前）地球的陆地上已经遍布各种动物，生存竞争时期很快到来，古生物学家相信蜥蜴类的物种就是后来出现的恐龙的雏型。到二叠纪时，爬行动物的种类渐趋多样化，而且形状也开始接近最早的恐龙。到侏罗纪，恐龙终于可以扬眉吐气了，由于一些现在仍未确定的（例如大灭绝事件、大气含氧量增加等）原因，一些恐龙的类群开始向大型化发展，包括巨大的梁龙、迷惑龙、腕龙等。大型化在生存竞争中的优势明显，越来越多的大型化恐龙种类出现。进入白垩纪，恐龙最辉煌的时刻来临，最大的、最凶猛的全集中在这一时期，恐龙迎来了自己的黄金时代。强大的恐龙几乎丧失了所有对手，族群内部植食性恐龙与肉食性恐龙的竞争成了世界上最激烈的斗争，占据了海、陆、空三大生态领域。到 6500 万年前，即白垩纪时代的末期，有一颗巨大的小行星或者是彗星与地球在墨西哥沿岸地区发生猛烈的撞击，带来火山喷发、地震、海啸等各种自然灾害，使地球环境发生巨变，造成生物大量死亡，而体型巨大的恐龙更难以适应。这种巨型动物在统治地球几千年之后终归灭绝，在此期间未能给生物进化带来新的"质变"，这也为动物向大型化的方向进化画上了句号。

再来看看另一方向，在中生代三叠纪时期，爬行类动物之干杯龙发展出一支兽形爬行类动物，由于母亲对幼仔的哺乳习惯，被称为哺乳动物，它们由于体型很小，又具有较高的适应环境能力，在灾变后的恶劣环境中生存下来，并在下一时期的进化中凭借群体化的方向取得生存优势，逐步在整个地球上获得统治地位。

（6）各种感官系统及其通讯功能的进化。在中级阶段，昆虫、其他无脊椎动物和低等脊椎动物（如龟类和两栖类）之间的信息传递，是以定型为主要特征的。这就意味着，对于每一信号仅对应着一个或很少几个反应，每一反应只能被非常有限的几个信号引起。在同物种的各个群体中，发信号的行为和反应几乎都是相同的。其主要原因是受到大脑进化程度的限制，不同种类的信号都是在大脑的特定区域储存，一般都不会综合处理，只能单独地作出反应。

各种大脑特殊处理的区域与感觉器官相连接的感官系统开始形成，例如嗅觉系统，古鱼类很早就已经进化出嗅脑与嗅觉的接收和发放器官相配合，许多低等动物和昆虫进化出专门发出嗅觉信息的器官，称为分泌腺。昆虫的大脑可以储存不同的嗅觉信息，**这种信息处理的方式，就是简单认知的开始，它们通过识别这些信息来调整自己的行为**，社会昆虫一般通过附在个体表面的集群味迹，把同种同巢的同伴与非同巢的其他成员区分开来。

到脊椎动物时，视觉器官通过神经线与大脑连接，中脑是间脑上方的一对椭圆形球体，又名视叶，形成所有脊椎动物的视觉中心。视觉信息通过视觉中心，再分配到不同的区域储存，如果视觉信号的某个专门区域无法正常工作或收不到生物电信号，那么就会出现各式各样、稀奇古怪的至盲现象。

由于环境的原因，听觉信息系统出现较晚，是在中级智力系统进化的后期，即已经逐渐熟悉陆地生活的两栖类动物出现之后才形成。

两栖类动物出现了中耳鼓及听小骨，能把声波扩大后再传导到内耳，产生了听觉器官。从动物之间通讯的角度看，声音信号有许多其他信号所没有的优势，例如，可越过障碍物，也可以在不同气候条件下传播，甚至进化成为语言而造成信息联系的"质"变，这是我们下一篇要探讨的内容。

（7）昆虫社会。在中级阶段，由昆虫群体组成的社会很值得研究，这些昆虫在学术上正式地称呼为社会昆虫，包括蚂蚁、较为高度组织化的蜜蜂和黄蜂。这些昆虫主要利用化学手段进行通信，为此进化出不同的器官来释放化学物质，成为它们简单、有效的语言，彼此间保持着密切的内在通讯形式，个体纵使短期脱离集群也不能生存。由于大脑容积的限制，它们个体识别只能是类别，而不是单个的同伴，因此昆虫社会的亲密性不是建立在个体基础上的。作为一个类群，它们具有 3 个共同特征：一是在抚育幼年昆虫时，动物的个体相互协作；二是存在繁殖的分工，即繁殖是由专门的个体执行，它们的身体功能已经改变，大部分是不育个体，它们为繁殖的同伴劳动；三是至少存在能为集群提供劳动的两个重叠世代，所以子代在其生活周期的某一阶段能帮助亲代。

3. 智力系统进化的高级阶段。这时在海洋和陆地到处都充满了生物，生存竞争更加激烈，具有竞争优势的各种动物群体开始大量出现。这个阶段的智力系统进化集中表现在大脑的进化上，高等动物不但利用由遗传渠道得到的储存信息，而且还将来自感觉器官的信息先储存起来，建立起信息库，然后将新信息与原先的信息加以比较之后发出新的指令，这就是思考的作用，标志着系统信息的处理进入高级阶段。

（1）高等脊椎动物——哺乳类的出现。在恐龙灭绝之后 1000 万年左右，哺乳动物才真正开始占据地球的主导地位，这些哺乳动物包括啮齿类、食肉类、灵长类。它们是脊椎动物中结构最完善、功能和行为最复杂、适应能力最强、演化地位最高的类群。

在新生代初期，各种各样的哺乳动物十分兴旺，因为食草、食肉的哺乳动物代替了食草、食肉的恐龙，它们的优势主要表现在父母和后代的联系与接触上。除极少事例外，爬行类都是把卵安置在一处任其孵化，爬行类的后代无法接受上一代的抚育，它的智力始终限于遗传的本能和自己的经验。它们虽容许同类生存，但不与其共同生活，从不互相学习，也不会共同行动。它们的生活是各自孤立的，但是哺乳类和鸟类，却由于它们的哺乳及抚育，拥有更多信息交流的机会，从而获得模仿、学习和共同生活的能力。它们有警告、呼喊及其他共同的行为，它们开始训练和教育后代。新生代时期最早的哺乳类动物虽然比爬行类动物高级，但是它们脑的体积比食肉类恐龙仅大一点而已。但是，从现在的岩石记录中可以发现，随着哺乳动物沿着群体化方向的不断进化，它们的大脑容积在渐渐地增大。

（2）群体化的影响。牛津大学研究人员把过去 6000 万年间（从恐龙灭绝数百万年后直到现在）哺乳动物大脑的进化情况绘制成图。通过对 500 多种活体或变成化石的哺乳动物的脑容量进行对比，他们发现大脑容积与这种动物的社交能力之间存在很强的联系。高级群居动物的大脑增加速度，比离群索居的动物更快。这说明群居生活所需的合作和协调能力，促使一些哺乳动物进化出更大的大脑，群居环境对于动物进化的特殊影响就是直接促进了大脑和感觉器官的进化。

一个典型的例子是对一种在新生代初期叫做雷兽动物的研究，在习性和饮食方面，它非常像现代的犀牛，但是它的脑容积却不到它的后代哺乳类动物脑容积的十分之一，大概哺乳一经完毕，就和后代分离。但是经过长期进化后，自然选择倾向于共同生活的群体，许多哺乳动物开始过纯粹的集体生活，组成群体，互相照顾，互相模仿，从动作和呼叫声中传递彼此的意图，而它们的大脑和感觉器官的发育程度也远远地超过它们的祖先。

（3）高等动物大脑的进化。哺乳动物社会构成的关键是哺乳。由于幼小的动物在早期发育的关键时刻要依靠其母亲，所以类群是哺乳动物社会普遍的核心单位。哺乳动物信息系统的进化也越来越受到群体环境的影响，直接表现在整体大脑结构的改变，以及某些种群大脑和感觉器官的快速进化，给哺乳动物的大脑带来了许多新的功能：

A. 边缘系统的新功能。早期进化的哺乳动物在大脑中间部分形成边缘系统，这部分同样可以称作旧大脑皮层或中间脑，古皮质和旧皮质都被挤压到大脑半球的内侧，形成了马鞍状的边缘系统，包括海马、杏仁核、梨状皮质、扣带回、下丘脑等，边缘系统发生了持续性的结构与功能进化。开始处理与情绪、直觉、哺育、搏斗、逃避以及性行为紧密相关的信息，是孕育情绪、注意力以及情绪主导情感记忆的温床。在本能的基础上进化出情绪反应机制是直觉判断的基础，一件事要么"好"要么"坏"，爱憎分明、没有中间状态。在恶劣的环境中，正是依赖这种简单的"趋利避害"原则，生存才得到保证。

到高等动物（主要是哺乳动物和鸟类）阶段，由于同类之间有了更多的联系，使其大脑在边缘系统情绪反应机制的基础上进化出更复杂的情感机制，典型的表现在母子关系中就是幼崽对母亲的依赖，以及母亲可以拼命去保护幼崽，甚至为了保护孩子免遭天敌的危害，父母有时"英勇献身"。哺乳动物也有友情，例如老虎、猩猩、猴子、海豚等动物能和驯兽员建立友情，而乖乖地按照驯兽员的要求做很多可爱、有趣的动作，使高等动物具有了超越低等动物冷酷、自私本能的物质基础。许多基本感情都来自于哺乳动物情感机制的进化，**无论何种情感都需要大脑皮层特定区域的神经细胞和神经通道来实现。**

B. 更强的记忆。 科学家把新皮层的出现作为哺乳动物大脑进化的显著标志。这是因为从系统发生学的视角来看，到了哺乳动物时期，才出现了具有典型的 6 层结构的新皮质，从而构成信息储存和处理的立体空间结构。新皮质主要加工知觉信息和内部信息。大脑可以储存更长时间以及更多的信息，正好为不断进化的感觉系统所利用，形成对感觉信息加工和记忆的新区域，为不断增强的个体历史记忆提供了基础。高等动物的生存环境更为复杂，光靠一些本能性的情绪和情感反应模式不足以处理足够多样的状况，这时另一种记忆系统的加入及协作，将带来优势——个体的历史记忆或者称为个体的长期记忆。个体的历史记忆并不是用来开发新的本能反应，而是判断采取哪一种反应更为有利——记忆在这里起到的是协调其他本能的作用。

C. 学习的能力。 与个体历史记忆相联系的是一种特殊的信息传输能力，这种信息传输与通过遗传 DNA 渠道传输的本能信息传输是不同的，这是智力系统进化的又一个里程碑。因为这种信息传输不再依靠智能系统 DNA 的信息传输路径，完全是通过智力系统的感官和神经系统实现的，开辟了全新的外部信息传输方式。实际上这种信息传输必须建立在个体历史经验记忆的基础之上，意味着高等动物可以直接快速地接受经过选择的有效信息，这将极大地提高其应对环境的适应能力。当然，根据进化的差异性，并不是所有哺乳动物都具有这种学习能力，并且大部分类群的这种学习能力也只表现在母亲的哺乳行将结束的时期，因为这个时期动物之间信息交流最为频繁，只有经过这种学习才能逐步具备独立生存的能力。**哺乳类和鸟类对下一代教育主要是通过"行为模仿"的学习方式，** 我们现在经常能在电视纪录片中看到高级哺乳动物如狮子、虎、豹等是如何培养下一代的生存及狩猎本领，以及鸟类是如何教会下一代学习飞行，这些主要是依靠视频信息传输。这种信息传输方式之所以重要，是因为它是构成新层次信息系统的基础。

（4）感官系统的进化。高级动物由于生活在丛林密布的环境中，而且经常需要快速移动，嗅觉的重要性开始减弱。许多哺乳动物在进行信息交流时，开始更多地依靠视觉和听觉。

在视觉方面，灵长类动物视觉精确度的提高是通过把眼睛移到了大脑的前部，从而使立体视觉成为可能，再加上色觉，提高了在杂色的树叶丛中辨别物体的能力，不但更便于捕食小型动物，而且有利于通过动作语言来通信；听觉与声音信号相关，声音具有相当大的传播能力，超过了嗅觉和视觉的传播能力。而灵长类和鸟类开始利用有区别的叫声来表明不同的危险警讯，标志着大脑对声音信号的分类储存区域开始出现。

在脊椎动物的进化中有这种倾向，就是通过不同感觉通道传递的信息，往往以不同方式组合在一起而达到增强信息的目的。到哺乳类动物时期这种趋势更加明显，最突出的就是较高等的灵长类动物，它们不仅利用基本的信号刺激，而且倾向于利用整体的格式化的感觉信号。也就是说，走向了复杂并列信号的同步合成。在近距离时，视觉和听觉信号是互为补充的，还可以与触觉混合而组成复合信号，以更精确地表达信息。这种感觉信息的整合促进了大脑结构的进化，形成哺乳动物特有的大脑内部结构的链接：一是丘脑低级中枢与大脑皮层分析器之间形成中转站，将来自全身的感觉信息（嗅觉除外）汇聚起来，更换神经元后到达大脑；二是在延脑底部，由横行神经纤维构成的隆起，称为脑桥，是小脑与大脑之间联络的中间站。除了构成脊髓与高级中枢联络的通路外，还具有一系列的脑神经核，脑神经核的神经纤维与相应的感觉和运动器官相联系。

这种大脑结构的改进使得部分高等哺乳动物的大脑产生出新的功

能，像特殊的空间环境感知能力，以及一元化的内心体验等，为高级意识出现奠定基础。

（5）智力系统高级阶段的动物群体。高等动物进化出了更为复杂的生物信息系统，无论是在大脑的信息处理，还是在利用各种感官系统的信息通讯方面，都远远超越了之前出现的任何物种，因此，它们的社会行为就会更加复杂精细。高等动物的群体已经不同于社会昆虫和无脊椎动物等群体。首先，这个群体中的每一成员，是一个潜在的独立单位，它们不需要像集群无脊椎动物和社会昆虫那样每天尽义务，每一成员都在利用类群为自己获得食物和隐蔽所，并尽可能多地养育后代；其次，没有发现不育职别，没有生理上的特别分工；最后，自私性支配着成员间的关系，利他主义行为是偶然的，并一般只局限于自己的后代。部分高等动物进化出具有一定的自我抑制力，能考虑到其他个体，具有一种社会欲望，有利于群体的形成，借此提高各成员成活率和繁殖率，但是这种相互协作通常是极初步的，相互攻击倾轧有时也很强烈，一般都会毫不犹豫地遗弃病者和伤残者。

最顶级的高等动物群体中才会出现首领，因为这种"等级社会"要求群体之中不但具有个体识别，还要有等级识别以及大量信息沟通的能力。"首领"在群体内部优先享有食物和配偶、选择筑巢场地等权利，其他成员对它做出表示顺从的姿态，对它的攻击不敢反击。"首领"也负责指挥整个社群的行动，并且与其他雄性共同保卫整个群体，"首领"的出现极大地提高了群体的整体性。

总之，随着生存环境的竞争日渐激烈，高等动物向更复杂的群体化方向进化，使哺乳动物中某些物种的大脑和感官系统不断地向复杂化、高级化方向发展，从而为生物信息系统即将发生的"巨变"升级创造了条件。

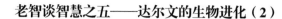

　　智力系统的进化是一个纷繁复杂的漫长过程，本文只能是挂一漏万地简单阐述，我现在十分理解那些认为生物进化没有什么方向性的论述，好在我们解释了生物进化的本质，从生物信息系统的角度重新审视，才从这一大堆无比繁杂的事例中，抛开繁枝琐节的干扰找到进化的脉络。（下一篇是我们理论创新的重要支点，什么创造了人？）

老智谈智慧之六

——什么创造了人

什么创造了人？人的本质是什么？这些问题已经争论了近千年，今天我们在对生命全新解释的基础上，将在最新的科学理论指引下，带来最新的解释，从而为我们智慧进化的理论体系构成重要的逻辑支撑。

 一、智力系统升级的条件开始出现

上一篇我们已经知道，建立在智能系统基础上的智力系统，经过几亿年的进化，其内部的信息结构已经完成了三个阶段的进化，进入到智力系统的高级阶段。当生物进化的历史来到大约 1000 万年前，进化到高级阶段的一些哺乳类群体逐渐地成为食物链高端的统治者，生物遍及地球的各个角落，生存竞争的激烈程度已经是微观层次所无法想象的，最明显的是具有智力系统优势的动物界，上天入地、各显其能，占据了海洋、地面和天空，形成了相互依存的完整的生物链。

在许多领域，生存竞争已成为群体之间的竞争，要在这样的竞争中生存，就要不断地进化出新的群体功能，例如集体性的报警、防守，甚至捕猎机制等。这就决定了新的个体生物进化的方向逐渐转向群体内部，满足群体内部的需求往往成为产生系统新功能的关键，而这种需求最基础的部分就是群体内部通讯的进化。

群体化的趋势促进了智力系统个体的感觉器官和通讯能力的进化。随着智力系统进化到激烈竞争的阶段，高等动物各种感觉器官的进化开始加速，主要表现在各种信息接收器官的出现和不断进化上。这种进化促进了动物个体之间通讯方式的进化，从化学通讯的升级，到视频和音频通讯的出现，一直到综合各种感官的格式化通讯形式。但是因为感官系统的进化受到信息处理核心——大脑进化程度的制约，因此在某些阶段决定感官系统进化的关键还是在于大脑的进化。

群体化的趋势也促进了智力系统的个体大脑进化。随着感觉器官不断进化，为大脑提供了越来越丰富和大量的信息，只有及时储存和处理这些信息才能使其发挥作用。因此，高等动物的大脑在本能及短期记忆的基础上，进化出个体的历史记忆、逐级简化的视频编码储存方式以及大脑对各种感觉信息渠道的整合，这种整合使部分高等哺乳动物大脑中开始出现跨感官的环境感知能力（参考 F35 战斗机人造信息系统综合处理后的环境感知能力）、以及一元化的内心体验，这些都为将来人类语言以及高等意识的出现奠定了基础。

从外在的功能上观察，高等动物大脑和感官系统的不断进化主要带来两项非常重要的相关功能：一是相同种群父辈同子辈之间逐渐具有通过感觉器官向后代传输信息的能力，如哺乳类和鸟类对下一代的教育。这种信息传输原来只是用于智力系统个体之间的通讯联系，但是当大脑进化到一定的程度，这种纵向传递信息的能力就逐渐地成为动物获取生存竞争优势的关键；二是在信息纵向传递的基础上，有一些高等动物开始利用天然物品作为工具，来达到自己的目的。目前已知的有黑猩猩利用树叶做厕纸或者雨伞，甚至会用石制工具砸食坚果，还懂得使用木棍捕捉白蚁，更令人惊叹的是最近美国科学家观察发现，非洲雌性黑猩猩还懂得使用树枝制矛，捕猎洞穴中的丛猴，而鸟类也会使用简单的工具，这些利用工具的行为是在大脑高度进化的基础之上，如此提高了个体行为能力，并为将来系统的升级创造了条件。

当时的生物界正经历着有史以来最严酷的生存竞争，这种竞争呼唤着超然系统的出现，这个超然系统必然是现有智力系统的个体所无法超越的。我们又想到在微观层次出现的情况，在竞争中个体的功能必然向极端化发展，当这种趋势受到限制时，以新的方式突破限制是进化的唯一选择。想当年无论是生物大分子形成的单细胞生命，还是多细胞生物的形成，都是依靠在水中的自组织能力。而作为智力系统个体的动物界，它们大部分脱离水的世界已久，依靠群体化这种陆地自组织的方式，能够实现在竞争白热化的中观层次的突破吗？

二、智慧系统的萌芽

智力系统经过几亿年的进化逐步为系统跃升到新的层次创造了条件，这些条件集中地体现在一批高等哺乳动物的群体上，尽管其中各有所长，但在大脑和感官系统进化的方面，最突出的就是灵长类之中的古猿。

3500万年前，在非洲的森林中，出现了人们称为埃及古猿的森林古猿类。从化石证据得知，古猿没有现在人类那么大的脑袋，躯体倒是差不多，但是相对大脑的容量在动物中还是最高的。古猿在树上的生活方式，使它们不必随时为躲避猛兽而奔跑，有更多的时间用于相互交流。

它们身上积累了生物智能系统几亿年进化的最高成果，它们的大脑和感官系统是所有动物之中进化程度最高的，不仅表现在大脑的容量比较大，而且在大脑内部以及感官系统的各项功能方面也是最全面的。它们是群居哺乳动物之中的佼佼者，它们的体型适中、杂食性、能握物品的前肢以及强大的生存能力，包括充足的食物和营养，从而使其能够摆脱食物、季节对生育的影响。

哺乳动物群体的进化已经到了食物链的顶端，古猿还只是在树上称王，而其他地方仍然是强者如林，如果不是一个重大的转化契机的出现，它们至今可能仍然是在树上逍遥生活的普通群体。

1. 从古猿到南方古猿的进化。转化契机出现在大约 700 万年前，覆盖着浓密森林的非洲大地突然出现了巨大的地质变动，随着土地的凹陷出现了贯穿东非数千千米的大裂谷。由于裂谷的阻隔，东西两边的气候发生了相反的变化，西部不断地下雨；而东部雨水却越来越少，森林减少，植被发生变化。原来生活在这片森林中的古猿类，由于大裂谷的分割，使它们向不同的两个方向进化，西边的成了猴子、大猩猩和黑猩猩，东边的变成了史前人类南方古猿，人猿的继续进化依赖于远离主体基因库的极小规模的隔离种群的进化演变，而且只有经过几十万年的隔离才能产生新的种群。

2. 自然选择——环境的变化因素。先看看环境模式的变化是如何促成自然选择发生作用的。在 700 万年前，当大裂谷把一些古猿和它们原来的群体（主基因库）彻底分开后，它们长期栖息的原始森林逐步消失，不得不改为地面生活。到地面后，情况发生了根本性的变化，食物不容易找到，还经常遭到猛兽的袭击。生存问题成为自然选择的最主要因素，这一因素可以具体化为如下几个问题：

一是躲避野兽的问题。热带草原不比森林，离开高大树木的掩护，它们原有的优势开始丧失，首先要保障自身的安全，随时了解周边环境的情况，报警的能力对其生存起着非常重大的作用。草原上可以攻击猿人的猛兽种类很多，攻击的速度很快，方式也很多，只使用原来在森林中的简单声音报警信号已经远远不够，更复杂的声音报警信号，无疑将给它们带来更多的生存机会。

二是食物问题。尽管古猿直立行走可以腾出双手，能够使用树枝和石块等来防御猛兽，或挖掘根茎等来食用。但是草原的环境可供采摘的食物无法和丛林中相比，在新的环境中猿人个体很难独自生存，它们必须结合成更紧密的团体，共同狩猎或采集才能生存。狩猎本身就是群体行为，在此过程中需要有更复杂的声音信号来传递信息以便相互配合，提高成功率，根据进化之中"用进废退"的原则，声音信号向更复杂的方向进化已经成为必然。

三是它们生存环境的一大变化，那就是在夜晚，面对食肉动物的威胁。原始人首先需要的是一个安全的庇护所，利用洞穴或以树木和其他植被为屏障的固定地点来分享食物和作为夜间庇护所。从生活在悠来荡去的树上到相对平稳的山洞之中，古人类有更多的时间用来休息、思考和相互间的沟通，这些都对大脑新皮层的发展和语言的形成起到了关键作用。

从以上分析可以看出，因为原始人类生活环境的巨大变化，使其既没有在灵活性和运动的协调性方面特别需要，也没有在感官方面特别需要，更没有可能产生出新的攻击器官与猛兽争雄。在上一篇谈论智力系统外部信息传输方式的进化中，我们比较过声音与其他传输方式所具有的基本优点，就是传播的距离远、可越过障碍物，以及在不同气候条件下传播，这些特点对于在草原生活的南方古猿非常重要，因此环境选择了向口头语言的方向进化**不断提高个体之间声音信息通讯的质量，从**

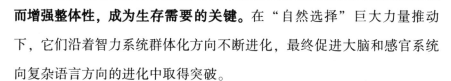

而增强整体性，成为生存需要的关键。在"自然选择"巨大力量推动下，它们沿着智力系统群体化方向不断进化，最终促进大脑和感官系统向复杂语言方向的进化中取得突破。

3. 南方古猿——转变的开始。从猿到人的转变经历了几百万年的生物进化过程，而这其中的关键就是猿脑向人脑的转变，这一转变奠定了智慧系统的基础。众所周知，人脑是从猿脑进化而来，这块里程碑是怎样建树起来的呢？近年来随着对大脑科学研究的进展，尤其是对人脑和猿脑内部功能部位的比较研究，使这一问题的答案逐渐地清晰起来。

如前所述最大的动力来自于自然选择，表现为古猿生存环境持续地改变，使古猿的生活方式发生持续变化，这种变化带来了身体结构方面的变化，从而使大脑的结构和功能也发生变化，这些变化慢慢地积累起来，结果使得大脑发生了质的变化，变化先是从身体的改变开始。

（1）南方古猿的直立行走。大约700万年前的地质变动，使人类的祖先由树上下到地面上生活后，由于气候的变化所引起的森林面积的减缩和林木的稀疏，为了找寻新的食物来源和抵御天敌，促使人类祖先首先学会了直立行走，使其成为迈向人类大道的开端。

最初的直立行走，可能来源于人猿个体的骨盆变异，这种变异在干燥的草原环境中有明显的优势，主要是看得更远，能够腾出双手进行动作，这种生存优势慢慢地被继承下来。直立行走对于大脑进化的主要贡献在于，身体直立以后，脑的顶部不再紧压头骨，为大脑向顶部的发展留出了空间。直立的姿势，使猿人的脊柱托住头部，从而扩大了视野，进一步促进了头部各种感官功能的发展。草原要比森林需要更广阔的视野，因此养成了敏锐的观察力和较长期的记忆力。随着人猿脑量的增加，一些与语言相关的脑区开始进化，进而推动了思维、认识能力和自觉能动性的发展。**两足直立行走的重要意义，使人类学家把是否具备这**

一条件作为人和猿分界的一个重要标准。

南方古猿直立行走之后，不仅增强了人类祖先的生存能力，也使他们的身体结构发生了一系列适应性变化，如身体重心下移、下肢骨增长、骨盆变短增宽、脊柱从弓状变为 S 形等。同时，头部位置的改变拉长咽喉，能够产生较清晰又能变化多样的声音。因此，可以说人体的许多基本结构特征都与两足直立行走有关。

（2）南方古猿的语言进化。从智力系统进化的过程我们知道，随着动物内部神经系统和大脑的进化，群体动物会进化出各种不同的通讯渠道，使其具有不同的通讯能力，这种信息通讯直接影响着动物的行为，也决定着动物所具有的群体功能。当猿类的祖先还在森林中生活时，它们已经具有了在智力系统的动物之中最高级的视觉和听觉信息的沟通能力，生存环境的巨大改变促使这种能力向新的方向进化。

我们前面分析过，当群体内部的需求集中到向复杂语言的方向进化，由于受智力系统的进化机制所影响，在一定环境下的持续选择，使得智力系统会强化某些功能而弱化其他功能，这就是进化理论中常说的器官进化"用进废退"的原理。随着语言越来越多地被使用，与之相关的器官功能会逐渐增强，或者进化出相关的新功能。

南方古猿可以直立行走，制造简单的原始工具和用简单的语音、姿势交流。由于这时古猿的喉部构造还不适宜吐字发音，所以只能用叫声一样的语言加上手势、动作进行交流。在南方古猿直立行走之后，长期的直立姿势使面部逐渐拉长，口腔与咽喉形成 90 度的夹角，这种结构变化有助于升高舌背，形成咽喉气流的阻力，同时咽喉部的空间适当地拉长。头部位置的改变以及咽喉的拉长，这两个变化就能够产生较清晰又能变化多样的声音。

但是，南方古猿时期语言方面的进化只是这漫长过程的一个开端，尽管直立姿势逐渐地使猿人的口腔和上呼吸道被改变为能够具有发出多种声音的能力，但是发音器官的形成要经过长期的进化过程，因为发声系统仅有相应的器官是不够的，还要有控制它们运动的系统，比如在大脑中有一个专门的调节运动区，功能就是控制调节嗓子、舌头、下巴等相关发音器官的运动，以便能够发出声音、产生语言。**发音器官的进化只是为语言的形成奠定了基础，或者说只是提供了一种语言的形式，**而语言内容的形成则要等到猿人大脑的下一段进化。

（3）南方古猿大脑的进化。经过几百万年的进化，南方古猿已经逐渐适应两足直立行走的草原生活，当南方古猿进化到400万~500万年之前，他们的大脑容量开始增长，达到400多立方厘米，增加的大脑容量主要是形成了大脑的新皮层。通过与黑猩猩的颅腔铸模对比，新增的部分大致在人类大脑的布洛卡语言区的位置，来自大脑损伤医学的证据表明，该语言区的作用主要是负责把部分内部语言翻译为外部语言，或者可以简单理解为构建语言的形式。布洛卡型失语者不能连接合乎语法的句子，虽能理解语言并叫出客体名称，但不能把单词连接起来。在此基础上我们推断南方古猿的语言能力，主要表现在处理声音和听觉信息能力的进化，尽管比其他猿类已经进化许多，但是南方古猿所拥有的言语词汇极为简短且非常贫乏，他们主要借助肢体语言和客观物象来比拟象征所要真正传达的内容，还没有形成真正意义上的口头语言。

随着发音器官的进化，许多供语言使用的大脑神经网络也和某些运动神经肌肉所形成的细微动作技巧开始出现，如面部的表情变化、扔东西、用手势来表示意思等。上面我们已经知道灵长类的大脑经过长期进化已经达到动物界中的最高级，而其中猿类的大脑又是灵长类中最大和功能最完善的。除了发音器官的进化，南方古猿的大脑在其他方面也在逐渐进化，其中一个重要的方面就是对声音记忆的能力在逐渐提高。在大脑的新功能区会形成一些专门储存声音信息的神经元结构，分门别类地储存不同的声音信息，而这些结构在未来进化出的新型信息储存结构有特别重要的意义，它将成为联结其他感觉、影像、嗅觉等信息的索引，成为组织和查询信息的新的工具，成为大脑以新的方式存储信息的基础。

近年来随着人们对大猩猩研究的深入，人们发现猩猩瞬时记忆的能力与生俱来，它们能以惊人的准确度记住有关具备图形和顺序特征的东西，这和它们长期在树上的生活分不开，同样南方古猿也应该具备这种能力，但是它们离开了树林环境，这种高度发达的瞬时记忆就自然失去了作用。同时，另一种它们急需的能力就会增长，这就是长期记忆的能力，在广阔的草原生活更需要长期的记忆能力。当短期的瞬时记忆逐渐变为长期记忆之后，为大脑联合区的功能整合奠定了基础。

二、初级智慧系统的形成

智慧系统在经过了萌芽期之后，逐步进入了初步形成期，或者说进入到进化的初级阶段。为了加以区别，我们将处于进化初级阶段的系统称之为"初级智慧系统"。

1. 南方古猿大脑的质变。南方古猿时期，在自然选择的推动下，猿人之间的信息交流在向复杂语言的方向缓慢推进，到大约250万年前这种进化突然加速，在非洲东部和南部生活的某些南方古猿的群体，大脑开始出现突变，实现了猿脑向人脑的转变，从目前出土的化石证据来看我们人类的始祖被称为——能人。

能人生活在250万~160万年前，能人于1960年发现于坦桑尼亚西北部的奥杜威河谷。头骨壁薄，尾崎不明显，平均脑量为637毫升。颊骨比非洲古猿窄，下肢直立行走，手指能对握，身高 1.2~1.3 米，最大的特点是开始制造石器工具。曾被称为"东非人"，现在一致认为是南方古猿的一个变种。能人的出现是南方古猿向人类进化过程中的一次飞跃，它标志着从南方古猿开始的猿类向人类的进化已经初步完成，标志着人类家族与高等灵长类中的其他类群从此分化开来，标志着一个新层次的生物信息系统的形成。

南方古猿进化成为能人的关键是大脑发生的质变，这一质变的发生是南方古猿向复杂语言方向进化的长期结果，可以从以下几个方面分析能人大脑的进化：

（1）能人大脑容量的增加。这一阶段能人的脑容量从南方古猿的450毫升增长到640毫升。能人的大脑是人类大脑进化最快的时期，从南方古猿的平均脑量到能人的平均脑量增长 40%，大脑量的增加必然带来功能的增加，而自然选择的压力集中在口头复杂语言的方向，因此这些新增的功能是与语言有关的。**脑量的大幅增加和相关语言功能区的进化，正是南方古猿大脑发生质变、形成新人类的有力证据。**

（2）大脑量的增长必然带来功能区域的增加。通过对不同时期出土的猿人类化石的颅腔铸膜对比，我们发现能人的大脑和南方古猿的大脑相比较，不仅容量大了许多，而且在下前叶和下顶叶也明显"饱满"许多，这表明人类大脑的39区和40区的种系发生已经开始了，这其中包含了重要的韦尼克语言区的一部分以及大脑的联合区。通过脑损伤医学的研究证明，韦尼克脑区的后语言中枢和言语的概念范畴有特定的联系，临床神经病学告诉我们，韦尼克型失语症者不能理解语言，虽能讲流利和合乎语法的言语，但意义不连贯、字词混淆、重复唠叨，是因为韦尼克区处于听觉和视觉区之间，负责把单词和相应名称的客体联系起来。

能人大脑的进化，使语言的进化不仅停留在形式方面，而且在内容方面有了实际进展，从南方古猿开始的复杂语言方面的进化，经过发音和听觉器官的进化之后，进入一个新的阶段，即语言内容或者说概念形成阶段。从上一篇大脑的进化中我们知道，高等动物个体历史记忆中的视频信息，是通过逐级归纳影像特征，之后再编码记入大脑的特定储存区域。随着古猿大脑的听觉信息处理脑区的增长，按照生物进化中的累积性原则，新增长的部分会与原有的部分汇集起来，这正是新形成的韦尼克语言区。**当特定的声音信号和之前储存的特定的视频信号相结合，并以此为新的线索进行搜索和运作时，一个新的演化过程从此开始，这就是对事物的"命名"过程，也是概念形成的过程。从大脑的进化历史来看，就是在这里树立起了猿脑向人脑转变的里程碑。**

这是大脑在信息处理能力方面的又一巨大进步，当这些脑区在逐渐的进化中实现了感觉信息渠道的高度融合，特定的影像及感觉信息和特定的声音建立起一种联系，由此形成大脑中的"概念"，从而标志着原始简陋的语言开始用作描述性用途，因此成为第三层次的语言，即可用来描述采集植物和打猎地点，以及食肉动物的位置和动向。原始语言和相应的行动一起，确保了原始人类进化的有限且渐进式的成功。

2. 无线网卡——能人大脑进化的作用。**在此之前人们一直不理解为什么人和猿的大脑仅有这么一点点的区别，但是他们却完全生活在两个世界。如今有了电脑，尤其是有了电脑网络之后，我们才深刻理解这部分新增的大脑皮层的作用。因为它相当于电脑的无线网卡，有了它才能让个体连接起来形成网络。在信息处理方面，网络和个体相比才会有质的飞跃。当然它不但是通过制造语言来实现无线连接的，而且更巧妙的是它不仅仅只是实现了新的连接，而且将新收到的信息用语言的抽象形式高效率地储存起来，并且能够以语言的形式将这些已经储存的信息有**

效地运作和处理。最重要的是这些语言能够一代一代地传下去，并不断地积累进化，为信息的使用即人类的行为指明了方向。

人类的独特性恰恰取决于这样一个事实：人和猿那么微不足道的差异能够产生看起来如此惊人的结果，人类大脑的改变**使人类个体的大脑变为智慧系统网络中的一个部分，使其具有动物大脑所没有的巨大的网络信息处理能力，只有人脑才能以这种方式接受、处理和传递信息，从此把人类和其他物种真正区分开。**

大脑新皮层的内部神经细胞的综合分类能力，是语言抽象"命名"过程的基础，"概念"的出现实际上是大脑对信息处理的一种新功能，目的就是通过对事物特征的归纳和抽象达到对事物的分类认知。能人阶段仅仅是这个功能的开始阶段，考古学已经给我们提供了这方面重要的证据，就是对生活环境的分类。能人阶段已经开始改变吃喝拉撒都在一地的情况，开始分离出处理食物、睡觉等不同的生活区；另一个是来自对石制工具的分类，利用石器工具来加工木器，前提就得对石头的基本性质有一定的认知。尽管考古学给我们提供的资料非常有限，**但是已经足够支持我们的基本判断，那就是能人的大脑已经以新的方式——概念的方式来处理信息。**

尽管最早期的概念一定是由最简单的词语所表示的，但它一经出现就已经不是只用于外部信息交流那样简单，它是大脑对感觉皮层信息整合的成果，并在大脑内部成为信息汇集的工具。这种功能实际上是从智力系统的昆虫大脑对嗅觉信息的处理，实现对同巢、同类的区分开始；一直到高等哺乳动物群体内部通过对视频、音频信号的综合处理达到对群内个体的等级区分。**使用"概念"来处理信息实现了大脑的一个真正飞跃，因为从此找到了一种归纳和抽象方法来简并信息、扩展容量、连接网络，从此可以走上认知广袤自然界的漫漫长途。**大脑整合后的新功能不仅为人猿发出的声音信号向语言的进化奠定了基础，更重要的是为一个新兴的、更高层次的信息系统的出现拉开了序幕。

3. 新层次生物信息系统的诞生。能人大脑的进化带来大脑信息处理方式的质变，就是**在智能系统和智力系统的基础上构建出新层次的生物信息系统，将原来由动物组成的群体变成由人组成的新型信息网络，完成从猿到人的转变**。下边我们简要分析：

（1）大脑的质变产生出新的信息传输方式——语言，语言改变了个体之间信息传输的性质，为新系统的形成奠定了基础。我们知道在智力系统的进化阶段，为了提高整体性的功能，动物群体的内部已经进化出不同类型的语言，主要有化学气味、视频动作以及声音语言等，但是这些语言只有第一个层次即表达基本感情（快乐、痛苦、愤怒等），或者是第二个层次即表达有用生活信息（告警、发现食物等）的功能。南方古猿时期，在自然选择的作用下，语言逐步地进化，终于形成语言的第三个层次——描述性的功能，可以描述不同时空的事物，或者是区分不同事物的性质。这种新功能使个体之间更快速和有效地沟通，把个体更紧密地联系在了一起，使它们体现出更多的整体性特征和功能，成为新的生物信息系统的个体，成为新兴的人类。

就像"祖母细胞"的出现代表了生命的诞生一样，"祖母语言"的出现代表了人类的诞生。**需要强调指出的是，人类是以集体的形式诞生的，离开了人类智慧系统的语言网络，也就缺失了人类的基本属性。**

（2）以抽象的"概念"编码储存成为新生系统的信息储存方式。在能人阶段开始的以概念方式储存信息是一种全新的方式，是任何智力系统的大脑不曾有过的。尽管能人的语言已经有了质的飞跃，但与后期的语言相比也仅仅是一个开端，简单的语言形成简单的概念，简单的概念形成简单的长期记忆，带来的对外部世界的认知也是相对简单的。尽管同其他动物的纯粹本能、边缘情感系统和个体历史记忆相比已经产生了质的飞跃，但是这个过程就像生物进化经历的所有过程一样，都是非常漫长。

（3）语言带来新的信息处理方式，为新型系统的不断进化开辟了方向。能人大脑的质变，不仅使大脑的新增皮层可以用概念的方式大量存储信息，而且为这些信息的处理提供了广阔的空间，一旦某对象的名称脱离了这件对象而独自存在后，人们便可以在心里操作这个事物。人类为事物命名后，此一名称所代表的意义马上就成了一种可用的工具，使得语言成为可以在人的心里表征不在眼前的事物的一种手段。语言在很大程度上将我们从感觉的束缚中解放出来，使我们能对汇合不同感觉信息通道形成的概念进行存取，这些概念因而是多感官的和超感官的。

语言的赋名功能使其进化成陈述性语言，这就产生一种新的认知功能，这个新功能非常重要，因为大脑随后进化出的许多功能都是在此基础之上。认知功能是在语言的"命名"过程中形成的。为了给不同的事物"命名"，首先要由感觉器官收集到足够多的信息，之后大脑要经过复杂的信息处理过程，将储存的感觉信息逐级归纳，之后按一定的基本特征分类，并与特定的"名字"相联系，只要一提到简单的音频信息的"名字"，就将所有的相关信息联系起来，**从而在大脑的这种化繁为简的信息处理过程之中，实现了对事物特征的抽象。并且分清楚该事物的基本特征，在这一过程中实现了对事物的认知。**认知的过程就是大脑思维的一个过程，概念的分类只是开始，以后将逐步进化出联想、判断、推理、论证等各种思维方式，并逐步构建起一个精神的世界。

这个精神世界建立在新层次的网络信息系统的节点之中，这个新的信息系统就是我们所说的智慧系统，大脑新的功能使它可以运用语言来传递信息，运用概念来处理信息，通过联想和想象来构建对环境的认知。具体来讲，新系统所利用的信息接收的器官与智力系统是相同的，但是经过特殊的大脑皮层的处理，其意义已经完全不同，能人大脑功能的新变化，构造了新层次信息系统的信息接收、储存和处理的环节，使其成为智慧系统网络的组成部分。

（4）新系统构成的最后环节。在新系统形成的过程中，还有一个环节是不容忽视的，这就是手的进化。能人阶段手的进化也非常明显，能人的手指可以对握，证明相应的神经控制机制已经开始形成。从猿类的爪最终转化成非常有用的手，手的进化奠定了能人在进化中的卓越地位。**手的进化完成了生物信息系统形成的最后环节，这就是信息使用环节，如果没有此环节，那么即使信息收集、传递、储存和处理等环节再发达，也难以升级形成新层次的信息系统。**

最著名的例子就是海豚。海豚的大脑和我们的一样大（甚至更大），海豚还进化出相互传递极其复杂的声音讯号的器官。也许它们具有某种有别于人类的"智慧"，但是，由于它们缺乏适于抓、握、拿的手，不能制造工具，缺少了生物信息系统最后的也是最重要的信息使用环节，因此它们只能停留在生物智力系统的阶段，而无法升级进入更高级的阶段。

4. 新系统形成的证据——石制工具。能人最突出的特点在于石制工具的使用，尽管这一时期能人自身的生物功能在弱化，但是新信息网络的出现，使他们的群体功能日益突出。从他们的语言脑区的发展来看，他们在用语言进行人际交流方面有了很大的进展。与大脑的进化程度相互验证的是同时出土的大量石制工具，而石制工具的大量使用，表明它们开始具有一定的认知能力。**这里我们要强调的是人类进化到这个时**

期，已经不是偶然地、个别地使用石制工具，而是经常地、大规模地使用石制工具，而且最重要的是这种制造使用石制工具的技术能够一代代地传下去。

从生物信息系统的角度来观察，石制工具的制造和传承过程完全证明了一个新系统的诞生，**新系统的机制逐渐地开始运行，其结果就是原始人类在使用天然工具的过程中，逐渐学会了制造工具，**我们从以下几点来理解：

（1）石制工具的制作是建立在人类的认知基础之上的，这种认知是能人大脑新皮层概念运用的结果。认知的过程实际上是把智力系统接收的感觉信息经过加工处理后上升到一个新的层次，为新系统提供了重要的信息来源。认知是从身边最多的东西——石头和树枝开始，这些东西是最先被自然使用的，后来逐渐地被设计用来解决最迫切的问题，它们变成狩猎的武器和日常的工具，这使得原始人类在与其他野兽的生存竞争中逐渐占据优势。

（2）工具的制造和使用离不了语言。一个敲石头的人需要知道他或她要制作的工具的形状，这种理解也必须一代代地传下去，这两项任务都够复杂，都必须使用比较复杂的语言来完成。

（3）从智慧系统的角度来看待工具的使用，很容易区分动物和人使用工具的不同性质。前者只是单一地、偶然地使用，后者是长期地、普遍地、大范围地使用；前者只是简单地使用，后者在使用的同时还会不断地改进；前者只是智力系统的偶然巧合的结果，后者是智慧系统基本进化机制的结果。

（4）石制工具为系统带来新的功能。现在发现早期人类制造的工具都是石器。这些石器常常与动物的遗骸和人为弄碎的骨头一起被发现，由此古人类学家推断，石器的出现与早期人类的狩猎和肉食行为密切相关。随着石制工具的大量使用和群体行为的密切配合，这些新兴人类在与各种野兽的竞争中已经开始胜出，证明它们已经开始突破了智力系统的局限，逐渐上升到了一个新的层次，这就是智慧系统的层次。

在研究人类形成的过程中，人们非常重视工具的作用。从信息系统的角度来看，**工具的形成实际上是新的智慧系统运行的结果，工具的不断改进实际上是新的进化机制所带来的。所以说，石制工具是新层次生物信息系统形成的最有力的证据。**

5. 新的进化机制。能人大脑质变带来的语言进化，使得它们群体之间的信息流量和信息处理能力远远大于任何动物的群体，但是这还不足以证明这一群体就是超越智力系统的更高级的系统。新系统出现的证明是新的进化机制的形成，只有新的进化机制的形成才能使得新生系统可以不断地形成新的外部功能，促使其在更高的层次上适应外部的环境。因此，新的进化机制促成了新系统的形成和进化。下面我们看一下，新的进化机制是如何形成的。

新生的智慧系统是一个网络状的、以语言连接的信息系统，它的每个节点都是一个人类的个体，它们之间的连接主要是通过人类的语言来沟通，积累的信息主要储存在网络的节点之中，系统的运行主要通过如下环节：

（1）以个体的方式获取信息。初级智慧系统所积累的信息主要来源于两个方面：首先是来自系统的源信息，它是智慧系统最重要的信息来源，因为它传入的是系统最主要的软件——人类的语言，这个信息是随着幼儿的成长由长辈逐渐地传入的，是其他信息传输的基础，在此基础上系统内所积累的各种信息也会传入；另一个是个体的生活经验，是个体通过自身的感觉器官所获得的，这些信息经过选择之后，也成为系统信息的来源之一。

（3）恰当地处理信息以达到认知。对感官所接受的信息的处理是最为关键的一步，因为信息处理的过程，是信息集中归纳和抽象的过程。对于人与猿基本相同的感觉器官所接收的各种信息，大脑新皮层的处理是不同的，人的大脑比猿类的大脑多出了一个新的皮层，这个皮层增加了百亿的神经元，它可以将接受到的各种声、光、电信息以语言的形式归纳到"概念"之中并建立长期记忆，再连接到网络空间中储存。而猿的大脑没有这一过程，更没有这个体系，它的长期记忆可能只是一些零碎的声音和影像等感官信息。

（3）生成策略信息。人的大脑皮层通过操作"概念"，将收到的信息通过网络再次处理，在观念体系的基础上制定成各种战略、规划、计划、设计等策略性信息，以指导人类的行为，来满足人类生理和心理、个体与集体的各种需要。

（4）利用策略信息达到目的。即通过集体的劳动使智慧系统的策略信息得以实现。古猿开始直立行走，这就解放了前肢逐步形成了手，在经常使用天然工具进行"劳动"的过程中，手要做各种各样复杂而精确的动作。手在操作物体时，不但是劳动的器官，而且日益成为认识物体属性的器官。它一方面向大脑输送越来越多的信息，另一方面又向大脑提出了越来越高的要求，以调节手的更加复杂而精确的动作性功能，来完成系统越来越高级的信息使用任务。

将以上各个环节联系起来看，实际上就是一个标准的生物信息系统，只不过是比之前的智能系统和智力系统都多了一些环节。**新的机制是在新的系统运行中产生的，首先要有对环境的某种特征的认知，之后通过某种设计，即利用这种认知及使用某种手段达到目的。人类经过劳动实现这种设计，将其变为可使用的产品，放到环境中去检验其功能，再根据反馈的信息不断修改，通过使用这些产品来形成系统新的功能，**

以应对环境的选择。新机制运行的结果给我们留下的是各种产品的遗存，跨越时间最长的就是石器制品，从新石器时代到旧石器时代跨越几百万年，伴随着整个人类形成和成长的时代。

正是由于新的进化机制的形成，才带来了从动物群体向人类群体的质变，使得类人猿从智力系统的动物变为智慧系统的人类，**我们在此揭示了人类是新层次的生物信息系统这一本质，从此终结了近千年来人们关于人类诞生以及人类本质的争论**。

三、新理论的伟大意义

我们从生命诞生开始，紧紧围绕着生物信息系统特有的规律性，分析、论述了原核单细胞生物（我们称为智能系统）几十亿年以及多细胞动物（我们称之为智力系统）几亿年的进化过程，在此基础上通过本篇的内容揭示了生物信息系统的第三个层次——智慧系统的形成过程，也就是人类形成的过程，回答了到底是什么创造了人。

新层次的语言信息网络创造了人，标志着人类是作为一个整体诞生的，因此我们将人类定义为物质系统演化的一个新的层次，是以基本粒子—原子—分子—生物大分子—单细胞生物—多细胞生物—人类群体为线索，按照复杂程度区分排列出清晰的秩序，人类处在最高的等级。作为复杂的生物系统，信息系统是它的本质特征，所以才会按照生物信息系统的一般规律不断进化，并且在进化的总体过程中表现出与之前生物进化相类似的特征。生物信息系统的进化是分层次的，就像前面提出的智能、智力和智慧系统，它们是三个不同层次的系统，既有联系又有区别，这种区别不是系统某方面的一种特质所决定的，而是生物信息系统进化到了更高级的层次，是智能、智力和智慧三个

不同层次的信息系统的区别。

智慧系统反映了人类最本质的特征，可以毫不夸张地说，没有智慧系统的产生和进化就没有如今的人类。但是人类对自身的认知经历一个长期的过程，是从自己身边的事物开始的。随着时间在智慧系统中不断积累起来，认知的范围在不断扩展，深度和广度在逐渐增加，在认识自然的过程中不断地在反思自己，这个过程是从简单到复杂、从片面到比较全面，形成一个从个体到集体再到整个人类的不断上升的循环。

由于受到系统进化程度的限制，一方面人们常常把人类个体智力系统的特性当成智慧系统的特性，甚至断言人类除了生物的共性之外没有其他的共性；而另一方面这种反思却以宗教等形式表现出来，走向另一极端，试图割断人类和动物界的联系，认为人类是某种超自然的神灵所造，凌驾于其他生物之上，这正是宗教崇拜思想的根源，这种崇拜使许多人终生在幻想中生活。

对人类的产生和本质的认识重构了许多有关社会的基本理论，在这方面片面的、不完整的甚至是错误的认识，会导致人们错误的行为，甚至造成对人类的极大危害。从历史上看，早期人类的直觉是正确的，希腊哲学认为人类是精神的产物，精神是人与动物主要的区别。但是进入农业社会之后，将这种精神的特质发展到了极致。人们利用丰富的想象力创建起各种精神的世界，成为各种宗教形成的基础。但是宗教过于强调精神的作用，反而抑制了系统信息使用过程的发展，人们追求精神信仰轻视物质生产，因此那个时期尽管到处是宏伟的庙宇，但是生产力的水平却较低。

智慧系统的转型升级就是从突破旧的宗教观念开始的。随着新的机制的形成，人们对物质生产的重视表现为对财富的狂热追求，随着科学的兴起开始对人的诞生和本质进行多方面的探索。最著名的就是达尔文的生物进化论，从生物进化的角度揭示了人类生物特性的由来，但是由于受到当时的环境和认知水平的限制，并没有能力进一步讨论像智力、意识、精神等人类的本质属性问题。因此有人认为人的本质就是其生物的特性，人类仍然像动物一样生存，将达尔文发现的智力系统进化的一般规律，原封不动地搬到智慧系统的层次，认为人类社会主要也是实行优胜劣汰的自然选择，**在此基础上发展出纳粹德国的种族优越理论。当统治者将这种理论运用于实践时，他们理直气壮地发动侵略战争，心安理得地残酷对待弱势群体，大量杀害其他种族，为人类社会带来巨大的灾难。**

在工业革命时期诞生的马克思主义学说是当时哲学和社会科学的集大成者，在辩证唯物主义和历史唯物主义的基础上对人的本质进行了探讨，认为人的本质属性在于其社会性。这是在达尔文生物进化论的基础上，对更复杂的社会系统的进一步探索，加深了对人类本质的认识。但是受到科学发展程度造成的认知限制，笔者认为这种对人类本质属性的认知也是有片面性的，主要表现：（1）在人类诞生的方面，认为只是劳动创造了人，而我们从智慧系统进化的角度来看，劳动只是系统信息使用的一个环节，人类的诞生是整个生物信息系统进化到一个新层次的结果；（2）由此得出人的本质属性的结论，即把人类的社会性归结为阶级性，认为阶级斗争才是社会发展的主要动力，造成社会上人与人之间恶性斗争不断，造成无数家庭的悲剧，使得国家经济到了崩溃的边缘。**现在看来这些观点都只是反映了人类社会或者说智慧系统进化过程中，某些阶段或某些时期的特征，并不能反映贯穿人类社会进化总体过程的人类本质属性。**

智慧系统进化理论科学地阐述了智力系统向智慧系统进化的过程，

明确地揭示了人的本质属性，这个本质属性就是：**人类是生物信息系统进化的一个新的层次——智慧系统的层次**。使我们对于自身的认知产生质的飞跃，由此将逐渐改变了地球进化的历史方向。随着人类对自身本质认识的深化，尤其是对智慧系统认识的深化，人类将开始主动建构和不断优化自己的系统，改造和征服自然的能力将大幅提升，这种改变必将引领人类向更高的层次和更广阔的空间扩展，为完成生物进化的伟大使命开辟道路。

老智谈智慧之七

——初级智慧系统的进化

上一篇我们介绍了人类或者说智慧系统形成的过程，但新生的智慧系统还十分幼稚，在许多方面保持着动物群体的特性，新的进化机制的形成是一个漫长的过程。

 一、初级智慧系统的主要特点

1. 初级智慧系统是更高级的生物信息系统。我们结合之前出现过的生物信息系统，来分析新出现的这个由新人类构成的初级智慧系统的主要特点：

（1）宏观层次的系统。智能系统是以细菌为代表的微观系统，智力系统是以动物为代表的中观系统，而建立在前两者基础上的智慧系统是以人类的群体构成，该系统将逐步升级为宏观层次的系统，其规模将远远超过前两者。

（2）智慧系统是建立在智力系统和智能系统的基础之上，且系统的运行一定要依赖前两个系统。具体来说，首先，个体器官的改变（例如初级阶段个体大脑的进化）仍然依赖于细胞 DNA 信息结构的运行，以及智力系统所具有的各种调控机制；其次，智慧系统运行所依赖的语言，对于组成网络的个体的人的大脑来说，只是外部的信息交流方式，其内部还对应着大脑的内部语言，内部语言是建立在智力系统的神经网络的基础之上的。

智力系统与智慧系统的功能既有相互重合之处，彼此也是相互区别的，前者的生物学功能主要是调整与维系机体所有器官和系统的正常生物学发育及其生理活动；后者的功能则在于体现主体对主客观世界的有目的之认识与改造，主要借助"概念"以及符号形态的知识体系来指导个体与群体的各种行为方式，以便获得更加合情合理的劳动成果来满足系统的内部运行和外部功能的需要。

2. 系统构成方面的特点。新生的智慧系统之所以难以把握，就是因为它并不像之前出现过的生物信息系统一样，是一个组合完备的实体性的系统，与外部的环境有明显的边界。新形成的初级智慧系统只是一个由一群智力系统的个体所组成的松散网络，从表面上看与动物群体没有多大的区别。在这个阶段，系统运行的每个环节、形成进化机制的各部分之间，都不见明显的物质上的联系。**主要是因为新系统的信息传输是通过有声语言进行的，而声音的特点就是无形、无象的，所以我们难以把它和一个具有紧密联系的系统联系起来，这也正是我们认识智慧系统的难点所在**，下面简要分析一下这种结构的优点和缺点：

（1）优点方面：一是可以无限扩张，如果条件允许，这个网络组成的系统可以近乎无限地扩张；二是组成灵活，突破了实体结构带来的限制，每个环节都是独立构成自己的体系并单独进化，可以使智慧系统进化出多种信息结构和形态；三是在信息的使用方面也表现出极大的灵活性，既可以个体使用信息也可以集体使用信息。

（2）缺点方面：一是由于组成的个体比较分散，每个个体还保留着智力系统的部分性质，系统的运行需要专门的维护，当系统缺乏凝聚力时很容易崩溃，分散成为许多小群体甚至独立的个体。在智慧系统的初级阶段，由于面对外部生存的压力，个体离开了群体很难生存，因此这个问题还不明显，在系统不断扩大之后这个问题将不断显现。二是系统构成离开了DNA的结构蓝图，智慧系统的自身结构进化也要依靠来自于自身的信息积累，尤其是对于自身认知的进展，而要做到这一点是比较困难的。

3. 信息系统运行方面的特点。（1）信息的采集仍然利用智力系统个体进化出的各种感觉器官，接收到的信息经过新的大脑皮层的加工、整合之后，形成"概念"这种新的有序信息源输入到系统网络之中。

（2）信息储存方面，新的储存方式的出现，大脑以新的编码方式储存信息，以概念的方式作为新软件的语言，把各种感官收集到的繁杂信息加以整理，并以特定的声音概念为线索而有条理地组织起来，极大地方便了信息的存储和查询，扩大了大脑的信息储存量，由此形成长期记忆，为认知功能的出现奠定了基础。

但是，初级智慧系统的信息储存主要是靠个体的长期记忆，受限于个体的生物机能：首先，个体的寿命是有限的，系统的信息储存要依靠个体之间的横纵向信息传递来实现；其次，这种记忆的特点是靠大脑皮层中的神经元经过反复刺激建立的，如果缺少刺激的重复，就会逐渐淡忘而消失，使得长期记忆只是记得大概的事物轮廓而缺少精确性。

（3）系统的信息传递。首先是纵向传递，这是初级智慧系统内部信息传递的主要结构，正是这一结构才使得属于智慧系统的信息可以不断地传递和积累，真正突破了动物群体信息传递的界限，为生物信息系统的信息跨时空传递打下了基础，从而使我们的先祖比猩猩具有更强的信息处理能力。其次是信息的横向传递，主要指靠肢体和有声语言的系统内部信息传递。在系统形成的初级阶段，个体的数量是有限的，为10~30个，大家时刻在一起，所以声音信息的传播没有阻碍，也很有效率，但是随着群体的发展，成员越来越多，信息的传播越来越复杂，这种传播方式的缺点就逐渐暴露出来，超出一定的距离无法传播，在一定程度上限制了群体的扩张。

（4）系统信息的使用。初级智慧系统的信息使用是靠人的双手实现的，人们将这一过程称为劳动，因为它直接表现为物质成果的创造。在初级阶段，由于整个信息系统的进化非常缓慢，系统信息的处理能力很低，人们要花费大部分的时间在信息使用领域，从事艰难的体力劳动。

智慧系统在形成的初期进化得十分缓慢，主要原因就是人类的大脑还未发育完善，造成系统的整体功能方面提高缓慢。这在我们今天很容易理解，就如同我们电脑硬件的升级，与现代人的大脑相比，新兴人类的大脑仍处于电子管的阶段，因此系统信息形成、处理和传播受到个体能力的限制。**初级智慧系统的进化，基本上是大脑生物器官的进化，因而受到生物进化规律的制约，生物的本能仍在进化中起着主要作用。**我们知道在生物智力系统进化之中，生物器官的进化是通过种群的不断更替实现的，而种群更替一般需要十几万甚至几十万年的时间，因此从生物进化的过程来看200多万年，并不是很长的时间。

因新兴人类的大脑是智慧系统的基础，大脑的进化带来系统信息处理能力的提升，使新的进化机制更加完善。实际上我们现在的主要科学证据就来源于对不同时期出土的人类头骨的颅腔铸膜的比对，这种比对只能估算出大脑容量的区别，我们只能通过整个系统功能的进化，来推测个体大脑结构和功能的进化。随着生物信息科技的发展，不久的将来就能从现代人的 DNA 信息之中发现人类大脑结构与功能逐步进化的线索。

二、智慧系统初级阶段的进化

如今我们在智慧系统进化的新科学理论的基础上，能够将很多看似毫无联系的考古科学和其他科学的证据重新整合起来，重新看待新兴人类进化的历史，我们面前展现的是一个新生物信息系统进化的清晰脉络。根据目前的考古实证研究资料，我们将初级智慧系统的进化分为以下几个阶段：

1. 第一阶段——能人时期。能人是目前已知的最早的人类，很可能直接由南方古猿进化而来，生活在非洲的东部，在 175 万~250 万年前。能人即能制造工具的人（也称为"匠人"）。上一篇已经讲过能人时期是人类形成的关键时期，也是智慧系统形成的关键时期，为了更清晰地阐述人类进化的脉络，我们再从以下几个方面简述：

（1）能人大脑的进化。能人时期通过在一个相对隔绝的较小环境中不断进化，延续了在南方古猿时期已经出现的各种功能，终于迎来了大脑进化的质变。这个时期是人类大脑增长最快的时期，增加了约40%，通过与南方古猿对比，发现这部分的脑容量增加主要在下前脑叶、下顶脑叶和上顶脑叶，这其中包含了重要的韦尼克语言脑区的一部分以及大脑的联合区。依据现代对大脑科学的研究，我们知道这新增脑区的功能主要是构成大脑内部对语言的理解，且这种理解是通过将听觉和视觉等信息加以综合实现的，即通过将相对简单的音频信号与感官收集到的其他信息联系起来，抽象成为"概念"用来作为信息

传递、储存和处理的工具。

新生语言的这种三位一体的功能，是新的生物信息系统形成的基础。这部分新生脑区的实际作用就如现代电脑的"网卡"，将个体大脑连接成为新层次的信息网络。但是，因进化程度限制，初期信息系统的功能很微弱，因此新进化机制只是以萌芽的形式开始出现，它们与大猩猩、黑猩猩随机地使用木棍与石块作为工具不同之处，就是开始加工这些工具，然后再使用，**并且最重要的是它们将此作为一项传统，一代一代地传下去，实现了新的系统信息的纵向传递，这正是形成新系统早期进化机制的关键。**

（2）能人的语言。能人的语言继承了南方古猿在语言方面几百万年的进化，所以在声音的表达上有所进展，尽管主要的表达可能还是口语、手势和动作的结合，但是不管这些外在的表现形式如何，**此时语言的实际内容已经完全不同了，经过大脑内部的信息储存和抽象的概念化处理，语言已经升级为第三个层次的复杂型语言，具备了描述性的功能。**

可以明确地指出，能人时期的语言陈述功能的出现，是人与动物之间真正的分水岭。它标志着人类真正的"祖母语言"的出现，我们推测这种语言是口头语言，并且具备简单的陈述功能，是世界上所有语言的源头。如果我们不考虑当今各种语言的文字形态，只是研究上古流传下来的古老概念的发音，一定能找出它们的相似性，就像英语的"stone"和汉语发音类似的"石头"一样。

（3）能人的工具。最早的石器属于奥杜瓦伊文化，这些工具是将小石块粗略敲凿而成，凿出的窄边可用于切、割和刮等，这些石器包括可以割破兽皮的石片，带刃的砍砸器和可以敲碎骨骼的石锤。可用于球根、果实、肉类之切削，以及制作木制的棍棒、枪矛等，可以直接用于猎取食物。因此，石器工具的使用在人类进化史上确实有重大的意义，因为它是新兴人类开始设计和制造工具的证明，标志着新系统进化出的新型外部功能，也是划分人类形成的实物标志。

（4）系统功能方面。由于受到大脑进化程度较低的影响，这种概念认知在开始形成及以后相当长的时期中，一般只是处理简单的分类认知，如对生存环境的分类、对石制工具的分类等，信息的积累也是沿着与生存密切相关的方向——我们称之为物质信息——积累，例如食物、树枝、石块性质、简单石制工具的制作、用途等。由于它们难以实现大范围、长时间地对环境和自身的认知积累，因此在第一批打制石器出现之后的相当长的时期之中，很少发现这种石器的新类型。

重要的是新的进化机制还只是在极偶然的情况下才能形成，因此它们难以进化出更强的系统功能，因为低级技术不能猎获大型动物，不能养活许多人口，也无法抵御猛兽在夜晚的进攻，甚至无法抵抗寒冷，因此它们的扩散受到了明显的限制。新形成的初级智慧系统，实际上还是一个基本平行的信息网络。能人的部落只是十几人的小团体，其中没有指导者或指挥者，一切事情都由长辈共同决定；分工完全不存在，男子的活动和女子的活动区别不大；结婚是不存在的，性关系也很自由，因为当时人类的自然死亡者很少，一旦不能与群为伍就很难生存，生物的本能仍占据主导地位。据最新研究表明能人曾经向东扩散，一部分进入到了东亚；另外一部分则进入了东南亚，成为另外一个人种——佛洛勒斯人的祖先。

2. 第二阶段——120万~180万年前的直立人时期。距今20万~180万年前，一种新兴的人类种群——直立人出现了。从考古学出土的证据看，直立人是人类进化时间最长的种群，最早的直立人化石是在东非发现的，在欧洲的匈牙利，以及在亚洲的中国、印尼爪哇等地也有大量的化石出土。一般直立人的身材明显比南方古猿高大，平均身高为160厘米，平均体重约60千克，肢骨与现代人差别不大，头骨壁厚，仍带有猿类特征，如头盖骨低平、眉骨粗壮、吻部前伸。

（1）直立人的大脑进化。在自然环境的选择之下，大脑有了进一步的发展，首先是大脑的容量明显增加了，早期成员的脑量就已经达到800毫升左右，晚期成员则上升为1200毫升左右。大脑不仅是体积增大了，它的结构也变得更加复杂，前后语言区都有较大的发展，大脑左右两半球出现了不对称性，显示出直立人已经具有更强的信息处理能力和语言能力。

（2）大脑进化带来认知增长，产生出复杂的文化行为。从网络系统的结构上看，从早期无序的平行网络向有管理的平行网络进化，也就是进入母系社会时代。由于人类没有发情期，因此任何时候都可以有性冲动，女性的性交持续能力明显进化得比男性强，正常情况下，任何一个男人都无法完全满足一个女人的欲望。母系社会时代，男人们不需要为了争夺配偶而打斗，生理欲望很容易得到满足，促进了内部的和谐，形成一个具有紧密血缘关系的大家庭。

（3）系统功能的进化。在直立人阶段随着大脑皮层的增长，"概念"的种类不断增多，新的认知不断地增长，新的物质信息积累的方向开始出现。最后一定会在信息使用的环节表现出来，从而增强系统的整体功能，其主要表现在：

一是直立人能使用更精致的工具，他们是最早能够按照心想的某种模式来制造石器的人类。直立人进化的后期，石器制作技术有极大改进，即所谓的阿舍利样式。它得名于发现有这种类型石器文化的法国北部的圣阿舍利地区。阿舍利文化的代表工具是手斧，加上几件剖、削器和尖状器，可组成相当不错的成套工具匣，用来屠宰动物尸体和加工易于进食的肉类，更先进工具的使用使得他们开始扩大狩猎的范围。直立人时期的经济已经变为以狩猎为主的经济，即狩猎采集经济，原始人类开始猎杀某些大型的动物。

二是开始使用火，直立人是最早会用火的人类种群，火的使用在人类进化过程中有重大的作用。首先是能够烧熟食物尤其是肉类，使食物容易被消化和吸收，能够更容易地吸收蛋白质，这促进了人类祖先体质的发展，特别是为脑的发育提供了丰富的营养；其次是保证夜间生存的安全，火不仅可以用来取暖，还可以用来驱赶野兽，尤其在夜晚离开了高大树木的掩护，人在夜里常常受到各种猛兽的攻击，因为这些野兽往往是夜间活动，而原始人类在夜晚没有任何的优势，这成为制约原始人数增长及扩散的主要原因，而火的使用彻底解决了这些问题，为新兴人类的大迁徙、大扩散创造了条件。

（4）初级智慧系统的大扩散。在非洲发现了距今170万年的最早的直立人化石，后来冰河时期来临，非洲开始草原化，直立人离开他们的出生地开始向其他大洲迁移。约80万年前，直立人来到现在的西班牙地区，成为最早的欧洲人。从非洲扩散到亚洲的时间还不能确定，考古证据来自于当地出土的原始人类化石，这其中主要有在中国和印尼爪哇出土的直立人化石，这些直立人最早生活在大约至今170万年前，且这些化石在欧亚非都有分布（海德堡人、爪哇猿人、北京猿人都属于直立人）。

原始人类的迁徙是一种网络状扩散，这一过程持续了100多万年，他们的迁徙是以20~50人的小群体进行的，扩散的过程是随着系统机制的进化展开的。每一次系统内部信息结构的新进化，都会使系统新的整体功能随之出现，当这种新功能与环境相适应时，新一轮的扩散就开始了。就像当初的原核细胞在海洋中扩散，或多细胞的动物在陆

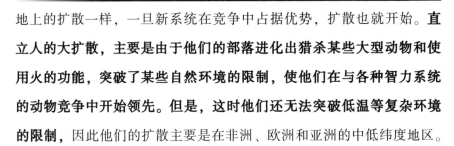

地上的扩散一样，一旦新系统在竞争中占据优势，扩散也就开始。**直立人的大扩散，主要是由于他们的部落进化出猎杀某些大型动物和使用火的功能，突破了某些自然环境的限制，使他们在与各种智力系统的动物竞争中开始领先。但是，这时他们还无法突破低温等复杂环境的限制，**因此他们的扩散主要是在非洲、欧洲和亚洲的中低纬度地区。

3. 第三阶段——早期智人时期。在直立人的大扩散之后，初级智慧系统进入了个别发展阶段，在欧、亚、非（除了美洲）大陆的中、低纬度地区，都出现了由直立人进化而来的新人种，被称为早期智人，生活于距今 25 万年至 5 万年前。其化石目前在亚、非、欧三洲有 70 多处。

不同地区的早期智人区别很大，实际上代表了生物信息系统大扩散后的系统个别进化的结果，这在智能系统和智力系统的进化过程中屡见不鲜。大体上看，早期智人可分两类：以 1856 年在德国发现的尼安德特人为代表的一类称为典型尼人，其他的称为非典型尼人。直立人走出非洲后，约 60 万年前在欧洲演化出海德堡人，之后进化出尼安德特人，主要分布在欧洲和亚洲中、近东地区。而由东亚、南亚和非洲的直立人进化成的早期智人基本上属于非典型尼人，非典型尼人脑量小于典型尼人，而形态特征则更接近能人即早期猿人。我国在陕西发现的大荔人、广西的马坝人、山西的丁村人和许家窑人、湖北的长阳人等都属于此类。

（1）早期智人的大脑进化。早期智人的体质形态已和现代人接近，但仍带有一些原始特点，如眉脊发达、前额低斜、鼻部扁宽、颌部前突等，脑容量平均为 1500 毫升，尼安德特人的大脑甚至更大，但是脑颅顶部又低又窄，证明大脑顶部的联合区仍未发育完善，大脑结构和现代人相比仍比较原始。早期智人的大脑进化带动了整个初级智慧系统的进化，主要表现在以下几方面：首先在信息处理方面，大脑量的增长带来大脑功能区的逐步完善，尤其是大脑的联合区开始出现，使长期积累的概念偶然联接出现联想，尽管非常简单，并且是无规律地偶然出现，但是对于认知以至于进化机制的形成都有非常大的帮助。在认知方面，他们开始注意到事物（概念）之间的联系，以及事物在时空中的变化。早期的探索就表现在对逝去的人的尊敬，开始形成埋葬死者以及尊重老人的习俗，这是对祖先崇拜的开端。

其次大脑新皮层的增加，代表着以语言方式储存的信息量增加，系统物质信息积累的内容开始不断地增加。表现在早期智人阶段，人类制造石器的技术得到进一步发展，石器以细小的尖状器和刮削器为主，除石器外还有骨器。尼安德特人制造出更为高级的工具，称为莫斯特文化。该工艺对精选出来的石头，用石锤非常小心地敲凿，逐层剥落石头的薄层，从而成型为各种各样有用的工具。除做工考究的砍砸器外，还有刮削器、尖薄刃石片，石器的设计和制作工艺愈加完善。这些工具不仅可用于屠宰动物，还可用来加工兽肉、并将兽皮缝起来做成衣服，这对度过冰川期的恶劣气候至关重要。

（2）系统内部的信息交流方面。早期智人的口头语言已经超过直立人，在系统内部有更多的语言交流，出现了早期的母系氏族社会形态，形成制度化的首领，更重要的是部落之间的交流开始增加。在此之前，我们很少发现部落之间发生联系的证据，但是到了早期智人时期，已从族内婚发展到族外婚，即一氏族的成年男子集体与另一氏族的成年女子结婚，这种婚姻关系不仅保持了生物基因的多样性，而且使不同部落之间建立起稳定的横向信息交流渠道。

（3）早期智人进化的结局。在非洲，部分早期智人进化成晚期智人（现代人），独立演化成为早期智人的尼安德特人后来与其他早期智人共存过一段时间。直到第三次走出非洲的晚期智人的到来，使他们在生存竞争中失败，尼安德特人消失。通过对线粒体 DNA 研究发现，在 4 万~5 万年前，尼安德特人种系和智人种系分开。之后，随着冰河期的到来，生存环境愈发困难，终于在约 3 万年前，所有早期智人被淘汰灭绝。

就像之前所经历过的生物信息系统的进化一样，在经过该系统大扩散、个别发展之后，所面临的一定是系统之间逐渐激烈的竞争。在经过长期的不断进化之后，地球上出现了多种初级智慧系统类型、或者说是多种类型新兴人类的群体并存的局面。在 5 万~50 万年之间，在世界各地先后出现的，有亚洲的直立人后代、有欧洲尼安德特人、非洲还出现了晚期智人的祖先，以及其他不知名的种群（例如印尼出现的矮小的佛洛勒斯人等）。**这种竞争由于出土的证据稀少而往往被人们所忽视，也就是不同人类种群之间的竞争。新生的更有优势的种群取代以往的种群，是这种竞争的结果。**即使是在相同种群的初级智慧系统之间，竞争也是不可避免的，早期的冲突来源于原始部落对其领地的划定，这就像大多数猎食性哺乳动物的行为一样，跨出了规定的边界，冲突就不能避免，这就使得部落成员与群体紧密联系，绝不脱离群体。竞争取决于系统进化的优势，那些没有进化优势的种群最终将被淘汰。

4. 第四阶段——晚期智人（现代人）。晚期智人距今 1 万~5 万年前，也就是所谓现代人的祖先。他们原本是生活在非洲的众多早期智人的种群之一，后因气候变化，非洲大陆的许多草原变成了沙漠，他们被分割在沿海的小块地区，在这些与世隔离的小群落，形成了生物独立进化的条件，他们主要以捕食鱼类和狩猎为生。长期的海洋生活使他们的身体出现了变化，主要表现在对盐分的排出方式，更重要的是鱼类提供了大量的、易吸收的蛋白质，且持续进化带来大脑的第二次"质"变，使得他们很快地取得了竞争的优势，首先在非洲扩散，之后分成两路：一路大约在 5 万年前沿海岸线一直到澳大利亚，再扩散到亚洲；另一路大约在 4 万年扩散到欧洲，称为克罗马农人，他们的工具明显更加高级，称为奥瑞纳文化。

（1）晚期智人的大脑进化。大约在 5 万年前早期智人进化到晚期智人，晚期智人的形态与现代人类基本一致，脑容量为 1350 毫升，与现代人的大脑容量相当，从脑量上看，晚期智人的脑量并没有增加，但是大脑顶部更高、脑颅更圆、颅壁更薄，证明大脑的联合区已经发育完整，使得**大脑在处理信息的能力方面出现第二次"质"的飞跃**。

这个飞跃主要包括：一是大脑在发育成熟周期上，生物学及生理学的结构成熟与功能塑造使成熟期推迟，为语言等智慧系统信息的输入创造了条件。二是信息传输效率方面的飞跃，这个飞跃是通过大脑新皮层的髓鞘化实现的。髓鞘化就是为了传递电信号而在神经细胞的轴索周围形成了一层薄薄的绝缘膜，形成髓鞘后电流信号是跳跃式传递的，传递速度能够提高 10~100 倍。三是大脑新皮质层扩展显著，几乎占总皮质层的 1/3，大脑新皮质层出现分层结构，形成特异性的细胞柱群，包括微柱、巨柱体系，极大地提高了信息存储的效率。四是大脑的联合区发育完善，极大地促进了信息处理的功能。

（2）系统功能的进化。到了晚期智人阶段之后，随着大脑新的质变，语言开始加速扩展，思维开始启动，不同系统间的横向信息交流开始增多。信息积累的方向开始增加：首先是石器工具和武器的种类越来越多，使用起来更加方便有效，人们投掷长矛，甚至开始使用弓箭；同时提高了对野兽的认知水平，改善狩猎的组织方式，开始狩猎所有的大型动物，从此再也没有猛兽可以形成对人类的威胁，这些反而成为人类的主要食物。其次，骨器也有很大发展，用骨制作的鱼叉、鱼钩和有眼的骨针等，能用兽皮缝制衣服，已学会钻木取火，除了居住洞穴，还建造人工住所，严寒气候再也无法限制他们的脚步，人类适应气候变化的能力已经大幅提高。最后，从出土的大量鱼骨看出，他们已有相当高的捕鱼技术，并且造船、航海技术也在进步。

这时我们的祖先终于从限制了他们几百万年的地理和气候的环境约束中解放出来了，他们再也不怕猛兽的袭击、寒冷的气候以及大洋的阻隔，他们意气风发地向全球迈进。

（3）真正的全球大扩散。按照生物信息系统进化的一般规律，当新系统功能的产生使其具有适应外部环境的优势时，必然会引发新系统在一定范围的大扩散。从目前的化石证据上看，初级智慧系统有过三次大的扩散，分别是在直立人时期、早期智人时期和晚期智人时期。前两次扩散由于受到地理、气候等条件的限制，实际只是扩散到非洲、欧洲和亚洲的低纬度地区，只有第三次扩散才称得上是全球扩散。在史前约6万年的时候，初级智慧系统的第三次大扩散开始。从非洲开始迁徙的晚期智人主要是分为两条迁徙的路线：一条是离开非洲，沿着海岸逐渐迁徙，可能是为了追寻鱼群。从最新的人类DNA数据统计分析表明，它们在5万~6万年前到达澳大利亚、3万年前到达亚洲、1.2万年前到达美洲；另一条路线首先开始在非洲扩散，之后约4万年前进入西欧，被称为克罗马农人，并在于当地生活的尼安德特人的竞争中胜出，与其他地方的晚期智人一样逐步成为地球上的人类种群。

三、初级智慧系统升级的条件开始出现

1. 对系统信息结构方面的影响。随着晚期智人大脑实现了第二次

"质"的飞跃，终于突破初级阶段进化的限制，带来整个信息系统基础结构的重大改变，这种变化必然影响到整个系统的个各环节，从而使智慧系统进化到新的阶段。

（1）口头语言功能更加完善。从能人阶段开始的大脑语言功能区的进化，到此阶段已臻于完善。人们使用语言的频率越来越高，口语概念和词汇适用范围也越来越广，部落之间的信息交流增加，大大地开阔了人们的视野。在经历了几百万年的部落内部纵向信息传承为主的时代之后，横向信息的交流开始增多，人们开始建立起广泛的社交网络，并注重向外部学习。

（2）极大地增加了大脑的信息储存能力，新兴人类的记忆能力大范围扩展。从个体自身经历的历史记忆，进化到个体成为整个网络的节点，每个节点都成为网络历史信息的记录者。他们已经不能满足祖先留下来的那些少得可怜的生活经验，开始开拓新的领域，部落的人数开始扩大，相邻的部落不断增加，尽管形式上他们仍沿袭着祖先的生活方式，但是他们的生活经验和生存的技能已经远远地超过了他们的祖先。

（3）大脑新的信息处理功能。大脑联合区开始不断进化，这是大脑中的一个所谓的联想皮质层的区域，负责汇总各类信息，将大脑之中不同的"概念"联系起来，人类新的思维方式开始运作，更复杂的联想形成大脑新的能力——想象力，不但大大地提高了新兴人类的认知能力，而且使新的进化机制更容易形成，为初级智慧系统的进化添加了新的动力。

2. 系统动力开始转换，超脱本能的新欲望开始形成。在智力系统进化一篇中我们知道，动物的行为是由大脑进化出的特殊功能支配的，就像爬行动物进化出的本能以及哺乳动物进化出的边缘系统。在原始人的阶段，大脑新的信息结构开始进化，但是他们的意识仍然被本能控制着，而情感机制、个体记忆等只起到支持和辅助的作用。晚期智人就不同了，当新的大脑信息结构突破本能控制，最终成为其行为主导的时候，他们一改被动地盲目地服从和适应自然的局面，开始**成为由观念体系主导下的高级的、智慧的种群，从此观念体系成为人类行为的主导，人类文化从此开始起源。**

这次人类大脑进化出的新功能也会带来新的欲望，**这种欲望的基础是为了满足新生大脑信息空间的需要，这就是人类所独有的求知欲，以及由此派生出的相关需要和欲望。**新的需要与原来的本能需要并不矛盾，只不过是不同层次的需要，生理的物质的需要是由本能决定的，完全是个体的性质。而心理的精神的需要，除了属于情绪、情感的部分之外，主要是在晚期智人大脑产生质变之后，新的观念信息结构的形成所带来的，因此带有集体需要的性质。人类的求知欲以及由此带来的对于外部世界认知的需要，是新观念体系建立的核心，也为智慧系统的运行带来新的动力，精神进化正是建立在此基础之上。

3. 精神进化——一种新的信息积累方式。在大约4万年前，人类社会发生一场"创造力大爆炸"，当时我们的祖先开始思考许多抽象的事物，并且在全球各地留下贝壳做的项链、雕塑，以及岩石上画出的各种图案等，从此各种文化的遗迹开始逐渐增多。长期以来人们对人类这种特有文化现象出现的原因和作用难以理解，今天我们从智慧系统的角度来观察，一切问题都迎刃而解：

（1）这些现象都是在晚期智人的大脑质变之后，表明了大脑已经开始按新的方式运作，在新的欲望和需求的基础之上，一种新的信息积累形式出现了。不同于已经有百万年历史的、与生存本能直接相关的物质信息的积累，它是通过信仰和崇拜等集体的行为方式表现出来，与生存本能并无直接关系，发展成为神话、原始宗教以及洞穴壁画、装饰品、雕塑等各种文化艺术的形式。为了与之前相区别，**我们将精神方面的信息积累的过程称为"精神进化"。**

（2）**精神进化构成智慧系统信息结构的核心组成部分，构成了系统内所有个体的共同基因，**并一代代传承下去，形成了人类区别于智力系统层次的动物所具有的特质，促成了人类的心理系统与生理系统在一定程度上的分离。

（3）**精神进化是人类对自身和环境的全面认知过程的开始。**随着对自身认知的信息积累，人们开始用自制和理智来克制生物本能所带来的冲动，建立起系统内个体之间的新型关系；而对环境认知的信息积累，构成大脑中时空观念的信息体系，又称为大观念的体系，主要包括宇宙观、世界观、生命观、真理观、价值观等，这些大的观念直接地影响到对日常生活的看法，对具体事物的判断，以及个体的行为。正是**这些由精神进化构成的观念结构，逐渐取代了个体的本能，成为智慧系统不断进化的内在动力。**

4. 生物进化到智慧进化。如果说在晚期智人之前的种群更替还主要是依靠大脑器官的生物进化，那么在大脑经过数百万年的不断进化后，到晚期智人时已经基本达到生物进化的极限，大脑重量大约占据人体体重的2%，消耗人体总能量的20%。因此，大脑任何的进一步进化都将使人体能量供应不堪重负。在经过数百万年的演化中，人类大脑变得越来越大，也相应地越来越聪明，但是这一趋势已很难延续下去。

随着晚期智人大脑发生的第二次质变，推动智慧系统进化的新动力开始出现。首先是上面提到的，在大脑新质变基础上开始的新的信息积累的方向——精神进化构造了全新的观念体系，而观念体系的出现极大地促进了人类认知的进展。在对外部环境的感知方面，精神进化直接地促进了物质信息积累，并使其向全方位拓展，为"分工"和横向组织进化奠定基础。而对内部自身认知的进展则直接影响到系统纵向组织结构的进化，**智慧系统经过百万年的生物进化终于迎来一个新的时期，开始通过精神进化来构造、升级系统的核心信息结构，进入到智慧进化的阶段。**

同时还有一个更强的动力不久就会出现，这就是同类智慧系统之间的竞争，晚期智人大脑质变带来的巨大优势，使其很快经过全球扩散和个别发展的阶段，并逐渐进入到竞争时期。随着系统之间的竞争不断激烈，许多系统将面临着不进则亡的选择，无论是在系统的内部还是外部，初级智慧系统进化升级的条件都开始具备了。

老智谈智慧之八

——从部落升级到国家

上一篇我们谈到晚期智人的大脑在质的方面逐渐达到生物进化的顶峰，以大脑器官进化为标志的初级智慧系统的进化将告一段落。在"质"变之后，系统进入一个逐步转型升级的"量"变时期，按照我们对电脑网络的理解，这是系统软件方面的进化以及系统信息积累的时期。这个阶段经历了 2 至 3 万年，新系统信息的积累主要是精神进化的方向，在原始宗教观念的指导下，构建"常识"型的知识体系，形成对环境和自身新的认知。

一、持续的精神进化

1. 精神进化与原始宗教。

（1）原始宗教的起源。晚期智人时期出现的一种现象，一直困扰着许多专家学者，这就是集体仪式和崇拜的现象，并由此产生出原始宗教。这种现象的根源就在于系统的精神进化，精神进化是晚期智人的大脑进化形成新的信息网络空间后出现的，是智慧系统进化出的一种新的信息处理功能，是人类所特有的现象。

早期的精神进化以信仰为导向，并往往采用崇拜的形式，其原因首先是继承了100多万年流传下来的传统。因为在此之前整个系统赖以生存的关键信息，几乎都是通过系统内部的纵向传递得到的，也就是通过长辈代代相传的。因此，对长辈的尊敬，以及对祖先的崇拜都是初级智慧系统长期流传下来的重要传统，**人类最初对自身的认知就是从探求自身来源和崇拜形式开始的，而这两个要素的结合就产生了原始宗教。**

其次是客观上的需要。随着晚期智人能力提高的是人口大量增加，而部落扩大之后，需要新的方法来保持系统的整体性。在强制性的手段出现之前，保持系统内的个体具有共同的观念体系也就是共同的"基因"，是维持系统统一性的基本需要。因此，从高等集群的哺乳动物之格式化信息传播形式继承而来的且集合部落大众的仪式，成为口头语言特定信息传输的有效方式，通过这种仪式来增强系统信息的重要性。

最后，除了信仰指导下的崇拜形式。精神进化实际上有其内在的规律性，就是在新的网络信息空间中建立起时空体系。我们生活在一个由过去到现在再到将来所组成的时间过程里，这一过程伴随着新兴人类大脑的不断进化和记忆能力的不断增长，而且记忆的积累首先是从积累经历过的时间开始的，意识到日常岁月的流逝，开始有了季节和天气的概念。时间类观念的建立，是人类认知的一大进展，可以将许多已知的概念与时间联系起来，以体现事物明显的规律性，在此基础上，常识性知识体系才得以建立。

精神进化本质上是人类对自身认知的进化。因为信仰，回答的是关于生和死的困惑，回答的是2500年前苏格拉底那个问题——"我从哪里来，我是谁，我到哪里去"，也就是对人类自身的认知。将自身放到时空之中时，时间轴上必然会出现值得探索的过去和未来这两个方向，这种探求追索着时间的线索，由近及远逐步拓展开来。从对本部落老人的尊敬开始，到对去世人员的哀悼，再到对祖先来源和去向的探索，从尼安德特人开始的对死者的安葬，到了晚期智人，这种习俗更加隆重，他们为死者穿着衣服、佩戴装饰品、制造坟墓等，这种传统一直延续至今。

（2）原始宗教的进化。原始宗教就是观念体系的最初形态，是通过简单的联想建立的，反映的是人类对于自身和周围时空环境的关系之见解。早期的原始宗教的观念往往包括了关于部落生存攸关的内容，并且代表了该部落的独立特征。为了保证这些信息的传递，原始人类发明出各种纪念和拜祭的仪式，因为只有无条件地绝对信任才是保留传统信息的最好方式，新的观念体系正是在信仰——这种绝对信任的形式下逐步地建立起来。

最早的探索应该是未来的方向，怀着不希望逝者离去的情感，认为动物是已故人们的精灵。因此，认为自己的祖先在去世之后以某种形式继续生活在世间，因此作为动物形象的祖先早于作为人形象的祖先而存在。认为其灵魂不死只是化为其他生物，由此逐渐产生出万物有灵的思想，万物有灵的思想是从祖先崇拜进化而来的。接下来，人们对事物的认知有了进一步的进展，主观上认为某种事物对部落的生存十分重要，甚至能够保护部落的安全，同时也为了表示不同部落的区别，将这种事物的图像（称作图腾）作为崇拜的对象，把对祖先的崇拜转向对图腾的崇拜，使崇拜的对象更为具体。图腾崇拜标志着部落进化到了新的阶段，因为部落从此有了自己的标志、象征，以及全

系统的信息标识——图腾的意识，这就产生了最原始的宗教。

图腾崇拜的产生晚于万物有灵论，当用联想的方式解释祖先的来源时，人们必然与大脑中已有的概念建立联系，选择具有合理性的事物作为祖先的形象，并认为在最远古时代人类来自于图腾的祖先，不同的部落还要选择不同的事物。早期是部落的图腾崇拜，之后发展到氏族图腾崇拜。个人图腾崇拜产生较晚，它是图腾崇拜的最后一个阶段。随着晚期智人在全球的扩散，各大洲相互隔离的初级智慧系统中都开始出现最原始的宗教——图腾崇拜。

信息的积累和传递是为了使用，观念也是用来指导行动的，而万物有灵和图腾崇拜观念为部落带来的是各种仪式，当这些仪式被赋予实用性的目的时，原始宗教的另一种形式——巫术就诞生了。巫术是企图借助超自然的神秘力量对某些人事物施加影响或给予控制的方法。巫术通过一定的仪式表演，利用和操纵某种"超人"的力量来影响人类生活或自然界的事件，通过试图去与大自然沟通，以便控制自然、达到为自己服务的目的。

从祖先崇拜—万物有灵—图腾崇拜—巫术，是精神进化初期原始宗教出现的主要过程，万物有灵论是对祖先崇拜在时间轴向上拓展的开始；图腾崇拜把这种拓展具体化，也是一种异化。图腾主义是由狩猎—采集生活状态相适应的观念形态，而巫术则是在万物有灵论和图腾崇拜的基础上，通过神秘的仪式和咒语来实现现世目的的一种方法。

2. 精神进化与艺术的起源。精神进化带来的信息积累，使得系统网络中流传越来越多的信息，随着各种仪式等社交活动的增多，人们开始产生记录信息的需要。最早用符号作为信息记录的方式，并保留到现在的有效记录就是岩画，几乎在所有晚期智人生存过的地方都会留下这种痕迹。岩画为什么集中出现在 1 万~4 万年呢？从智慧系统进化的角度上看，远古的岩画是古人思想的记录，随着晚期智人的联想大爆发时期产生的万物有灵论，既是最原始的宗教，艺术也随之诞生了。实际上艺术是伴随着原始宗教产生的，与其说它是原始观念的一种表现形式，不如说它是智慧系统最初的外存方式更为直接。它首先是大脑对事物整体和细节记忆能力的展现；其次表现出晚期智人的想象能力以及对形式美感的追求；最后体现了人类经过几百万年进化形成的手的表现能力。

精巧、别致艺术品的出现代表着初级智慧系统的进化机制已经进入到成熟的阶段，而只是在晚期智人出现以后人类的大脑才可以储存如此之多的信息，或者说记忆足够多的细节，并且将这些信息记录反映出来。**当古人通过用手改变现实形成的物理形象来反映思想时，艺术就开始产生了。**

从1万年至3.5万年，艺术技巧和作品内容具有一种不同寻常的一致性。同样的艺术传统延续了2.5万年，欧洲大概有350个有装饰的山洞和栖身处。人们发现，从乌拉尔山脉到安达卢西亚，绘画的手法和造型如出一辙，彼此相隔数百公里的图画非常相似。"艺术家"没有描绘太阳、星星，植物也被忽略了，没有树木，也没有花草。人们找不到更多表现跳舞、唱歌、烧煮食物的场面，多半是食草大动物的形象，令人难忘。山洞里还能发现许多神秘的符号和一些人物轮廓。

这证明世界范围内的迁移网络就这样建立起来，扩散到全球的初级智慧系统开始时都有大体相同的文化传统。这些岩画记录的是文字出现之前记录系统信息的一种形式，比较典型的就是岩画中有大量的动物形象，考古学家认为这些绘画具有巫术的意味，是通过绘画描写动物让其受到魔力的影响，或者用于图腾崇拜，以及庆典仪式等一些特殊需要。当然一定还有其他的记录方式，只不过是因为时间的关系而难以保存，因此我们现在不能认定岩画就是人类最早的信息记录，但岩画可以被看成是文字的原始形态，而且不但是文字的起源，还是绘画、雕刻活动的起源，因此岩画又是最原始的艺术形式。

3. 精神进化的最终成果。除了以上提到的宗教和艺术，作为系统信息积累的过程，精神进化实际上还有三项最终的成果：其一是进化形成智慧系统真正的核心——信仰中心。这个核心远在世俗的权力中心（执法机构和政府部门）之前就已经存在，它是经过长期的精神进化得到的。这个核心不一定坐落在地理位置上的中央，但是它却建立在系统内个体的大脑之中；它是在智力系统个体本能的动力结构基础上，建立起以认知为基础的智慧系统的新型动力结构；它是社会框架的象征性基础，是社会秩序的源泉，是道德权威和社会统一的象征。这个核心还代表着神圣的自然使命，人们为了强化这种观念上的一致性，不断地发明出越来越具威慑性的宗教仪式。即使到后来权力中心出现了，人们有了各种强制性的手段之后，官方宗教仍然起到信仰中心的作用。通过宣称其神圣背景，将社会中本来特色各异的独立团体在意识形态、象征符号和宇宙观等精神领域联合在一起。

其二是促进了系统的组织进化。随着系统的不断扩大，内部会进化出复杂的体制结构，这种体制结构是由组织和阶层构成的。从智慧系统的构成特点，我们知道不同于智力系统由 DNA 系统提供的实体性结构蓝图，智慧系统结构的进化来源于对自身认知的发展，因为智慧系统的结构不是实体性的，而是通过各种法律、法规、制度、规章，以至于风俗习惯等来构成体制框架和行为准则，这些都来源于系统信息的不断积累，大部分内容是从精神进化拓展出新的信息积累方向中所得到的。

其三是智慧系统的信息积累最后一定会体现在信息使用环节，成

为指导人们日常行为的依据。找到利用这些规律的方法，这个认知的过程大约经历了 2 万多年的时间，最终产生出新的生产方式农业和畜牧业。

 ## 二、农业和畜牧业的产生

随着精神进化的进程，人类逐渐地建立起原始的时空观念体系，将各种宗教仪式和天象联系起来，观测星象成为巫师、僧侣们的主要工作，判断季节、气象等相关的知识以及经验慢慢地积累起来。当这种认知开始扩展时，人类就逐渐地认识到一些事物在时空中运动的规律性，例如：植物春天种子发芽、夏天逐渐成长、秋天长成果实的过程；动物从出生的幼仔，到发育成长的过程等。这种认知现在看起来可能觉得太简单，是基本的常识，完全是不自觉的，但是在几万年前却是人类对事物基本规律认知的开始，是人类行为方向的基础。在此基础上有些部落可能会想到将吃不完的种子撒到地里，秋天再来收获，另一些部落可能捕获了动物的幼仔，因不急着食用先喂养起来。这些行为一旦成为习惯就会在部落之间流传，慢慢地成为经验积累的方向，从而产生了农业和畜牧业。

我们说农业和畜牧业的产生是人类认知进化的必然结果，就像文艺复兴时期的思想解放促进了科学技术的发展，后来产生了工业一样。4 万年前晚期智人的联想创造力的大爆发，正是促使农业和畜牧业产生的根源。从智慧系统进化的角度来看，**从原始人创造力的大爆发到新的生产方式形成的过程，正是智慧系统的进化机制发挥作用的一个完整的过程**。物质生产方式实际上是智慧系统信息的使用方式，它的重大转变，是由于系统其他环节的重大转变所引起的。系统信息基础结构的转变带来系统信息流量的大幅增加以及各环节信息流转效率的提高，当经过一段时期的信息积累、储存和处理之后，形成体现人类认知水平的观念体系。然后，观念体系逐步演化为知识体系，再结合生活实际形成实用性的设计、计划、方案等策略性信息，最后完成信息使用的环节。

初级智慧系统进化晚期，系统信息的基础结构主要依靠口头语言，效率很低，速度极其缓慢，以至于从时空观念体系开始建立到常识性的知识得到广泛使用，经历了约2万年的漫长过程，才最终到达使用环节。实际上，使用的过程也是伴随着信息反馈的过程，并不断促进认知的进展。我们从古生物学家的近期发现中能够看到，农业的出现发生在5000~9000年前，当时的各大洲彼此隔绝，植物是在一些彼此相隔数千公里的地方培植的，农作物的品种也不同，但是耕作方式大同小异。例如小麦、大麦、豌豆、蚕豆是在近东培植的；稻谷出现在远东；玉米种植起始于美洲；小米和高粱起源于非洲等。表面上看它们并无关联，实际上这是迁徙到各大洲的晚期智人新建立的时空观念体系进化的必然结果。

到6000年前，人类的农业发展已经不只限于美索布达米亚地区和尼罗河流域。在那些可以灌溉、终年有稳定食物供给的地方，人们开始改变漂泊困苦的狩猎生活，而过上定居生活。新生产方式的出现极大地提高了人类的生存能力，使得经过近200多万年进化的初级智慧系统，终于可以在与环境的竞争中歇歇脚啦。

三、新型智慧系统的体制框架

从生物信息系统进化的一般规律来看，系统的升级首先来自数量上的扩张，智慧系统也是同样。随着初级智慧系统进入后期，晚期智人的生存能力明显提高，部落人口开始急剧地增加，系统的规模开始快速地扩大，内部进化出新型组织结构，逐步构建起新的体制框架。

1. 从原始部落到氏族部落。农业和畜牧业的出现就是后来史书称为农业革命的人类历史转折点。种植令群体延长了居住时间，最终产生了定居生活。食物的人工生产，加上原先的采集和狩猎，使食物更加充足，突破了族群由于采集半径和狩猎半径所导致的族群人口限制，为数十人的族群成长为数百人的氏族、成千上万人的氏族部落提供了条件。

生物信息系统的升级一般都是从规模的扩大开始的，因为系统规模的扩大一般意味着系统各环节信息流量的加大，系统信息处理能力的提高，最后必然表现在系统出现新的功能。初级智慧系统是以有声语言作为主要的信息传输手段，而声音传输的特点，就是有一定时空范围的约束。长期存在的初级智慧系统正符合了这种信息传输的要求，因此几百万年以来都保持了30~50人的部落规模，以便保持最佳的信息流通。现在部落的规模开始扩大，内部信息传递的方式也开始改变，开始分化出不同的功能，形成新的组织形式，这种组织结构的改善，对于智慧系统内部的信息积累、进化机制的不断改善都有着重大的意义。

2. 新的进化方式——组织结构的进化。前面我们说过，初级智慧系统的进化实际上是人类大脑硬件的进化，这个进化是通过人类种群的不断更替来实现的。但是当大脑作为系统硬件的进化到达顶峰时，智慧系统的进化不但没有停止，反而拉开了更新更快的一幕。这一幕将会有两个大的方向，**一个是系统软件的进化和以精神进化为代表的系统信息的积累，另一个是以分层和分工为基础的系统组织结构的进**

化，这两个方向的进化使系统形成了相互促进的进化机制，并逐步升级形成新的体制框架。

（1）系统内部组织结构的进化原理。中级智慧系统的组织结构进化类似于智力系统的多细胞结构的进化，都是生物信息系统扩大的主要方式，智力系统是通过细胞的"分化"来形成组织和器官等功能部分；而中级智慧系统是通过"分层"和"分工"来形成机构和组织等功能部分。个体的"分工"和细胞的"分化"从形式来看相去甚远，但在作用上都是一致的，它们可以用来收集、积累、储存或使用某些方面的专门信息，形成具有某种机制的、相对独立的分系统，为系统体制结构的形成奠定基础。说得更形象一点，**"分化"和"分工"都是为生物信息系统这个整体生产零部件的手段，这些零部件就是不同的组织（或器官），由于它们在整体中的不同作用，进而为整体带来新的功能，整体正是依靠这些新的功能而在环境的竞争中取得优势。**

在智慧系统中还有一种"分工"的方式是与细胞"分化"不同的，这就是"分层"在智慧系统中形成不同的阶层。阶层的出现标志着智慧系统纵向结构进化的开始，阶层形成的机制基本上不同于分工，它更直接地受到精神进化的影响，是人类社会制度进化的直接产物，可能出于世袭制度，或者是某种奴役制度，其根源还是生存环境在观念体系上的反映，从而对整个系统的进化产生影响。

（2）分层——组织结构的纵向进化。智慧系统的早期进化是依靠一种信息纵向传递的结构，这种传统经历了约200万年，因为各原始群落之间的联系受到地理条件和语言进化程度的限制，横向的信息传递并不多。每个初级系统只能靠肢体或有声语言在本系统内一代代纵向传递实用信息，来保持系统的生存优势。由于随意性较大，所以传递的信息量是极不稳定并且内容有限的，这就导致初级智慧系统的进

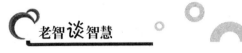

化十分地缓慢。

　　信息的纵向传递结构主要依靠系统内部掌握信息量多的人，一般来说年岁大的人生活经验丰富、见多识广，在部落中受到尊敬。随着石器制造技术复杂化，对于消耗体力过大的狩猎活动，老人不能参加，就专司工具或武器的制作，逐渐地从狩猎等重体力劳动中分离出来，成为一个比较特殊的阶层。估计这种分工的出现要晚于原始人类按性别的分工。按性别的分工是生理因素决定的，实际上在动物群体中也有这种分工。但是按年龄分工却有特殊的意义，因为它代表了促进系统信息纵向传承的传统。

　　到晚期智人时期，随着精神进化一些老年人逐步地从繁重的日常劳动中脱离出来，使他们有空闲时间来思考、整理他们在长期生产生活中积累的丰富经验。在这些信息的指导下，部落采取了更有效的方式进行狩猎、采集以及日常生活的各个方面。这些纵向传递的信息如此重要，往往决定着整个系统新功能的延续，这个阶层慢慢地成为整个系统的信息中心，而信息中心的出现逐步形成了对整个系统进行调节的能力。这种能力反映在一切有关公共事业的大事方面，都是由老人组成的评议会来决定，这就慢慢地形成后来的权力中心的基础。

　　人类的这种习俗一直延续到现代，这与其他哺乳动物族群的情况几乎完全不同，动物社会是以力量取胜的，年轻力壮的后代往往以残暴的方式夺取首领的位置，将年老体弱者驱离或杀死，这在智力系统的以力取胜的竞争规则之中，是习以为常的。但在早期人类的智慧系统形成时期，这种情况已经开始改变，这是从依靠力量到依靠智慧的转变。

　　在各种原始宗教仪式中已经隐含着系统个体的不同地位，为今后组织结构的形成埋下了伏笔。纵向组织进化的原因，不仅是分工所决定的，有着更深刻的历史传承以及智慧系统的运行特点等因素，这些因素主要是精神进化带来的系统观念体系的构建，以及背后对环境和自身深刻认知的原因，这些阶层或组织形成系统结构中的上层建筑部分。

在初级智慧系统中已经出现由部落长老组成的领导阶层和巫师、巫医等组成的神职阶层，这是最早出现的体力劳动和脑力劳动的分工，巫师、巫医是人类最早的专门职业之一。史前时代的巫师不仅是巫教和巫术活动的主持者，也是当时科学文化知识的保存、传播和整理者。他们的职责就是专门的系统信息传递，而他们传递信息的形式之一，就是口头流传的神话故事和诗歌。在世界各地，无论是巴比伦人、希腊人，还是新西兰的毛利人，实际上在所有发明宇宙神话的民族中都流传着关于事物发端的传说，这些传说试图用宇宙起源的故事来理解或解释宇宙的结构。这些故事后来成为文化传统，这个传统经常是由一些经过筛选的或选定的阶层、教士或巫医来谨慎地守卫着。这是最早出现的保存和传递系统信息的组织结构，这个新出现的结构持续不断进化，**和"氏族长老"、首领等一起，形成系统上层结构的雏形。**

（3）分工——组织结构的横向进化。一般认为在直立人阶段，狩猎采集经济"分工"已经出现，最早的分工来源于生理方面的原因。在早期的部落中，男人负责去打猎，女人负责抚养儿童以及采集果实，这主要是按照性别、年龄所做的分工。真正的分工是出现在晚期智人之后，称为第一次大分工，出现了农业和畜牧业的分工。在大约 1 万年前，随着人们常识性知识体系的建立，新的生产方式开始出现，根据不同的地理和气候环境，人们开始以新的方式从事农业、畜牧业和渔业的生产。新的生产方式带来新的生活方式，持续了 100 多万年的母系社会已经完成了历史使命，开始向父系社会转变。父系社会形成的基础是男性在智力和体力上的优越性，男子的劳动比重占优势，妇女所负担的家务劳动与其他生产活动分离开来，成为私人事务，从而男子和妇女在社会上的地位发生变化，这一转变是从母系氏族制向父系氏族制过渡的关键。

父系氏族的出现使群婚制向对偶婚制转变，个体家庭从原始的部落大家庭中分离出来，成为独立的社会功能单位。首先，家庭具有生育和生产的两种基本职能，生育职能继续了人口的再生产，维系了血缘关系的纽带；其次，家庭作为自给自足的生产单位，构成了当时生产力的基本单位，为社会提供剩余产品；最后，家庭除了以上的两种基本职能外，还作为信息系统的基本单位，它保持了有声语言信息传递的最佳范围，利于子女的教育和祖辈的经验相传，维系了系统信息纵向传递的传统。

随着系统的成长，其内部结构也日趋复杂，家庭逐渐成为构成系统新型结构的"细胞"，只不过在智力系统中多细胞结构是靠细胞"分化"形成的，而在智慧系统中组织结构却是靠"分工"形成。家庭类似于干细胞，可以在分工中扮演不同的角色，为"分工"的进一步扩展提供基础。随着农业、畜牧业的发展，从事手工业的家庭开始逐渐地增多，所谓第二次社会大分工——手工业的分离开始出现。手工业技术上的进步——织布机的产生、矿石冶炼和金属加工技术的发明，使得生产的规模扩大了，劳动生产率进一步提高。

家庭也成为信息积累的基本单位，从家庭形成的那一天起就开始传承属于家庭特有的信息。除了专业性的信息，还建立起家庭相关成员间的信息联系，这种联系被称为血缘关系，是至今仍然维系着人类个体的最重要关系之一。信息积累还形成有关家庭的观念，本能的需求转变为家庭的利益需要，要维护这种需求就要明确家庭内部和外部的边界，当涉及剩余产品、生产资料归属等问题时，所有权的观念开始产生了，这就是我们现在所说的私有观念。

私有观念的产生是一次革命性变革的开始，随着氏族部落的逐步扩大，以血缘维系的关系逐渐被利益决定的经济关系取代，这种新型的经济关系是一种横向发展的平等关系。寻求自身优势的私有观念逐渐地取代了无偿互助的观念，结果是个体家庭开始成为社会的经济核算单位。随着分工的发展，这些经济单位之间的关系变成商品交换的关系，简单市场开始出现。

市场竞争促成社会开始分化，出现了穷人和富人，同时系统内部的矛盾也出现了。当矛盾和冲突不断出现时，自然需要有规则来维持市场的秩序，使系统能够正常地运行，正如哈耶克所说的，复杂分工体系的维系需要普遍抽象的行为规则来约制，而这种普遍的抽象行为规则就是法律、制度和相关规定。当私有化逐步发展，并开始有了法律形式的保证之后，私有制作为一种社会制度就逐渐产生。

从信息系统进化的角度来看，精神进化带来的系统组织进化构建起了新型系统的体制框架。其一是纵向组织进化形成了以宗教为核心的信息中心，以及以"氏族长老"和首领为核心的权力结构，这也是系统早期的上层建筑；其二是以家庭为新"细胞"所构筑的分工体系，构成了系统新的生存结构或称之为经济基础。而众多家庭参与的市场经济，具有优胜劣汰、自然选择的性质，由于大部分市场是处于系统的内环境之中，需要建立一定的秩序来调节，这不但需要积累起相应的规则，还需要强制性权力的执行者。

总之，系统组织的进化为新类型的系统构建了体制框架，而另一个外部条件正在加速形成，这就是部落之间为争夺生存空间的战争，这种战争在世界各地的历史之中都有记载，战争对智慧系统的进化带

来了极其深刻的影响，代表了环境对系统功能的新选择。

 四、大规模竞争时代开始形成

在初级智慧系统进化到晚期智人阶段后，由于其适应环境的特性使其很快在全球扩散，之后进入到个别发展的阶段。经过几百代人在不同环境中的信息积累，各种不同类型的系统开始出现，主要表现在：首先是生理方面，进化维持在较小的范围，如在毛发、皮肤、面部，以及较小器官的方面，逐渐形成外表有所不同的人种；其次是口头语言在迁徙中不断地改变，经过几代人以后已经相差遥远，不同的部落逐渐累积下来语言的改变，慢慢形成形式上完全不同的区域语言；再次在精神进化方面，部落之间为了彼此区别会选择不同的图腾来崇拜，从图腾崇拜开始，进化的内容已经各不相同，不同的信仰开始出现；最后是不同环境形成不同的生产方式，主要分为定居的农耕类型和流动的游牧类型这两类系统，是两种截然不同的生产和生活方式，也必然形成文化和观念上的差别。

新的生产方式极大地促进了生产力发展、剩余产品大量增加，促进人口开始出现爆炸性的增长。很快，适于耕作的土地都被不同的氏族部落占据，系统之间的摩擦开始出现。以农业为主而定居的氏族部落和以畜牧业为主而流动的氏族部落之间，由于生产方式的不同，造成生活方式以及很多基本观念的不同，从而也很容易引起矛盾和冲突。

4000～5000年前在欧洲和亚洲的大部分区域，人类田园牧歌的时代即将结束，因为产生出新的部落类型，他们既不是农业也不是畜牧业生产者，而是以战争为生的部落。他们发现战争是有利可图的，可以不劳而获地得到土地和财富，从此，战争已经不是边界领地的摩擦、资源的争斗，而是成为有计划、有目的的专业行为。并且，利用对动物的认知也慢慢地扩展到对战俘的利用，对战俘的杀害停止了，一个新的阶层——奴隶阶层开始出现。

这种情形就像在智力系统进化初期的海洋动物中突然出现食肉种类一样，这是在生存竞争时期出现的一种强制性的外部力量，迫使其他生命种类或者进化出新的防御功能、或者被消灭。在智慧系统进化的过程中，我们看到的与有壳类海洋动物具备同样性质的东西就是城邦，每个城邦都是一座防御城堡和四周农田所组成，称为城邦或者酋邦。世界各地的智慧系统在农业文明的初期都有过一个独立城邦的阶段，据历史学家考察，埃及、苏美尔、中国、印度，以及欧洲等国都是如此。随着在一些区域外部竞争的越发激烈，生存竞争的因素取代了自然环境的因素成为智慧系统面临的最大挑战，这种外部环境的极大变化，必然形成对生物信息系统新的自然选择，按照"适者生存"的原则，不能适应这种竞争的系统逐渐被淘汰。

老智谈智慧之九

——建立在文字上的国家

经历几百万年的生物进化，构建起由顶级大脑组建的语言无线网络，再经过几万年精神进化的信息积累，以及纵向和横向的组织、阶层的进化，初级智慧系统升级的内外条件逐步具备，智慧系统进入一个新的更高级的进化阶段——中级智慧系统阶段。

 一、文字符号构成的系统信息基础结构

从生物信息系统的角度来看待智慧系统信息网络的进化，就会发现有一个结构支撑着整个信息网络各个环节的发展，就像在初级阶段个体大脑进化的水平制约着整个系统运行一样，我们将这个结构称为系统的信息基础结构。随着初级系统后期的精神进化以及组织结构的进化，带来系统信息基础结构的持续进化，这个新的进化是由文字符号体系带来的。

1. 文字的诞生。晚期智人继承了经过百万年进化的人类有声语言，并在很短的时间内把它发扬光大，但是，当这个系统逐步扩大，并产生出越来越多的各种仪式时，口头语言只靠大脑储存的记录方式，就暴露出越来越多的缺点。最早的外部储存需要是以"备忘录"的形式出现，以实物的手段进行记录的，已知的有结绳、结珠、刻契以及其他简易形式，留下只有当事人能懂得的印记，以补充大脑记忆的不精确和遗忘。

遍布全球的晚期智人都经历了"岩画"阶段，这一阶段经历了几万年的时间，有人将这些岩画称为"文字画"，因为后期的岩画不注重绘画的艺术性，只是浑沌地记录事件的大意。世界上最早的文字应该是从岩画的逐渐简化中得到，当其简化到一定程度时并且与有声语言相联系后，一种新的信息储存系统——文字符号系统就产生了。

文字大概出现在8500年前，有些地区的智慧系统开始将古人留传下来的记号、图画等简单的符号文化进行了更系统和更精细复杂的充实与完善，从而可以借此记忆、保存、提炼、交流和传承更多的主客观事物信息。早期的书写符号使用简化的形象符号来表达要说的话和想法，还有岩画的风格。现在这些象形文字已经被废弃不用了，取代它们的是更为抽象的文字系统。

2. 文字的进化。精神进化促进了文字的发展，由初级智慧系统晚期开始的精神进化，开始了系统信息拓展的新方向，早期岩洞中的壁画是这一拓展过程的证据，因为岩画中所要表现的东西，无论是与教育还是巫术的仪式有关，都是为了满足整个系统的某些需要，记录的是系统的精神进化信息。而随着岩画逐渐简化成为象形文字，使记录变得更为简洁方便。实际上最早发现的文字主要用于原始宗教祭祀的需要，例如中国的甲骨文刻在龟骨之上主要用于占卜，而苏美尔楔形文字和埃及象形文字，都是世界上最古老的文字之一，也是主要用于宗教祭司的记述。早期精神进化形成最早脱离体力劳动的专业组织——僧侣阶层，而后期随着精神进化转向变得更具体，开始了系统内部结构的构造，法律、法规、制度等系统的框架都是建构在文字基础之上，体现出文字符号作为系统的基础结构，对于信息系统升级的核心作用。

智慧系统的组织进化产生了对文字、符号越来越强烈的需要。首先从横向组织的进化来看，文字交流肯定要与经济需求相适应，家庭出现后带来的私有观念，要通过文字的记录才能维持长久，并形成生产、生活的经验性积累，并与部落间的制度化交易网相适应。其次从纵向组织进化来看，尤为重要的是当系统内部出现分层次的组织结构之后，统治者为了协调系统内部的矛盾，需要确定和发布十分明确的信息，早期的文字就是在法律和契约方面大量应用，使文字快速在系统内发展，对促进国家的形成发挥了重要的作用。

在各民族之间，文字的进化并不是同步的，有些民族很久都没有文字，对他们来说歌者的记忆就是民族活的文字。就像雅利安语系的民族，娱乐诵歌是一种完美的表达工具，毫无疑问很多优点应归功于此。在歌者的诗中，每个雅利安部族都有自己的传说，并以叙事诗、古代史、宗教传说的形式存在。尽管开始时他们进化得较慢，但是当这个用少量清晰音节交谈的种族也学会用象形文字时，他们开始对象形文字进行大幅的修改简化，最后形成了由字母顺序组合的文字——拼音文字，开创了文字符号进化的新方向。

由文字符号构成的新的系统信息基础结构，与初级系统阶段原始人的大脑所构成的信息基础结构进化方式不同。大脑器官的进化是通过生物进化来实现的，而如今文字符号的体系完全独立于身体之外，它的进化也完全受到智慧系统自身因素的影响，成为智慧进化的主要部分。许多进入到中级阶段的系统，几乎都迎来了文字进化的高潮，正是由于文字的不断进化，才直接促进了精神进化，并慢慢地构筑起中级系统的制度框架。

二、中级智慧系统的形成

在初级系统进化的后期，精神进化带来的分层结构和组织结构的进化，构成了系统升级的"内因"，而"外因"则是系统之间日趋激烈的竞争，逐渐形成"生存竞争"自然选择的外部环境，极大地加快了智慧系统进化升级的过程。

1. 具有普遍性的规律，在智力系统多细胞动物的进化过程中曾经出现。当一个具有复杂组织结构的系统面临激烈竞争环境时，必须进化出一种中央协调机制，来协调内部复杂组织之间的关系，以及对外部的环境做出及时反应，并由此对系统实施有效的管理，这正是动物大脑进化的根源。因此，当组织结构日益复杂的智慧系统进入到激烈竞争的阶段，进化出具有管理和控制功能的系统核心是一种必然的选择。在多细胞动物的进化过程中这一功能是由大脑来担任的，而在中级智慧系统的进化过程中这一功能是由统治阶层或者说领导阶层来担任的。

2. 从氏族部落到城邦。随着智慧系统之间大规模的竞争时期到来，系统很快地进化出了能有效抵抗进攻的城墙，由城墙围绕的城市中心和附近的农村地区，构成了新的系统形式——城邦。环绕的城墙极大地提高了系统生存的机会。就像当年的智力系统的进化，当海洋中进化出食肉类生物之后，马上就有盔甲类动物出现，这样没有及时进化的海洋动物生存率大为降低，同样没有进化出城墙来抵御战争的部落，很快就被其他部落吞并。

6000 年前，在亚洲及非洲的富饶地区和以及大河流域，古中国人、埃及人和苏美尔人开始在那里建筑起最初的城市。庙宇开始只是一种简化的图画式记录，之后发展成为城市的中心，大部分城市的建设都是围绕着庙宇展开的，表明了代表精神进化的宗教作为系统信息的核心地位。在埃及、中国、希腊等文明古国，大河流域许多城市开始出现，每一个城市都是一个相对独立的系统，城市出现是城邦文明出现的标志。

城邦时期的社会分层结构也逐渐形成，系统中的个体分为不同的阶层，既有制度化的体力和脑力劳动分工，形成脱离体力劳动的统治阶层；也有从氏族部落时期开始，使用奴隶的现象逐渐地普遍化，开始出现一个被奴役的阶层；还有作为普通劳动者的农民、手工业者、市民阶层。分层社会的基础是再分配的经济关系，这种依靠权力分配带来的不平等结构，是形成系统内部不同阶层之间长久对立和冲突的根源。

城邦的出现是智慧系统应对竞争的一种过渡形态，标志着智慧系统的进化进入到一个新的阶段，从主要应对自然环境到主要应对同类竞争的阶段。说起来挺悲哀，人类经过200多万年的进化，好不容易才取得了对野兽、气候、地理条件等自然环境方面的全面优势，但是好景不长，接下来上演的竟是人类同室操戈的一幕，真是造化弄人。

3. 从城邦到国家。在城邦大量出现的地区，以战争表现的外部恶性竞争逐渐增多，而由于贫富分化和新出现的奴隶阶层使得系统内部的矛盾更加激化。为了应对外部冲突，以及调和不断扩大的阶级差距及由此带来的内部矛盾，产生了专门的社会组织和社会力量，这就是国家或者说国家力量。这种力量可以缓和冲突并把矛盾控制在一定的秩序范围之内。而这种力量由于其本身的性质——作为秩序的维持者、矛盾的仲裁者，因此一开始就以一种凌驾于冲突双方同时也包括社会之上的姿态出现。这些都促使智慧系统的核心结构出现变化，并进化出了新的组织结构，这个组织结构最大的特点就是形成特殊组织——国家机器，代表一种强制力量的出现。这就是**国家的形态，一种可以横跨多地域、多民族**

的智慧系统的新形式。

有实力的城邦不断发展，建立起地域性的系统——国家。首先国家是按地域组建的，其最关心的是维护领土完整。其次国家的统治中心是政府，理论上政府是按合法程序建立的，拥有制度化的权力机构、基础意识形态和国家机器的垄断权力，这是国家的基本特征之一。

从信息系统的角度来看，国家是智慧系统进入到中级阶段的典型形态，表面上看是组织和阶层之间矛盾斗争的产物，实际上是系统内部中央协调机制进化的必然结果，并且这种进化是建立在系统信息基础结构——文字符号系统基础之上。

跨地域的国家把许多城邦联系在一起，靠的是一种体制和制度的力量，这种力量是由法律、规章、协议、守则等建立在文字基础上的文件构成的，因此，国家形成后一般都迎来文字进化的高潮。当然也有例外，就是南美的印加帝国，他们的国家建立在结绳编织的基础之上，他们没有使用象形文字或图象，而是留下更加复杂的书写形式——绳索的三维空间书写方式，形成类似文字的符号系统，成为智慧系统进化到中级阶段的唯一特例。而作为反面证明的是许多散布在各大洲的原始部落，他们仍然停留在初级阶段，并且几乎都没进化出文字符号系统。

三、文字符号体系的特点

中级智慧系统与初级智慧系统相比主要是形成了复杂的组织结构，而组织结构形成和进化的基础就是新的软件系统，这个系统是由文字和符号所组成的，由此构成中级智慧系统的组织架构、制度章程、行为准则等，所以说国家是建立在文字的基础之上。

文字符号作为升级版的系统软件，不仅是信息传输的手段，也是信息外部储存的主要方式，它的出现实现了智慧系统软件的真正升级，是系统基础信息结构升级的关键，克服了初级智慧系统的主要缺点，成为中级智慧系统的主要特点之一，下面我们具体分析。

1. 信息传输方面。在初级智慧系统阶段由于信息传输主要依靠口头语言，传播的距离有限，尤其是声音一发即逝的特性，使人们说话要受时间和空间的各种限制。过去说的话现在听不到，而距离太远了也听不见。口头和肢体语言的效果只是在听力和视觉的有效范围内，一般是30~50米的范围内效果较佳，使得初级智慧系统长期保持在此范围内而难以扩大。

文字的传输突破口头语言传输的时间和空间界限，使一发即逝的语言可以跨时空留存，它直接改变了系统信息传输的方式，产生出间接传输的方式，不管相隔千山万水，还是相隔几个时代，都可以通过文字的记录相互交流。由此形成新的信息传输方式，这就是教育，正规的教育主要在文字出现之后，通过间接的文字传输，极大地提高了信息传递的效率。

文字符号的出现，增加了信息传递的确定性，就是俗话所说的有文字为证。口头语言在传递的过程中，由于主观或者是非主观的原因存在着极大的不确定性，尤其是当信息传递的范围越来越大的时候，这种不确定性也相对地增加，因此不利于系统的逐步扩大，以及系统内部的组织进化。这一点已经从初级智慧系统的进化过程中得到了证明，在世界各地许多停留在初级智慧系统阶段的原始部落，大部分都没有使用任何文字符号，只是长期使用口头语言。

文字的发明和使用，使得人类在信息传递方面取得重大突破，使信息的传递首次超越时间和空间的界限，但是文字传输还不能完全代替口语的传输。口语传输生动、及时、高效等特点，是文字传输所无法替代的，因此这两种信息传输方式相互补充。

2. 信息储存方面。初级系统的信息储存主要依靠个体大脑记忆，现代科学研究证明，个体大脑的记忆时间和记忆内容都是很有限的。所以在初级智慧系统时期，即使一个时段内系统网络有很多信息在流传，但是由于个体寿命的限制，个体能够纵向传递的信息量也是十分有限，这就解释了初级智慧系统进化缓慢的原因。重要的是，与口头语言只是依靠大脑的记忆能力相比，文字记录的信息量可以说是无限的，并且克服了大脑记忆模糊的缺点，成为真正意义上的智慧系统的信息储存方式，将原来不可见的观念结构及实用信息，通过文字表现出来，成为跨时空存在的知识结构。

语言文字对智慧系统的进化至关重要，语言和文字的出现以及随后的印刷术的发明，这实际上是人类文明的开端。从信息系统的角度看，口头语言只是个体大脑内的软件编码，而文字符号则是升级了的一种智慧系统软件编码方式，它是智慧系统内流通的软件和编码，有了这种编码人类就学会利用符号和制造符号，使得人类特有的第三层次的信息系统真正地远离动物界，这正是"人"的根本标志之一。文字传输可以突破血缘关系成为组织之间的有效沟通手段。

文字符号的出现使系统信息有了存在的证明，系统信息是中级智慧系统的灵魂，而在口头语言阶段是只闻其声不见其影，文字符号系统的出现使其成为有形的东西，提高了系统内信息传输的准确性和可靠性，逐渐地改变了信息的储存和传输质量，实现了人与人之间信息的异时异地传输，从此个人获取利用信息的能力大大加强，向形成人类集体智慧的方向跨出了决定性的一步。

3. 信息处理方面。首先是文字符号的出现极大地促进了个体大脑思维的发展，新的信息传输和储存的方式逐步改变了个体信息处理的方式和习惯。随着文字的使用范围逐步扩大，使得人类的符号性记忆内容显著增加，当超过了他们所记忆的感性化的表象内容后，复杂的符号认知导致人类对主客观世界之间的相互关系和彼此的深层特点产生了初步的抽象思维。原始人的那种拟人化和功利性的感性联想或直观想象开始转变为符号性和规则化的想象，他们的头脑中保存与加工的符号知识（即间接经验、抽象概念）逐步超过了表象性（经验性与情感性）知识，使人类的言语和文字的表达水平和交流能力获得了显著进步，同时这些进步也更深刻和更精细地塑造了人的思维结构，人类个体的思维更加严密。有文字的社会才被称为文明社会，之前被称为原始社会，就是因为两者在思维上的巨大区别。

其次，文字符号的出现使集中集体智慧成为可能，文字符号的出现使人们可以记录自己的思想，这些原来只是在人们大脑中的东西，现在可以确实地显示在人们的面前，使思维可以在时空中留住，反复多次地琢磨，且人们可以通过长时间和反复地研究问题，整理出自己的思想。同时，也可以通过文字交流、反复讨论、充分沟通将大家的各种思想记录下来，并且在特殊的条件下将大量的文字资料整理成理论体系，**这正是将大量个体的思想集中起来形成集体智慧的方法。中级阶段系统开始利用文字符号来处理信息，使系统的信息处理能力大幅提高。**

从信息系统进化的过程我们知道，仅有特殊的信息系统还是不够，还需要有能在这个系统中运行的特殊软件，以表现特殊的信息形态——人类自己的符号集合。正如著名思想家西尔所说，人是符号的动物，它不仅能使用符号，而且能创造自己的符号。这些符号最早以声音的形式出现，即人的口头语言，继而以文字的形式出现，再扩展为各种文字符号的形式，之后又以"数码"模型的形式出现等。正是借助这些高效符号系统，人类不仅在"横向"上实现空间的高速、高效传播信息，而且能运用文化教育等实现时间上的"纵向"历史传递，完成人类文明的信息传承。这些都是以往所有生物体所不具有的，也正是有了这些特点，人类才得以脱离动物界，成为生命发展中一个新的层次"人界"。

4. 文字符号体系进化的内在动力。前面我们讲到智慧系统中级阶段的进化已经不同于初级阶段，还明显地受到生物进化的影响，中级系统真正进入到智慧进化的阶段，因为中级系统构建起内部的动力结构。新的动力来源于构建在本能需要之上的精神层次的需要，**称之为"求知欲"，"求知欲"是增强人类认知水平的根本动力，这种欲望只有通过不断增加的信息积累来满足。**而文字出现为实现人类的求知欲奠定了现实基础，因为有了文字才有了可见的系统信息，才能建立起现实的信息积累的体系，从而凌驾于生物本能（包括情绪、情感等）的个体感性信息结构之上，真正成为智慧系统的信息核心，成为指导人们行为的新规范。

在智慧系统新的动力结构指导下，人类开始追求知识、探索未知世界，建立起系统信息积累的体系，这个体系既包含对于自然环境的认知，也包含对人类自身的认知，而后者正是构建人类系统自身的蓝图，我们知道生物进化是靠细胞内部的 DNA 提供系统构造的蓝图，而智慧系统的进化是靠自身的信息积累来提供系统构造的蓝图。

说得再具体一点，文字符号的进化本身是一种人类技术的进步，无论是书写材料、书写工具，以及之后出现的服务于大批量出版的印刷机器，都是人类技术的体现。智慧系统本身的运行机制就包括策略信息环节内的技术进步，因此智慧系统信息积累的增加自然促进了系统信息基础结构的进化，所以说智慧系统的进化进入到一个新阶段。也就是说，是它可以通过信息的积累，直接地促进系统的进化，产生一种"自我催化"的作用，从而为智慧系统的进化不断地加速度，使我们人类再也不会像几百万年来的祖先一样，沉默地面对大自然，而是去积极地探索，寻找打开自然之门的钥匙。在这一阶段表现出新的特征，就是从原来只是被动适应自然环境的被动式进化，变为主动适应自然环境、主动认识世界、主动改造世界的主动式进化。智慧系统的进化机制之中逐渐形成

新动力来源，极大地加快了智慧系统进化的速度。

中级智慧系统是智慧系统更多地表现出本质特性的阶段，也是逐步走向成熟的阶段。首先文字符号的出现促进了系统信息基础结构的进化，使得跨时空的信息积累成为可能，在此基础上的组织进化逐步构成大系统的制度框架，系统的核心结构也逐渐形成。个体的智力不断被汇集起来，新形成的网络信息空间逐步扩大，在认知的基础上开始构建观念的世界，并由此产生出替代本能的新的系统动力，这些都极大地推进了智慧系统的进化，并且逐渐地从改造环境中获得更大的自由。

 # 四、中级智慧系统的局限性

智慧系统的信息基础结构从口头语言进化到文字符号体系，极大地促进了系统信息的积累，形成系统的核心结构，从而产生出新的动力结构，使系统真正进入到智慧进化的阶段。但是，由语言文字符号体系构成的信息基础结构还是有相当大的局限性，主要表现如下：

1. 早期文字的传递受到书写材料、方式等技术层面的制约，难以普及到全体成员之中，掌握文字信息成为某个阶层的特权，加剧了个体之间的差距。由于系统内信息传播的不均等，掌握系统信息的传播渠道成为对整个系统实施控制、协调和管理的关键，也为强制性权力的出现奠定了基础。

2. 文字符号系统只能记录信息，信息处理主要依靠个体的大脑。尽管经过一段时间的进化，一些组织构建起集中了集体智慧的信息处理平台，但是个体的重要性仍然是举足轻重的，且个体仍然受着生物本能或者说是智力系统个体特征的影响。于是，一种在以前生物信息系统进化中所没有的情况开始出现。由于个体在对系统的管理中作用极大，当个体的本能逐步渗入到系统的核心结构后，本来的系统信息中心就演化出一种权力结构，处于这个系统大脑信息核心的个体开始利用垄断信息的权力来获取超额的个体利益，使得对系统管制的核心权力成为了个人或者是小集团谋利的手段。

3. 文字符号系统只能分散储存、处理信息的性质，使其无法建立一个统一的、人人接受的观念体系，智力系统的本能又以追逐个体利益的形式表现出来，因此在系统中处于有利地位的个体，逐渐地将所处的地位作为谋利的手段。权力日益成为利益的来源，利益之间的冲突演变为对权力的争夺，不同的组织之间开始积累起相互对立的信息，由此造成系统内部不同组织、阶层之间开始出现日渐激烈的矛盾冲突，信息中心逐渐演变为权力中心，表现出管理整个系统和谋取个体利益的双重功能，使系统内部的矛盾、冲突日益激烈，并且贯穿着整个中级系统进化的过程，构成中级智慧系统的一个主要特点。

正是这些局限性使刚进入到中级阶段的智慧系统向一个错误的方向进化，请看下一篇"制度进化的歧路"。

老智谈智慧之十

——制度进化的歧路

　　上一篇我们说到约5000多年前，在文字符号的基础上以国家为形式的中级智慧系统大量出现，从此智慧系统进入到区域性的激烈竞争阶段。生物信息系统的进化从来都不是一帆风顺的，就像智力系统的进化要经过许多歧路、岔路甚至死路的探索，才会找到最终的方向。智慧系统也是一样，进入中级阶段之后的进化走上了一条歧路，就是离智慧系统的本质要求越来越远的道路。

 一、环境的选择——区域竞争

　　进入到生存竞争阶段的智慧系统，不但要面对自然环境，而且更重要的是面对同类系统的竞争。在3000~4000年前，那些先期进入到中级阶段的系统进入到国家阶段，逐步转向系统之间的恶性竞争时期，这种竞争形式就是战争，如影随形的战争日渐广泛并且激烈。从面对自然环境到面对同类系统的竞争，系统的主要矛盾发生了改变，生存成为第一需求。**在这个时期，系统正常的自然进化过程完全被打乱，系统必须调整内部的结构来适应环境的变化，**形成高度集中的权力结构，以便集中信息和资源，及时掌握形势的变化并做出反应，才能在激烈的系统间竞争中取得优势。从这些要求中我们就能够看出，首先要求集中权力，才能保证强制性的执行力。尽管专制型系统不具备对环境认知的优势，但是在与其他系统的竞争方面具有明显的优势，通过高效率地动员系统所有的资源与其他对手竞争，能够极大地提高系统的生存概率，因此这种类型成为中级系统进入竞争时期的必经阶段。

但是一旦权力得到集中，掌权的人很快就会认识到由此产生的利益，从此再也不会主动放弃权力，并开始追求将这种权力变成家族传承的、无监督的、制度化的权力结构，由此形成的就是专制体制，成为进入国家之后智慧系统进化的一个主要方向。专制体制形成了一种自上而下的制度与法律体系，即一种金字塔式制度。虽然各地情况不尽相同，也曾有过叛乱和冲突，但这种金字塔式制度还是被逐渐完善。因此，集权和专制成为国家进化到大帝国阶段的主要特征，区别是根据实际情况不同、专制统治的程度会有很大不同，有人将其分类为强专制或弱专制型集权系统。

除了系统之间激烈竞争所产生的集权要求，形成专制制度的原因还有：一是在中级智慧系统进化的初期，受到生存结构的制约，不可能养活太多脱离劳动、专门从事信息处理的人员；二是绝大部分个体的认知水平很低，权利意识淡薄，因此在简单政治生活知识都没能发展和普及的情况下，最容易建立的统治方式就是能人专制、常人顺从的主从适应系统；三是在持续不断的战争环境下，面对生存竞争的巨大压力和可能获得的巨大利益，使系统内部的个体的忍耐程度逐渐增加，集权和专制的程度也会不断地提高。因此，除了在一个较短的时期和极特殊的地理环境（如希腊、罗马）下，**几乎所有国家都是通过战争这种形式形成君主专制体制的，不管君主的称谓如何不同，如皇帝、沙皇、国王、可汗等，但是集权专制的本质都是一致的。**

二、专制集权型系统的结构特点

集权专制体制的结构特点就是金字塔型的分层结构，这种结构既受到观念体系的影响，又受到生存结构的制约。在初级农业生产方式的基础上，能够养活的非农业人口并不多，因此金字塔顶层的人数极少，一般只包括僧侣阶层以及国王和大臣们，甚至许多国家的僧侣直接转变为统治阶层，"君权"和"神权"合二为一，构成了高度集权的专制系统。

当权力高度集中到个人身上时，统治者个人的素质、品德对系统的影响极大。在开始时，权力往往是通过激烈竞争获得的，统治者往往是有能力和野心勃勃的，人类历史最开始的时候，曾经出现过几位伟大的征服者，例如埃及国王、占领尼尼微的米坦尼国王塔楚拉达，尤其是征服巴比伦的亚述王，使亚述成为当时该地区军事力量最强的民族。但是当专制制度将权力定义为家族传承后，个人的能力成为次要因素，"昏君"的出现也就难以逃脱。

除了最顶层的统治阶层之外，还构造了最底层的奴隶阶层，这是智慧系统内部出现的第一个对立的阶层结构，这种结构形成的组织可以不必像之前必须通过信仰来调整组织内个体的观念结构，而是通过外部的强制性，来强制该组织内部的个体必须服从。在短期内奴隶制由于强制性所产生的高效率，对生产力的发展起到较大的促进作用，并在此基础上出现了一些繁荣的奴隶制帝国，早期最有名的奴隶制帝国就是古埃及。

但是从长期来看，智慧系统内部的任何组织和阶层都会形成自身的信息积累，**相对立的组织、阶层往往开始进行相反信息的积累，这是一种仇恨的积累，这种积累的结果必然会导致组织、阶层之间的激烈冲突，以至于导致这种制度的灭亡。**自从这种社会分层结构产生后，系统内部组织、阶层或阶级之间的矛盾和冲突就没有停止过，但是在大部分时间里这些矛盾和冲突还是可控的，只是在特殊时期或者是特殊因素才导致矛盾和冲突激烈地爆发，破坏系统的运行甚至导致系统崩溃。因此矛盾性也就成为中级系统结构的一个主要特性，并且在一定的条件下这种矛盾斗争也成为系统进化的推动力。

 ## 三、集权专制型系统的进化

中级智慧系统第一阶段的进化，主要是沿着集权专制的方向，经历了四五千年，这条道路越往后期制度越腐朽、越缺乏人性、越来越黑暗。

1. 中级阶段的"恐龙"——大帝国。生物系统在竞争初期的进化策略大体都是一致的，就是以大取胜，做大、做强是当时占据竞争优势的唯一选择，小城邦进化成小国家，小国家再进化成跨区域的大国家，大国家再进化成跨大洲的帝国。大帝国时代是中级系统进化初期的鼎盛时代，不仅帝国层出不穷，而且东西方的大帝国是至今为止我们见到的智慧系统所能够达到的最大地域规模，这也是中级智慧系统规模进化的极限。这一点与智力系统恐龙阶段的进化十分相似，但是由于这种**进化并不符合生物信息系统的本质要求，因此这种庞然大物难以维持长久，**大帝国在版图空间数量上的扩张并没有促进其信息基础结构的快速进化，并且恰恰相反，为了维持更庞大统治，当权者往往采用更极端的专制方法，限制信息在系统内的传播，将绝大部分的系统个体，压迫和限制在只能维持生存的状态，而将攫取来的劳动成果用于维持统治以及满足统治者阶层的无止境消费。在这种情况下，别说系统的进化，连生存结构都被破坏，因此大帝国往往是短命的。

早期的大帝国除了古埃及，还有大流士一世的帝国（即波斯帝国），是古代文明中最早的雅利安帝国，也是当时世界上空前的大帝国之一。它不仅包括埃及、高加索到里海一带，以及米太、波斯，还囊括小亚细亚及叙利亚、古亚述与巴比伦帝国等区域，一直远至印度的印度河。公元前一二世纪标志着世界的核心转到了东方和西方，在这个时候有两个系统进化成庞大的帝国统治着整个世界，分别是在亚洲东方的秦、汉帝国和统治西方世界的罗马帝国。

罗马帝国曾经统治了几乎整个西方世界，并在很多方面与以往统治世界的各大帝国均有所不同。从信息系统的角度上看，罗马帝国的最大特点，是其核心结构在不同类型之间的转变。开始，它不是君主专制政体，因为它不是由哪一个单独的征服者缔造的，而是靠民主性质的共和制起家，利用了民主制度的优点，调动起个体的积极性。当大批的农民，包括之前曾是奴隶的农民，获得了平等的权利——公民权之后，他们对于履行权利和义务的热情空前高涨，服兵役就是他们的权利和义务，使罗马有了当时最强大的军队。早期的罗马共和国政权实体分成两个部分，一个部分是占据重要地位的元老院，另一个部分是民众会议，形成权力相互制约的结构。但是到了第二阶段，也就是富人主政的共和阶段，即布匿战争时期，富人和奴隶制度的出现彻底摧毁了公民权意识。第三阶段，即军人共和时期，元老院逐渐从罗马历史上销声匿迹了，取代它的是皇帝及皇帝的行政官。集权专制体制的资源动员能力，使这个帝国达到顶峰，这期间帝国的疆土面积已经最大，但也是最后的高潮，从此之后帝国一步步地走向衰落。

几乎与罗马同时期的中国也是世界上领土面积最大、社会秩序最稳定、政治体系高度完善的东方帝国，甚至面积和人口两方面都超过了鼎盛时期的罗马帝国。中国文明的早熟是因为得天独厚的地理环境，属于典型的大河流域的农业社会，地理环境优越。它不同于靠对外侵略扩张起家的罗马帝国，由于面积足够大并且又有海洋、山脉与其他大陆隔绝，受其他系统的影响较小，内部个体更是难以脱离系统，从而使它丧失了对外扩张的动力，同时也无法探索其他文明形式。封闭的肥沃的黄土地带使中国早期文明遇到的挑战很小，早在商朝时期已经有了统一大帝国的雏形，构建起真正的大帝国是秦王朝的统一，从此形成高度专制的封建制度。

没有了对外部探求的动力，这个帝国将所有信息积累的方向直接地集中于内部，用于维持统治。首先是建立起对整个系统信息甚至个体思想的控制。秦朝的"焚书坑儒"是通过硬暴力，直接消灭不同思想的个体；而到汉代的"罢黜百家、独尊儒术"则是软暴力，汉帝将儒家的经典著作法定为国家设的太学唯一的教学内容，要做官就只能读儒家典籍，而儒学以外的学说由于传承人越来越少，渐渐消亡。其次，为了与系统的控制和管理相配合，逐步建立和发展了用科举制度和文官系统整合的官僚和教育体系，教育和研究都围绕着"治国平天下"的统治之术，而其他方向都不被重视。从而将系统内的精英和信息积累的方向都用来为维护皇权统治服务，极大地提高了系统的稳定性，创造出大规模集权专制系统运行的最高成就，但是其长久僵化和腐败为民族带来近百年的耻辱。

跨洲的大帝国是专制集权系统进化的顶峰，不能否认其在一定的程度上促进了智慧系统的进化，创造出当时最大规模的农耕文明和手工业经济的高峰，以及先进的实用技术和繁荣的文化。无论东方还是西方的大帝国都曾经出现过开明的君王，经历过国家安定、经济繁荣、人民安居乐业的兴旺时期。

2. 大帝国的主要优点。一是建立起强大的系统统治中心，大帝国的最大特点就是建立起超大规模的智慧系统，并在一定的时期维持其生存系统的正常运行，对中级智慧系统的进化作出贡献。这一切都归结于大帝国建立起强大的统治中心，这个统治中心一般位于大帝国的首都，这些知名的大帝国都留下著名的首都，宽阔的道路、宏伟的建筑，不但繁华，而且成为政治、经济和文化的中心。大帝国的统治中心建立起分门别类的管理部门，处理整个系统运行中的问题，提高了系统的整体运转水平。为了统治中心的传输信息和资源整合，进行了系统内部基础结构的整合，建设通往各地的道路网络，道路和交通既是人员和物资的通道，也成为文字信息传播的重要渠道，条条大道都通向系统的中心，留下谚语"条条大路通罗马"。许多国家还建立了专责传递信息的组织，例如中国、罗马帝国的邮政、驿站系统。随着运输工具的革新，马和骆驼配备车辆的情况下，交通更加方便。因为这时有了马匹和骑兵、战车和道路，人员、物资和信息可以到达最远的边疆，使得建立和统治这样的大帝国成为可能。

二是促进了各系统之间的信息融合。大帝国在吞并不同国家的同时，也自然地吸收和传播不同国家的文化和传统，强制性地促进了不同区域的信息交流。首先是在语言方面，新建立的大帝国一般都强制地使用自己的语言，实行统治区域内的语言统一，清除了阻碍信息流动的障碍；其次是信仰方面的统一，当侵略是发生在社会习惯和宗教习惯相类似的民族之间，就可以用一种合并简化的过程来免去两个地区的信仰冲突；最后是客观上促进了多种文化的融合，除了一些极端的情况，帝国之间的战争一般都是消灭对方的上层建筑，而保留经济基础，但是统治的规则一般会改变，并且带来新的观念、风俗习惯甚至新的生产技术，客观上促进了不同系统之间的信息交流。

三是系统信息处理能力的进化。在系统竞争以及大帝国时期，为了管理广大的土地和庞大的人口，有些开明的君主开始尝试通过集中集体智慧来提升管理能力，除了建立分门别类的管理部门，有些开明的统治者试图从信息基础结构着手，提升信息处理的能力。他们开始认识到文字和图书的作用，随着书籍使用的范围越来愈广，汇集经验性知识的书籍开始出现，书写工具的进化也开始了，**文字跨越时空积累信息、汇集智慧的功能开始真正发挥出来**，这方面体现出两种趋势：**一个是将各种知识汇集起来统一编排成一套书，称之为百科全书；另一个是将所有的书都集中在一处，称之为图书馆。**

早在公元前马其顿国王托勒密一世不仅用先进的思想处理发现的新知识，他也试图在亚历山大城建立百科全书似的知识库——亚历山大城图书馆。它不仅是一座知识库，也是抄书和售书的组织，并有人数众多的抄书人终生从事抄写。7世纪中期阿拉伯世界进入全盛时期。阿拉伯人有重视知识的传统，他们系统地翻译通过各种途径搜寻到的古希腊著作。阿拔斯帝国还在首都巴格达创立了"智慧馆"，这是个国家图书馆兼编译与研究机构，集中了大批学者，为统治者提供大量的信息，是现代咨询机构的先驱。中国各个朝代都十分重视文字的记载功能，在朝廷设有专门的机构研究编辑各种典籍，最典型的是在1403年明朝皇帝开始的一项浩大工程，编纂一部包罗万象、涵盖古今世间一切知识的百科全书——《永乐大典》。

客观地讲，书籍的编辑和使用确实起到集中智慧的作用，为集权统治中心在一定程度上提高了管制能力，但是这种作用受到了专制体制本身的限制：一方面专制集权体制受统治者个人兴趣的影响极大，一些开明的、有抱负的统治者会开展一些集中智慧的项目，但是很难有持续性，随着这些统治者的离开，这些项目一般也会随之夭折；另一方面，**统治阶级将主要的精力集中于如何有效地维持统治，在知识探索和积累方面设有许多人为的限制，这就难以形成有逻辑的系统性的知识体系。**而在农民和手工业者的家庭层面，他们可以积累起大量的生产、生活经验，也有对自然现象的简单总结，但是由于缺乏有组织的、系统化的研究，难以将这些经验性的知识上升到理论的高度。**因此这些图书馆和百科全书往往流于形式，后来成为权贵阶层的玩物，由于阶层之间的信息阻隔，难以起到实际的作用。**甚至最早的图书馆也没有使书籍的制作有所进步，在那个古老的年代，人们还不知道怎样造出一定尺寸的纸。纸是中国发明的，直到公元 9 世纪传入西方世界，才能够使文字普及到有财有势阶级之外的普通百姓中去。

3. 大帝国的没落。尽管大帝国建立起庞大的版图规模和强有力的统治中心，但是其专制集权型的系统结构无法解决对最高层权力的监督制约，无法协调各阶层间的矛盾，沉浸在传统思想中无法接受新的观念，更无法集中全系统的智慧来解决生存和发展所遇到的问题。因此，**专制集权的系统类型遇到了进化方面的瓶颈，只能重复着由盛到衰的不断循环，难以升级到更高级的阶段。**

尽管有许多聪明的统治者已经意识到问题的所在并且开始着手解决，诸如他们扩大谋臣的范围，甚至直接向民间征求意见；有些统治者直接建立知识系统；限制自身消费、采取很多惠民措施等。但是这些都难以撼动专制系统类型的体制框架，即使有一些开明的做法，也会随着统治者的离去而消失。

随着罗马逐步地走向集权和专制，阶级和阶层不断地固化，内部的矛盾就开始不断地激化，到公元 5 世纪，西方的大帝国罗马开始衰落。在帝国不断扩大财富积累的同时，也积累着被压迫阶层的仇恨，随着奴隶们一次次大逃亡、大起义，奴隶制度的合理性开始受到怀疑，观念的转变也就开始出现。当人们质疑建立在极不平等基础上的奴隶制度的合理性时，这个建立在对人的直接奴役为基础的奴隶制大帝国也就开始瓦解。

东方大帝国由于集中于更加完善的系统设计，所以维持得更久远，并且由于**多年来大量信息积累，形成巨大的传统思维惯性，包括观念、制度以及文化等方方面面，使人们很难跳出传统体制的思维，在外部环境变化之前，制度创新难以出现，集权专制的帝国只能在盛衰之间不断地循环。**

四、智慧系统进化的歧路

之前谈到生物进化只能谈谈从简单到复杂的过程，因为没有标准很容易让人钻空子，直到智慧进化论的出现，揭示了从生命诞生开始，指出所有的生物进化都是信息系统的进化，从此有了进化的标准，就是不同层次的、不同复杂程度的生物信息系统。于是就发现进化过程之艰难曲折，有许多的岔路、歧路甚至是死路，就像白垩纪恐龙一族向大型化方向的进化，尽管短期看来是成功统治了地球，但是因为并没有符合信息系统进化的内在要求，因此它们的进化就走上一条歧路，最后以失败告终。而集权专制体制走的也正是这样一条歧路，结果自然也是一样。

1. 从生物进化的历史来看，生物系统之间的激烈竞争，将极大地促进系统内部信息结构的改进，其方向即是形成具有统一管理和控制功能的中央协调机制。这个机制的核心，在智力系统层次就是动物大脑，而在智慧系统层次就是统治中心。由于智慧系统构成的特殊性，在一定时期对系统控制的功能是通过对个体的支配性的权力来体现，因此这个统治中心就成为权力中心。

权力中心的出现，标志着拥有强制手段的专门从事系统管理的组织出现，权力集中的政府往往是靠强制个体来服从的，个体在巨大压力下没有其他选择。集权统治提高了系统的组织性，具有动员系统内一切资源的能力，可以在广大的范围内满足一些系统的整体性需要，包括兴修道路、水利工程、防治自然灾害以及整体的安全需要等，使其在激烈的同类竞争中占据优势。但是就像我们前面所述，集权并不等于专制，专制不但把集权绝对化地脱离监督，而且将其私有化、家族化、永久化，并且为了保住权力进化出了各种泯灭人性的、极其黑暗的习俗、制度甚至法律，残酷地对待同类，为我们留下深刻的历史教训。

2. 专制制度的结构性缺陷。我们将其与生物的大脑对比一下就会很清楚，生物大脑是一个信息中心，它不断进化出越来越强的信息处理能力，但是中级系统的控制中心呢？开始时还能满足系统整体的需要，但是由于系统结构无法隔绝个人所具有的原始本能发生作用，于是系统的信息中心逐渐演变成一小部分人的统治中心。主要表现在：一是作为统治者的个体，从人的本性来看，本能决定了对自身利益的最大化追求，转化为追求绝对权力的欲望，没有监督就一定会缺乏理性，个人的意志代替了集体的意志，决策错误的概率将成倍地增加；二是更严重的是，个人的本能需求也凌驾于整个系统之上，个人欲望和需求被无限地放大，取代整个系统的集体需求。这方面体现出**专制型社会的最大缺点，就是开创了用整个系统的资源满足极少数人甚至一个人需求的先河**。不管这些帝国的名称叫什么，我们见到的都是共同的东西——巨大的富丽堂皇的宫殿建筑，如山一样宏伟的陵墓，成千上万的宫女、嫔妃，无穷无尽的山珍海味。系统进化带来的优势，或者说生产力发展所产生的剩余产品，都被他们无偿地占有和消费。很多时候别说是系统的进化，连基本的生存也难以维持。绝大部分人被压迫在社会的底层，生存条件长期得不到改善，更无法参与到系统信息处理的过程之中。

3. 金字塔结构形成的等级制度。专制型系统的内部结构进化得不平衡，因为专制型的结构往往是在外部巨大压力下形成的，并不是应对自然环境缓慢进化的结果，因此造成纵向和横向组织的进化不平衡。纵向组织进化的强势严重地压抑了横向组织的进化，纵向组织占据了系统核心的位置，不仅拥有对系统信息的解释权，而且拥有强制性的政治、经济权力，可以从观念上设置障碍，也可以从法律、制度上直接限制，甚至从经济上通过税收等手段，直接削弱横向组织进化的基础。从而造成阶层之间的长期不平等，这更激起被压迫阶级的反抗。为了维持这种制度，统治阶级必须集中所有的力量，因此对于那些长期高度集权的专制系统来说，**如何维护统治成为系统信息积累的主要方向，其他方向往往被忽略，长期以往就形成沉重的传统文化的惯性，使人们的知识体系和由此形成的认知体系出现严重缺陷**。在那些极端专制型的社会中，精神进化也几乎停滞，物质技术方面的信息积累只能维持在家庭的层面，难以形成系统化、上升到理论的高度，许多发明只是父子相传，难以成为系统的共有知识。因此，尽管专制集权型的系统在中级智慧系统进化的早期有其产生的必然性，但是从长期来看，这种体制剥夺了大部分人受教育的权利，抑制了大部分个体的素质提高；人为地制造对个体思想的限制，甚至消灭不同思想的个体，割断了系统中绝大部分个体与信息中心的双向交流；限制大部分个体参与系统信息处理的过程，使绝大部分人成为只是被动接受信息的执行者。因此必然造成内部的矛盾和冲突，这些都是与智慧系统的本质要求相违背的。因此它只能是系统进化过程

中的一段歧路，对智慧系统的长期进化十分不利。

4. 为什么说专制制度是进化的歧路？除了这个制度的结构缺陷，还有一点很重要，就是在进入中级阶段之前、初级智慧系统的末期时，氏族部落主要应对自然环境的缓慢变化期间，已经普遍开始用民主（例如通过部落成员大会选举）的方式形成自己的管制中心，以及决定部落的公共事务，甚至有人用原始共产主义来形容。因此在进入中级阶段之后，还有一些地理环境特殊的地区延续之前的道路，进化出民主型体制的国家（下一篇我们将详细分析）。由此可见，智慧系统在中级阶段初期向专制体制方向的进化，只是受到区域性恶性竞争的强力影响而走向了一条歧路。

形成鲜明对比的是，**尽管那些庞大的帝国存在了几千年，但它们那些使后人惊叹不已的宽阔道路和宏伟建筑的遗迹，还有威严的权力和法律传统，都是强迫意志、受压制的理性、扭曲了的愿望的产物。他们没有活跃的思想和研究，也很少或根本没有所谓的自由意志和自由精神，自然无法产生出伟大的艺术和文学、科学和哲学，与希腊雅典小城在一个世纪中所创造的勇敢、高尚的精神财富相比，他们没有创造什么精神生活，这正体现了专制和民主制度的根本区别。**（下一篇我们将介绍民主制度体现了智慧系统的本质特征）

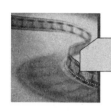

老智谈智慧之十一

——民主制度的理论基础

上一篇我们谈到进入中级阶段的智慧系统受到区域竞争的影响，中断了正常而缓慢的进化过程，走上了一条向集权专制方向进化的歧路。但是也有特殊情况出现，在特殊的环境下和一个比较短的时期内，还出现过一些非集权专制型的系统，被称为民主类型的系统。

一、人类历史上的第一个民主国家——希腊

具体来看，系统的类型形成主要受到两方面因素的影响：一是传统遗留的因素，二是外部环境变化的因素。在中级系统进化的初期，系统主要是受传统因素的影响。我们知道在形成国家体制之前，人类已经普遍进入到氏族社会，这个社会的管制中心是一个由氏族酋长和长老议事会结合而成的混合体，部落里的大事全体成员都可以发表意见，系统的权力结构是开放式的、大家参与的，在主要应对自然环境的缓慢变化时，氏族部落自然地选择了民主的方向。在一些特殊环境下，外部恶性

竞争的影响受到了限制，中级智慧系统的个别进化使得这种氏族部落的传统发扬光大。

典型的例子就是古希腊。古希腊人早期是游牧民族，在 3000 多年前开始在爱琴海边各城市和岛屿生活，公元前五六世纪开始进入到中级系统，在被隔离的海岛上和山谷里形成许多小的国家，形成了与主信息库相隔离的环境。复杂的地理环境致使希腊国家长期处于分裂，早期的希腊是一个没有通过冲突和战争兼并而被统一的例子。希腊诸城邦被群山和海湾分隔，许多希腊城邦分布在海岛上和分散的遥远海岸上，相互之间交通困难，以致很少有城邦能在一段时间里使其他多数城邦归附于自己。有一段时期由于它们所处的地理环境制约，出于种种因素限制了恶性竞争，出现力量制衡，一些城邦形成民主政体的分权制国家。

雅典是希腊最大的城邦之一，兴旺时期的人口有二十几万，主要来自游牧民族。之前提到过游牧民族的特点，他们也有宗教，但是重视程度远不如大河流域的农业社会。那些以大平原为主的地区，在大河流域建立起的国家诸如幼发拉底河和尼罗河区域，这些国家都服从于共同的统治者而统一起来。希腊一直都是多山的环境，造成一系列小国，爱琴海沿岸和大河流域的文明之间存在着许多有趣的不同点，那些文明的大城市都是从民族的祭坛或寺庙开始向四围发展起来的，最后再修筑城墙。但是希腊人的城邦都是先建设城市然后才有庙宇的，希腊人虽然有辉煌的庙宇，但是僧侣阶级却不是传统的化身和一切知识的宝库，更不是唯一思想的源泉。希腊人虽然也有首领及僧侣，但是没有组织严密的朝廷来烘托的、半神半人的皇帝。由于环境的限制，希腊人不只是从事农业，他们捕鱼、放牧，后来又开始发展贸易，从事多种生产方式。这些从北方森林来的新移民很少有思想的束缚，以大无畏精神把个人主义带入城市，那些阻碍思想的信条以及宗教禁忌、恐惧、抑制，这时都被他们所抛弃。

人类历史上第一个民主国家，实际上是建立在奴隶制基础之上，真正享有民主权利的是一些男性贵族和自由民，其所谓的"民主政治"也不过是贵族政体，虽然每个公民都可以参与公共事务及出席民主政治会议，但并不是人人都是公民。希腊的民主政治和现代民主政治并不一样。不是每人都有选举权，在希腊民主政治下可以有成千上万个公民，也可能有几万解放了的奴隶和能参与公共事务的奴隶，但是在总人口中还是少数。希腊的事业大多被富人集团操纵，其君主一般是推选产生。关键是，希腊的民主制度在系统的核心结构方面形成众人参与的特殊程序，对于重大事件的决策，要经过公开和透明的过程，这可能与古希腊人热衷于表演的传统有关。作为使用文字较晚的民族，他们的部落也有唱者和诵者，而且这些人的演出都是重要活动，原始时代就流传下来的两首伟大诗篇《伊利亚特》《奥德赛》都是表演的内容。现在这个公开的表演过程成为民主决策的过程，演讲和辩论成了非常重要的才能，一件事物的判定结果不取决于帝王，也不取决于僧侣，而是要经过民主过程，取决于市民或领袖的集体意见。

他们的制度形成过程已经表现出不同的特点，**民主制度是系统应对长期的自然环境选择的结果，而专制型的系统往往是在短期外部恶性竞争的压力下形成**。从信息系统的角度上看：首先是民主类型的系统形成过程公开、透明，通过多数表决机制的系统核心，随着系统内部的个体尽量多地得到信息，并了解和参与系统中心的决策过程，隔绝了少数人垄断权力中心的企图，系统的核心一定程度上恢复了信息中心的性质，极大地提高了系统中心的决策质量；其次是民主类型的系统最适宜于集中个体的智慧，通过提高系统内个体的素质和发挥个体的积极性，民主制度可以冲破各种制度的隔阂，建立起庞大的系统信息网络，只有发挥尽量多的个体的积极性，才能够将更多的个体吸引到系统的整体信息流程中来，不断提高整个系统信息处理的能力，从而增强系统的各项功能，为更广泛的信息使用奠定基础。从历史的经验看，尽管古希腊的民主型系统存在的时间很短，但是它却产生出现代科学思想的先驱，使人们在1000多年之后仍然受益，因此民主类型的系统最符合智慧系统进化的本质要求。

二、智慧系统的本质属性

所有生物系统的本质就是信息系统，智慧系统自然也没有例外。从进化过程来看，智能系统主要包括原核细胞，是生物信息系统进化最初期的阶段，它产生于微观的分子层次，从信息系统的角度来看，它的信息系统功能是比较简单的：通过改变DNA储存链的形式接受信息；通过RNA模板传递信息；通过线粒体编码产生不同的蛋白质来使用信息，而且由这些蛋白质构成细胞的结构部分。智能系统是一种微观的编码系统，其功能也主要体现在结构构造方面，通过编码的改变引起结构的改变，以此完全被动地应对环境的选择。

而在此基础上形成的智力系统，整合了成千上万个微观的智能系统，并在此基础上形成了新层次的信息系统，通过细胞的分化形成专门的功能细胞以及它们的组合体器官，信息的传递也有了专门的神经网络。最主要的就是进化出了大脑这个专门负责信息处理的器官，大脑利用神经细胞组合来储存信息，开始形成立体的信息空间，这才真正具有了信息分类、识别、对照、计算等信息加工处理的功能，从而使智力系统的个体有选择地使用信息，通过个体的行为来满足本能的需要、达到目的，它们对环境的选择开始有了一定的主动性。

智慧系统是生物信息系统进化到第三个层次的系统，它是建立在前两个系统的基础之上，但是它的形成方式不同于前两个层次的系统，是在智力系统的个体大脑进化到顶级阶段之后，突破了智力系统的个体信息系统限制所形成的新型网络型的整体。具体来讲，它仍然利用智力系统长期进化出的各种感觉器官来主动获取信息，但是信息的传递、储存和加工处理环节却发生了重大改变，这就是产生了人类特有的系统软件——语言。语言是智慧系统自然进化出的最高级软件，成为系统内最有效的信息传输、储存和处理的手段，使个体组成新层次的网络，从而变为一个整体。语言的出现将原来智力系统的个体之间的外部通讯，升级为智慧系统内部的联系，并形成系统内部新的网络信息空间，构造起复杂的文化信息积累体系。从信息空间的角度看，信息空间具有时间和空间两方面的基本坐标。按照时间坐标来看，只有两大类的信息体系：一个是已发生事物的信息，另一个是将要发生事物的信息。

对于第一类的信息体系，系统信息的处理不止是简单的记录，而是通过思维对事物进行分析、归纳，找出规律性，建立起人类特有的认知信息体系。新的信息空间促成了系统许多新的信息处理功能的出现，其中**最基本和最主要的就是认知功能，这个功能以人类所特有的方式来认识和理解世界，这个世界既包括外部的自然界，也包括人类自身。**

第二类信息体系是建立在第一类信息体系的基础之上，利用认知获得的规律、法则、原理等基础信息，通过更复杂的信息处理过程，例如主动地提出问题、进行有意识的观察和试验、分析多种可能性、比较所产生的各种后果、寻找解决问题的最佳途径，从而建立起规划、计划、设计、管理、运营等策略信息体系。这些信息处理更为分散、具体，但却能够直接地指导人们的未来行为，以实现人类的预期目标，使人类不但能够适应环境，还能在一定范围之内改造环境。

因此智慧系统正像它的基本定义所揭示的那样，**最本质的属性就是要把个体的智力汇集起来，或者说把个体的信息空间以及信息处理能力汇集起来，形成无比巨大的、近乎无限的信息空间，建立起一个与物质世界相对应的新世界**。这个新世界是在智慧系统的信息空间之中存在，它会随着系统基础信息结构的进化而呈现不同的形态，从感觉的世界到观念的世界，再到知识的世界以及数码的虚拟世界等。

这种可以无限发展的巨大信息空间，以及相应的系统信息的处理能力，正是智慧系统区别于智能系统和智力系统的最大特点，也代表着智慧系统的本质属性。这种本质属性渗透到系统进化的各个方面，成为构造新系统的动力源泉和实践基础。我们回顾智慧系统的进化过程，就会发现随着系统信息空间的拓展、信息处理能力的增强，信息系统的许多环节都开始受到影响，无论是信息接收过程中放大人类感官的接收设备，还是在信息传递过程中的各项通讯器材，以至于信息使用过程中的从各种机器设备到最新的机器人的应用，**到处都体现着系统信息处理所带来的复杂的认知和有目的的创造，这正是智慧系统的本质属性所发出的光芒。依靠这种本质的属性，系统不但建立起有序的信息积累体系（知识体系），而且在此基础上不断实现对信息系统自身的重新构造和全面升级。**

智慧系统的本质属性不仅极大地影响到人类的思维特点和行为方式，而且直接影响到人类与自然的关系。从进化历史来看，智能系统只是在外部顺应"自然选择"的规律；智力系统不但在外部利用这个规律，而且在内部也开始利用这一规律，例如我们知道的大脑细胞优胜劣汰的竞争，以及器官进化"用进废退"机制；到智慧系统阶段，在进化初期也是直接地利用这一机制淘汰掉弱者，但当进化到一定程度之后开始更多地主动利用这一机制，主要表现在两个方面：一是在信息积累或者说知识体系构建的过程中，利用科学批判的精神对各种理论、假说、方案等进行择优除劣的选择；二是体制结构的进化形成类似"自然选择"的机制，在政治层面就是民主制度，在经济层面则是市场机制，都是通过"优胜劣汰"竞争机制淘汰掉不适应的因素，以促进整个系统有机体某些方面的进化。

随着智慧系统的不断进化，**这个自然选择的规律将不断地被内化到系统信息处理的过程之中，在动物世界中表现为残酷的优胜劣汰的过程，在智慧系统的信息处理过程中表现为多方案选择的文明过程，并带来人们对自然、和谐与"美"的追求。**智慧系统的进化使人类在与自然的关系之中越来越占据主动地位。

三、民主制度的理论基础

在此之前，人们谈论到民主与专制制度区别时，往往只是个体感情的判断或者从制度本身找原因，而今天当我们以智慧进化的理论为依据时，就为民主制度的合理性找到深藏背后的理论基础。

从智慧系统的结构特性上看，它与智能系统、智力系统的最大区别就是它是由群体构成的，而不是像之前两个层次的系统一样是固定的结构，因此它的基本特征就是结构的灵活性。这种灵活形式在理论上讲可以使系统无限扩张，也可以随意组合成分系统。缺点就是，如果不关照到具体的个体，这个系统也可能随时瓦解。从进化过程来看，进入中级阶段之后，在语言文字符号的基础上，系统通过法律、规章、制度、习俗等构造起体制和制度的环境，这就是智慧系统的制度框架，据此约束个体的行为以保证整个系统的运行。而系统在中级阶段初期，由区域竞争所导致的集权专制制度，将系统的信息控制中心变为权力中心，再演变为家族利益中心，将极少数人的利益凌驾于大众利益之上。为了维护这种极不合理的统治，人为地制造出各种对系统信息流动的限制，将系统信息的空间缩小成自家人的小圈子，限制绝大部分个体参与系统的信息处理过程，甚至消灭不同思想的个体，使绝大部分人成为只是被动接受信息的执行者。因此，尽管集权专制的系统存在了几千年，但是与智慧系统进化的本质要求相比，集权专制的方向绝不是进化的正途，只是一条歧路。

早期的古罗马也实行过民主共和制，尽管与现代民主制度的形式有所不同，但是与集权专制制度的区别十分明显：首先，民主制度通过个体对政治的公开参与，消除了个体的观念束缚，激发出个体的积极性，提高了个体的素质。原因是民主制度的过程使信息广泛传播，参与信息处理的个体大量增加，一些不是皇族或僧侣的普通人也开始接受教育、使用文字，且参与政治激发了他们的求知欲，他们开始探求和记录知识，探索生命和主观世界的秘密。先前这些活动只是僧侣崇高的特权或皇帝放纵的享乐。

其次，民主制度促进了社会经济和文化的繁荣，使中级智慧系统的信息积累出现了第一次高潮，精神进化开始走向对自然界的各个方面进行认知探索的道路。民主制度开辟了精神进化的新方向，这个方向就是科学的方向。今天我们从信息系统进化的角度来具体地看一看它们间的关系。

一是民主制度是科学产生的前提。民主制度的政治环境，极大地拓宽了系统信息的流量，鼓励自由探索和自由讨论的风气。在没有各种思想束缚的环境下，最容易发挥认知和想象的能力，自由地选择信息积累的方向，鼓励各种思想产生，并在竞争中发展，且在广泛的信息交流中得出正确的认知，形成相对正确的理论。实际上，民主制度是构造了一个对不同思想进行竞争和选择的平台，通过竞争的过程，实现优胜劣汰的自然选择。由此使得个体的思想方法开始改变，从古代幼稚和充满幻想，逐步变为严格、有规范、有批判，更重要的是系统性的思考已经开始出现，科学的萌芽由此产生，为建立起人类新型的认知体系开辟了道路。

这个新制度进化的成果，很快地表现出来，在公元前6世纪，以雅典城邦为代表的古希腊社会经济与文化非常繁荣，史称"雅典时期"，出现了大批从事学术研究的人士，在吸收外部学说的基础上，在各个方面创立了自己的学说。在自然哲学方面，提出"理性"的概念，反映复杂世界存在的规律性；在天文学、数学、物理学和生物学等各方面都取得了进展；在人文科学方面，开始了对社会系统的个体和规则的研究，这就是柏拉图提出的对于人类思维方法和思维基础的研究，以及对于国家政治制度的研究。以古希腊学园特有的自由思想，柏拉图提出"乌托邦"，认为人们是能够操纵自己命运的，但是需要更多、更正确的知识才能做到这一点。他为人们塑造出一个更加理想、完美的社会，之后亚里士多德对思想方法的继续研究，使逻辑学发展到很高程度，还把知识系统地搜集整理，形成现在所说的"科学"的前身，希腊文化在这之后一个半世纪的时间内大放异彩。

二是民主制度是促进科学长期发展的保障。科学是精神进化的新方向，但是离开了民主制度的保障，这个进化将难以持续。从历史上看，最早进化出科学思想的希腊雅典，在公元前4世纪被马其顿王国征服，尽管由于国王托勒密一世和二世的重视，曾花了大量资金对科学研究进行持久资助，亚历山大城所做出的科学工作成绩也非常可观。但是，随着托勒密王朝到来，希腊民主的光辉逐渐消失，并被埃及的僧侣和古代宗教发展所左右，逐渐失去了科学滋生的土壤。在托勒密一世和二世的重视消亡之后，就再没有什么科学工作的进步了，研究工作停止，学术研究的精神也被完全压制，知识的光辉没有传播开来。衰落的原因很明显，离开了民主制度的保护，知识的探索和传播工作只能在重重阻碍下进行，以平常心和自由为前提的科学活动无法与顽固的权势相抗衡。

民主制度实际上促使了系统新的信息处理功能的出现，就是建立在文字和符号基础上的、通过集中集体智慧形成的系统理性认知功能，这种功能实现的结果就是科学知识体系的建立和不断发展，因此人们才将民主和科学紧密联系在一起。

四、民主类型系统的局限性

在智慧系统进入中级阶段的初期，民主类型系统受到进化环境的限制。民主类型系统是人类在应对自然环境的缓慢变化中进化而来的，它的信息积累是长期的、多方向的，但是从建立广泛的认知体系、策略体系，一直到技术信息的使用阶段，形成整个系统的大循环则需要经过一个较长期的过程。在古希腊时期，环境明显没有给它足够长的时间，因此在进化出了简单的科学认知体系之后，还没有来得及在策略信息以及实用技术等信息使用方面得到进化。我们见到的情形就是社会地位的鸿沟使哲学家（上流人士）同商人和工匠相隔离。哲学家虽对物质的原子及自然属性有很深的研究却没有做釉彩、颜料、春药等试验，因为他们对实际用途不感兴趣，除了医药领域外，科学的实际应用也很少。这种理论和实践的脱节，实际上是信息积累和使用之间的脱节，使科学的进步没有受到利益和实际应用的激励扶持，难以形成信息系统的良性循环。

在中级系统形成的初级阶段，信息传递和处理的手段十分落后，从而使得民主过程耗费大量的时间和精力，使系统不能快速地对内部和外部的环境变化做出反应，难以应付激烈竞争（战争）的环境。因此在后来的区域竞争中，先是被马其顿人所吞并，后来马其顿又被罗马人所征服，但是真正彻底变革世界的种子已经种下，这些学说一直在流传，先是发展成为基督教神学的理论来源之一，后来在文艺复兴时期成长为参天大树，将制度进化带回到正确的方向。

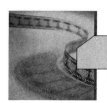

老智谈智慧之十二

——系统之间的"代差"是如何形成的

在之前的内容中，我们用智慧进化论的观点，比较和分析了智慧系统进入中级阶段后出现的两种不同体制形态，但是在现实的历史进程中，这两种形态代表了两个不同层次的系统，这种系统进化到不同阶段所出现的差异，就表现为完整的系统之间的"代差"。

 ## 一、系统之间的"代差"

在智慧系统进化的过程中，早期的"代差"是由于大脑进化程度不同而出现的，表现方式就是原始人类的种群替代。进入文明社会之后，系统进化出现"同质化"的倾向，竞争表现出的一般都是"量"上的区别，一直到十六七世纪，随着西欧地区一些新型系统转型升级成功，并不断地加速进化，其与传统类型的系统逐步形成真正的"代差"。这种"代差"往往是在信息使用的环节表现出来，例如武器装备的代差，表现最充分的就是在系统之间的恶性竞争、战争冲突之中，例如：1531

年，169名西班牙殖民者在弗朗西斯科·皮萨罗的率领下发动了对印加帝国的进攻，仰仗武器和骑兵优势，一举击败印加帝国8万人之多的精锐部队。其后在向印加帝国首都库斯科进军途中，又先后在豪哈、比尔卡苏阿曼、比尔卡康加和库斯科4次战役中大败印加军队，参加这些战役的西班牙人分别只有80人、30人、110人和40人，而每次战役击溃的印加军队则往往数以万计。在世界各地，这些新兴的资本主义国家在与老牌封建（奴隶）专制帝国的战争中，基本都是这种一面倒的、以一敌十的情景，依靠这种"代差"，他们可以轻松地以少胜多，打破千百年来形成的系统竞争规则，直接地征服、奴役那些庞大的、古老的帝国，建立起土地和人口超过本身十倍、百倍的新型殖民国家。

所谓的"代差"实际上表现出的正是系统之间进化程度不同的差别，而智慧进化理论从信息系统的角度揭示了人类社会的本质，为我们抛开那些纷繁复杂的社会现象，比较那些处在不同进化阶段的个别系统，提供了客观的、清晰的标准，下面我们将通过对中级智慧系统转型升级过程的分析来揭示这一阶段"代差"的客观形成过程。

二、系统之间"代差"的形成

当中级智慧系统的进化进入到全面竞争的阶段，系统的个别进化受到系统之间恶性竞争的影响而出现同质化的倾向，走上一条向君主专制类型进化的歧路。但是，经过一段时期的进化，在地理环境、宗教、政治等各种因素的作用下，到公元6世纪，一种类似于古希腊时的特殊环境开始在西欧出现，使系统重回自然进化的方向，为转型升级创造了条件。

1. 专制性权力崩溃，分权与制衡局面的出现。到公元3世纪末，西方跨地域的专制程度减弱的大帝国罗马开始衰落，先是分裂成东西两个国家，到公元 5 世纪末，西罗马帝国彻底崩溃。罗马的庞大帝国最后被分成三大部分：东部是东罗马帝国，在西部面临重重困难时，东部则占据了种种优势，不仅经济和军事更强大，帝国治理也更加成功，它们成功地将基督教更紧密地融入统治制度之中，创造出了专制和保守的拜占庭帝国，统治持续维持了 1000 多年；在南部、北非等地区，伊斯兰教尽管是在 7 世纪中期才在阿拉伯世界兴起，但是很快成为一个政教合一的穆斯林王朝，吞并了波斯帝国，并开始向周边扩张；与前面的两个邻居相反，在罗马的政治体制瓦解之后，西部再也没回到政治专制统一的时代，而是形成分权、制衡、多系统长期相互竞争的局面，形成一个离开当时专制集权帝国的边缘地区，一个综合了多元传统的社会开始露出雏形。

随着西罗马帝国的崩溃，进入西罗马帝国的野蛮民族形成部落王国，西欧进入到动荡不堪的时期，充满了战争和混乱，国王们互相讨伐，或者与别的野蛮民族作战，以至于与强大的伊斯兰帝国作战，再也没有力量将整个西欧统一成一个帝国。在以后的 1000 多年间，西欧的封建专制也是大量存在的。但是这种专制难以形成西欧统一的集权专制，主要原因有：首先是地理因素的作用，西欧的地理环境有些类似于古希腊，环绕着海边，还有山脉阻隔。其次就是民族的多样性，在罗马帝国时期就有许多民族进入到西欧定居，到西罗马灭亡后，有更多的蛮族侵入成立王国，不仅带来了多种语言和文化，而且他们没有传统观念上的负担，政治上形成蛮族国王和贵族的地方自治。最后是基督教会的发展，西罗马灭亡只是政权的消逝，各地的基督教会仍然存在。战乱不断、饥荒肆虐、瘟疫流行，使基督教很快在这些新王国中发展起来，教会提供了另一种形式的统一，上帝高高在上的思想一统，使得世俗的权力难以与之竞争，国王往往受到教会的制约，起到了阻止恶性竞争的作用。

除了国家之间的权力制衡，在这些国家内部，国王和地方封建主之间的权力分割也出现了某种程度的制衡，这种制衡主要是历史原因形成的。在西罗马灭亡后的战乱横行时代，地方力量成为最有效的势力。在农村，贵族统治着自己居所周围的土地，他们筑起城堡，向所属的农民征税并提供保护。而在一些城市，主教承担起贵族类似的职责，甚至成为城市实际上的统治者。西欧形成许多统治者自我独立统治的局面，使这个地区处于一种很不安定的状况，也正因如此，倡导合作和联合的封建制度产生了。在这种制度下国王通过笼络地方贵族和主教而得到支持，政治权力的基础是公众威信而不能仅凭个人的地位，忠诚的基础是血缘关系、友谊与酬劳。地方拥有一定的自治权，并不意味王权的丧失，只不过王权受到了极大的限制，在行使权力时，首先要获得地方的支持。西欧地区这种由国王、教会、贵族、市民等多种力量相互制约的状态，与东方高度集权专制的社会形成鲜明的对照。

2. 全面的组织和结构进化。所有进入到中级系统的国家，几乎都经历过集权专制的阶段，这种体制形成金字塔式的等级结构，依靠发展强制性的组织来维持，但同时也就强烈地抑制了系统内部其他类型组织的发展。随着西欧分权与制衡局面的形成，系统的专制程度逐渐减弱，长期被压抑的各种类型的组织开始蓬勃发展。一种长期存在但是一直被压抑的新机制开始成长。

经过短短的几百年，西欧有些地区变得充满了活力，这主要得益于横向组织进化和新机制的作用，这种机制在家庭出现后就开始萌芽，被称作市场机制。早期是产品的交换，之后是作为一般等价物货币的出现，促进了家庭分工的发展。横向机制依靠的是市场竞争激发出的系统内个体的积极性和主动性，通过利益的博弈和广泛的协商，建立起新的规则，使组织的进化充满内生动力。随着气候变得更加温暖和一些农业新技术的采用，农业增产导致经济增长，并带来更多的人口、更发达的贸易和更富有的阶层。到13世纪西欧一些国家的贸易和手工业开始大发展，随着物资流动的增加，商业贸易开始发达，从农村集市到新的城镇开始兴起，这种新市镇是建立在大规模的手工业分工和商业贸易基础上的，不同于罗马早期建立在奴隶制农业基础上的市镇，这些新兴市镇沿着商贸的网络，从海、河的港口向内陆伸延，甚至出现了从事国际贸易、金融和工业的大城市。

随着新兴城市的发展，行会诞生了，这是商人自己的组织，不仅有经济方面的功能，还逐渐增加政治的功能。在许多城市，新兴起的商人开始反对不合理的旧秩序，开展"自治运动"，要求自己管理城市，经过不断的斗争，到12世纪贵族们开始让出权力，这些规定被写进"城市特许令"，由市民组成的政权实体，拥有自己的政府、法庭、税务机构等，为了获得这些权力，市民要付出很大一笔财富给贵族，即"赎买"。

城市自治的意义重大，它促使横向组织进化从经济基础开始向上层建筑伸展。这是一项组织创新，使政府的行政机构从专制体制的官僚等级执行机构，转变为逐渐平等的专业服务性组织，开始发挥自身的信息积累功能，并且促进了其他类型的知识性专业组织在西欧出现，像各种行会、学会以及专门从事研究的大学等。更为重要的是，自治的过程是提高个体政治参与度以及自发产生民主意识的过程，并由此渐渐形成新的观念和传统。横向组织的进化促成新型制度和规则的产生，城市生活变得舒适而安全，人们开始享有思想和行为的真正自由，这里人们可以任意地买卖和旅行，任意谈话和思考，而在集权专制系统中这一切是不可想象的。

3. 渐进的系统转型升级。在这种分权、制衡和系统间比较充分竞的环境中，由于各系统之间的相互比较和学习，自然合理的制度就会慢慢形成。早先的希腊、罗马就是在类似的环境中出现，但是由于各种原因，都过早地夭折，而这一次在西欧这种特殊环境中持续了 1000 多年，为系统的转型升级准备了充分条件。随着基督教带来的持续精神进化，以及市场机制和横向组织不断发展，各种新型组织不断出现，终于使智慧系统的核心信息结构开始转变。

一是在系统信息输入环节。这个环节主要就是教育，在西罗马消失大约 500 年之后，西欧才进入到比较稳定的时期，人口逐渐增长，城市得到发展，普及性的教育开始出现，基督教对此起到积极的作用。首先是基督教作为新型的宗教，是建立在文字基础上的，为了传播宗教就要推广文字普及教育。其次，通过修道院整合的新知识体系，为新型教育提供了有价值的内容。从 8 世纪开始，许多修道院和教会学校建立起来，政府也发布相关法令，要求各地建立学校，让儿童识字，普及基础教育，到十四五世纪这个运动继续开展，各城镇的地方语言学校、教堂学校、大学等教育机构如雨后春笋般出现。新型教育系统的出现，是中级系统组织结构进化当中的大事件，它与封建专制系统狭隘的功利教育相比较，表现出目的、内容、开放性等方面的巨大区别，标志着中级系统开始主动构建知识体系，同时也将西欧大部分地区识字能力的普及推到了前所未有的程度。

教育使得社会个体的素质普遍提高，促进了新型社会组织的发展，以及传统组织向知识型组织的转变，政府部门更专业化，各行业也开始重视知识的积累。在巴黎、牛津、博洛尼亚等中心城市出现的大学里，中世纪的"经院哲学家"们开始探讨各种概念的价值和意义等问题，这些都是以后的科学时代澄清人们思想的预备知识，为新观念的出现奠定了基础。

新型的教育系统是中级阶段进化出的最为重要的组织形式，以文字为基础的教育逐渐普及，使人们不用亲身经历，就可以接受较为系统和综合的知识体系，极大地提高了系统信息传播的效率，使系统个体的素质普遍得到提高，同时提高了整个系统的信息处理能力，使整个社会从权力型开始向知识型转变，为整个系统的转型升级奠定了基础。

二是系统内的信息流通和储存环节。带来这些环节改变的主要是一些特殊组织的发育成长，这些是知识性的组织，包括早期的修道院、学校、大学、协会、报社、出版社、研究会等，这些组织利用书籍和印刷品记录和传播各种知识，吸引广大群众参与到系统信息的处理过程中来，并逐渐形成系统内部新的横向信息渠道，主要包括：

第一，书籍和印刷品的广泛发行与流通。15世纪中叶，荷兰和德国的工人已经掌握了活字印刷，造纸术和印刷术的发明和应用，结束了人们单纯依靠手抄、篆刻文献的时代。书籍可以记录人们长期和反复的思考成果，便于集中集体的智慧，促进了人们的理性思维，使得知识可以大量生产、储存和流通。书籍的大量出版和发行，进一步扩大了信息交流的范围，提升了信息交流的质量；读书越来越容易，读书的人可以不再为探究模糊字迹而浪费工夫，从而可以顺畅地阅读和思考，使得读者的范围增大；书籍不再只是高级的装饰品或学者的珍藏品，学者开始用通俗的语言为普通人写书。促进了人们系统和有逻辑的想象力的发展，体现在文学形式的进展上，从注重口头神话故事、诗歌，向真正的文学作品小说、散文等形式转化，人们认为欧洲文学真正的历史是从14世纪开始。更重要的是开创了人类知识生活的更富有活力的新时代，人们不再满足于实现日常生活的基本欲望和享乐，而要去探求更广大的领域并为之做出贡献。

第二，专业的传播媒介开始出现。纸厂的建立为印刷品提供了原材料，而印刷品又对传播消息及有关事物本质的知识的传播，前者使教育、布告、争论和政治活动变得更加容易。到 17 世纪初，欧洲一些国家已经经常出版印刷报纸，这使得原先仅属于少数知识分子的一些知识，现在极为迅速地传播到广大民众中。知识的传播不再是一个人传给另一个人的潺潺小溪，而是能传播给成千上万人的滚滚洪流。

三是系统的信息处理环节。在西欧智慧系统转型的过程中明显经历了系统信息处理升级的三个阶段。第一阶段是在一个特殊时期依靠基督教的修道院、经院等组织，通过集中集体智慧，将各种知识纳入到宗教的整体理论框架中，将零碎的知识整合成系统的、有逻辑性的、以宗教信仰为主导的知识体系，这是依靠专门的组织来从事信息处理并将经验上升为理论的过程，而同时期的其他系统仍然停留在分散的经验积累阶段。将经验型的知识上升到理论的高度，是系统信息处理的一大进步，使人们的思维更严密，逻辑性思维得到逐步推广。

第二阶段是大众逐渐参与的过程。随着市场经济的发展，新的机制逐渐发挥作用，教育程度的提高，系统新的组织和信息渠道不断出现。从信息系统的角度看，在西欧出现的这些新的信息传播渠道，彻底打破了长期以来纵向集权专制体制对于信息流动的制约，促进了系统新规则和新机制的出现。城市自治调动起个体参与社会事务的积极性；普及的教育逐渐地提高了个体的素质；大部分人从本能的生存需要提升到对外认知的需要，从此开拓了全方位的信息积累方向；人们开始关注和探索新的世界，成为无数系统信息的新源头。整个社会都充满重新认识世界的热情，合乎理性的历史和地理书籍开始流行，海上、空中以及陆地上各种新事物不断被发现，尽管像宗教、政治等有些领域还有探讨的限制，但是人们已经开始走出去探索新的世界。大航海的时代到来了，人们不断发现新的大陆、新奇的动植物，还有不同的生活方式和风俗习惯。大量的书籍、报纸以及各种杂志出版发行，新型系统的信息流量成千上万倍地超过传统的系统，终将突破几千年形成的传统宗教观念的禁区，促进精神进化，出现新的飞跃，从而建立起新的观念体系，为系统彻底完成转型升级奠定思想基础。

第三阶段是精神进化的飞跃，新观念以及新知识体系的建立。当新系统的信息流量远大于旧系统时，表现出的就是"信息大爆炸"。在初级智慧系统进化的末期，由于晚期智人大脑的"质"变，使整个初级系统的信息处理能力急剧增加，之后就出现了晚期智人的"创造力大爆发"。这是人类进入到智慧系统后的第二次信息大爆发，是从组织制度的进化开始到系统信息结构的全面转型突破，终于带来了精神进化的大飞跃。

这次精神进化是对统治人们思想几千年的宗教观念的突破，从表面上看是以复兴古代希腊、罗马文化的"文艺复兴运动"的形式展开的。随着西欧基督教逐步走向腐朽、专制和黑暗，受神学教条长期束缚的西欧需要一场新的、提倡人的自由和思想解放的运动。14世纪末，由于信仰伊斯兰教的奥斯曼帝国不断入侵东罗马，大批的古希腊和罗马的艺术珍品和文学、历史、哲学等书籍流入西欧。因此在工商业比较发达的意大利，人们开始怀念古希腊和古罗马，那时文学艺术的成就很高，可以自由地发表各种学术思想，这和基督教当时对思想的限制形成鲜明的对比。这场借古喻今的运动核心是提倡人文精神，倡导个性解放，反对迷信愚昧的神学思想，肯定人的价值和尊严，主张人生的目的是追求现实生活中的幸福。随着人文主义社会思潮的兴起，观念体系的核心人生观和价值观开始出现转变。

在人文主义思潮的影响下，基督教内部也开展了轰轰烈烈的宗教改革运动，新的教派开始产生，他们针对基督教存在的弊端提出新的理论学说，这些都使得教皇的权威受到挑战，削弱了基督教在思想上的统治地位。而对宗教观念体系的致命一击，来自于对宇宙方面的新发现，这些发现动摇了人们坚信千年的基督教理论体系的基础，**更为重要的是人们在反思中发现了以前认知过程的缺陷，就是不能满足于只是盲目信仰，简单地接受前人留下的知识信息，更重要的是寻找可以验证知识的方法，因此理性之光开始出现。**

新的理性指的是智慧系统信息处理的新原则，**就是从几千年流传下来的在信仰名义下对知识的几乎全盘接受，到寻求对这些知识的验证手段，以确保其准确性和可靠性，**其思想源头可以追溯到古希腊哲学。基督教的经院哲学一直都有对理性的探讨和研究，本想通过理性论证来强化基督教信仰，结果"理性"却意外地从神学那里挣脱出来，成为奠基新的科学大厦的基础。

理性在知识系统中的主导地位是随着科学的发展而确立起来的，挑战神学的"科学革命"为之奠定了基础。融合经验论与理性论的批判哲学推进了理性认知的发展。18世纪德国哲学家康德把自己的哲学叫做批判哲学，后人称其为哲学领域的"哥白尼革命"。这一革命的实质在于，通过经验论和理性论的综合，巩固了理性在知识领域的统治地位。伽利略把实验和数学引入科学研究之中，培根、笛卡尔随后对这一方法进行了哲学概括，奠定了近代实验科学的基础。**从此，科学知识既以严格逻辑推理为依据，又得到了观察实验的支持，标志着智慧系统不仅建立起系统信息处理的新规则，而且将信息处理过程与信息使用结果联系起来，建立起验证的标准，极大地提高了信息处理的可靠性。**

科学的出现深刻地改变了以往人类信息积累的架构，科学也开始成为理性的唯一形态，逐渐取代了神学而成为新的知识方法。科学家注重的是实验室中的实验，逻辑思维的分析、归纳与演绎，以及实验技术装备的不断改进。因而，科学研究不再是笼统、模糊、被动地认识和反映自然事物，而是积极主动地介入、干预自然现象，并在多种先进的实验技术的辅助下，借助精确的数学工具去构建精致的理论模型或假说，以此构建起庞大的科学知识体系。

知识体系的主导从信仰到理性的转变，标志着智慧系统信息处理的能力提升到新的阶段。随着系统转型升级，新的知识型组织不断出现，使文字符号作为系统软件的作用开始得到充分发挥，个体大脑的思维方式开始转变，从盲目信仰逐步转向理性思维。理性作为一种新的思维方式，**它标志着人类逐步将信息积累过程和信息使用结果联系起来，开始从信息系统运行的全过程来考虑问题，**在这种合理性的思维和行为方式的支配下，才会产生出经过推理证明的数学和通过理性实验的实证自然科学，以及相应地产生出合理性的法律、社会行政管理体制以及合理性的社会劳动组织。这意味着人类不仅开始凭借理性认识来把握世界，而且依靠理性的力量尤其是依靠科学的力量来改造世界。

新系统开创了以科学的形式来积累信息或知识体系，这个体系将知识分化为大大小小的学科来整理、保存和传播，按照不同学科来研究和开发，形成复杂的组织结构，每个学科都以分系统的方式存在。与之相对应，形成了不同层次的知识性组织，除了在大学形成相应的学科外，早在十七八世纪，欧洲的一些国家开始建立科学学会等专业性学术团体，并出版学术刊物，促进了科学成果的公开和信息交流。到19世纪随着科学的实用性在日常生活中得到证实，人们越来越重视科学的发展，英、美等国成立了科学促进会，在原有科学团体的基础上，又出现了许多专业科研机构，专业化促进了每一个科学分支的发展，并促使它们向实用领域延伸。如果以现在公认的学科作为分系统，仅仅科学知识就有上千个分系统，非科学的其他知识领域还有难以计数的学科和亚学科。

四是系统管制核心的转变成为系统转型升级成功的标志。经过几百年在分权、制衡环境中经济基础的横向组织进化，带来精神进化的飞跃，最后必然向统治中心延伸，表现为地方利益的代表与国王的直接博弈。最早出现的是英国，英国是弱君主制的代表，历史形成的国王与庄园主、贵族、小君主之间的力量平衡，保持各自的权利与义务则相安无事，否则就要冲突。1215年，国王要扩大权力，从弱君主变成强君主的行为反而促成了"大宪章"的诞生，"大宪章"只是限制国王权力的文件，在此之后国王与贵族和平民进行了几代人的权力斗争。直到1688年"光荣革命"的发生，从此结束君主统治，确立了议会主权，国王的权力受到议会的明确限制，构建起新型的相互监督和制约的权力中心，英国在全世界率先实现了议会民主制度和现代分权国家，实现了中级智慧系统的转型升级，开启了现代文明的大门。

新类型的系统是建立在内部权力制衡的基础上，是长期的渐进型组织和制度进化的结果，英国就是最成功也是近代以来最早的例子，这已广为人知。在大宪章的基础上，英国发展出一个强大的行政体系、选举制度、一套习惯法与国王和议会合作的传统，创造出一种能将国王、专业官僚和贵族结合起来统治国家的政治体制，在制度形式上实现了全体国民对国家政治的参与，为以后资产阶级民主制度的进化开辟了道路。

在此之后，法国、西班牙成为现代欧洲早期资产阶级民主制度的国家，美国则由于从新大陆开始，就有大批新兴资产阶级的代表，可以借鉴英、法等欧洲国家的经验，因此从制定宪法入手确定了分权与民主的原则，从联盟到联邦，顺利地进入联邦民主国家。而日尔曼和意大利在19世纪末才进入到资产阶级民主国家的行列。

随着系统的转型升级，新的机制开始在智慧系统内部的各个领域扩展。实际上这种机制在多细胞的智力系统内部早已有之，其表现形式就是"优胜劣汰"的自然选择机制，这种机制可以保证系统内部资源在一定的范围内配置到最有效的地方，同时这种机制重构了系统内部个体的动力结构，使系统内部的组成部分保持竞争的活力，从而使整个系统保持旺盛的生命力。在智慧系统内部，这种新机制实际上包括了上层建筑和经济基础两个层次，就是我们常说的**民主机制和市场机制。在上层建筑领域，民主机制是通过程序性的公开平台公共决策，让系统内绝大多数的个体参与讨论，通过集中集体的智慧达到对无法立即验证结果的方案实行优选的目的。而在经济基础方面，是通过看不见的手在起作用，成千上万的企业就像细胞中成百上千的核糖体一样，它们通过优胜劣汰的充分竞争来担负系统的信息使用责任，通过它们的工作使系统生成新的功能来适应周围的环境。**在中级智慧系统进化升级的阶段，现代企业将构成新的"核糖体细胞"的组织形式，担负起技术、组织、管理、运营等信息积累的责任，并最终完成系统的信息使用任务。

五是信息系统的最后环节——信息使用的结构。就像所有的生物信息系统一样，信息系统最关键的环节就是信息使用，所有积累起来的信息只有经过使用才能体现出价值，才能给系统带来新的功能，使新系统显示出超越之前的优越性。如前所述，系统的信息爆炸带来科学革命，而科学革命建立起庞大的知识体系，并开始向技术领域延伸，直接带来的结果就是工业革命。这是在农业革命之后的第二次革命，一般认为工业革命只是发明机器的过程，实际上它是智慧系统通过组织进化实现信息处理能力的又一次大拓展，是在科学认知的基础上，信息处理部分的大发展。随着新型现代化企业组织的出现，智慧系统进入加速进化的阶段，为人类生活创造出无数的新生事物。

工业革命的基础是生产类新型组织的形成，这个新型组织就是现代企业。企业的前身是工厂，古罗马奥古斯都时就有了工厂，以工厂为主体的生产方式早于机器和动力出现之前，工厂的出现不是机器的产物，而是"分工"发展的结果，那些训练有素而且受苦受累的工人早就开始制造妇女装饰品、纸盒、家具等。与农业社会的细胞家庭相比，工厂是一个巨大的组织，它可以容纳成百上千的人口，不仅是在空间规模上逐渐扩大，更重要的是在时间上把人们更紧密地联系到一起，形成更强的实体性组织。同时，因为工厂没有人口再生产的职能，可以集中精力于物质生产，因此也更有效率。但是在专制制度下，这个组织也同其他组织一样，只是被强制性劳动的集体形式之一。

新生产方式的诞生就像上一阶段农业、畜牧业的产生过程一样，**系统信息的大量使用是从新型组织结构的产生开始的，这个结构将把认知信息转化为策略信息，从而达到使用的目的，之前是家庭这次是现代类型的企业。**到 16 世纪之后，随着欧洲与世界范围内贸易的不断扩大，工厂开始不断增多，竞争也开始更加激烈。工厂的规模开始扩大，内部的管理和控制开始更加专业化，复式记账技术及会计制度的应用和实行，使工厂逐步向以财务核算为中心的新型企业组织——公司转变。到 18 世纪中期，工厂的发展转移到了一个新方向，**产业革命最突出的组织变革是从工匠作坊向大规模生产的企业转化，这个转变的核心是企业信息处理能力的提高，先是对财务和市场的信息处理，之后是对技术和管理信息的处理，后者对提高企业的竞争能力提高越来越重要。**近代自然科学产生并推动了工业革命，机械化、自动化大生产得以发展。在科学成长的同时，现代意义上的企业开始成长，它成为技术信息体系建立的源泉，使科学知识体系积累的信息开始走向实际应用，科学和技术两个知识体系开始慢慢地结合起来，科学认知的进展带来技术的突破，技术突破又带来产业的升级、产业的更替，或称为产业革命。**两个体系早期结合还要依靠发明家个人的力量，而后期越来越靠制度创新去推动。**

到此，新型系统的信息大循环已经形成。以科学认知为导向；之后是科学实验和技术、管理、运营等信息的积累；再后来是这些信息的使用；最后是大批产品投入市场，产生新的系统功能。我们看到的是人类社会一个新型的信息系统的大循环模式。回顾历史，智慧系统进化到中级阶段后，跨越了几千年的漫长历史时期，更换过很多朝代，甚至连占统治地位的人种和语言也不断地改变，但是通过皇帝和庙宇来统治的政治形式却一直没有发生变化，这就是专制集权的统治方式，大众的生活方式亦得更加牢不可破。但是从 16 世纪以后，在欧洲，朝代更替变得不再重要，智慧系统开始通过内部组织结构的变化和转型升级，通过不间断的组织进化，构建起新类型的系统制度框架，实现了整个社会信息系统的大循环，带来了系统升级的质变，终于将世界其他地区仍处于封建集权专制的系统远远地抛在身后。

四、系统之间"代差"给我们的启示

我们对最近一次形成系统之间"代差"的过程作出简要分析，可以得到以下几点启示：

1. 所谓"代差"是不同系统之间出现的进化上的"质变"所形成的阶段性差别。表面上是系统外部功能的差别，例如武器、设备等产品，而实际上是智慧系统的核心信息系统进化程度的差别。从历史上看，早期的初级智慧系统只是几十人的小部落，核心信息系统的进化主要依赖个体大脑硬件的进化，这是生物进化的范畴，所以基本上是以一万年或者十几万年为单位的，"代差"也十分明显，就是种群的替代。经历了几百万年，终于在晚期智人的时候人类的大脑进化到了顶级阶段。之后系统进化到新的阶段，主要是系统软件——口头语言以及文字符号系统的进化，中级阶段的"代差"就是建立在文字语言基础上的国家，与各种仍停留在口头语言的部落之间的差别。在此之后，国家的进化进入了一条歧路，封建专制的制度进化是以维护少数人极不合理的利益为前提的，因此，"进化"出了各种残酷、腐朽、黑暗的制度，都是为了垄断信息、愚弄人民，以维护极少数统治者的利益。经过了几千年之后，在专制程度较低的西罗马帝国崩溃之后，西欧地区出现长期分权、制衡的多系统竞争局面，才使得智慧系统的进化恢复到了自然状态，经过相当长时期的组织和制度的进化，使系统升级到了新的阶段。

新系统形成信息系统大循环的新模式，通过新的组织形式和制度模式，解除了长期以来专制体制形成的对个体的思想束缚，新的教育体系不断地提高个体的知识水平和素质，将大众的本能欲望转变到更高层次的求知欲上来，使成千上万的个体参与到系统信息处理的过程中，知识体系的扩大形成势不可挡的洪流，不断地冲破习俗、宗教、政治等传统禁区，终于建立起科学知识的体系，使新生系统的信息流量和信息处理能力千万倍地超过传统系统。在这个过程中我们看到了系统的外在表现：其一是新系统不断增强的对外学习能力，**新型系统像海绵吸水一样到处吸取其他系统的经验性知识，并将其融入自己的知识体系之中**。它们开始继续进行希腊人早期的科学探索，在与拜占庭、伊斯兰等方面的学术和文化交流中，尝试将各方面的知识纳入到自己的知识系统当中，也包括中国的火药、指南针和造纸术等经验性的发明。其二就是最终在系统信息使用的环节表现出不断循环上升的产业革命，历时不过100年，却在这短短的时间里人类物质生活彻底改变，就像旧石器时代到农耕时代的转变，人类生活的新物质框架形成了。随着各类机器的大量使用，构成新型实体联系的基础设施开始建设，从大帝国时代开始的道路网络不断地升级，成为公路、铁路、高速铁路以及航空网络。新兴的动力网络也开始出现，人类社会系统的整体性开始进一步增强，而在体现系统外部功能的军队武器设备等方面出现明显的"代差"，进而在系统之间的竞争中脱颖而出。

就在西欧新的系统开始成长，普通人的精神意识已经觉醒的同时，那些貌似强大的封建帝国却已经日渐衰落。形成鲜明对照的是东方中国所处的明清时代，同样是出现了系统横向组织加速进化的趋势，民间的手工业和商业迅速发展，出现了资本主义生产关系的萌芽。但是由于缺乏西欧那种分权和制衡的环境，封建专制的系统统治中心采用所谓"重本抑末"的传统政策，用各种手段强行抑制商业的发展，甚至关闭国门长期实行海禁政策，将横向组织的进化和系统升级的基础扼杀在摇篮之中。其他的封建帝国，也与当时中国的情况大体相同，**长期的封建专制形成的古老传统，占据了整个系统信息积累的绝大部分，人们固守祖宗的旧制，新的观念难以形成，极大地限制了系统的创造性，改革只能以谨小慎微的方式缓慢进行，这是许多历史悠久的专制国家难以转型升级的主要原因。**

2. 为系统转型升级指明了道路。智慧进化理论揭示了系统之间代差的本质，为系统尽快进化升级找到了一条现实道路。具体来说，中国经过几十年的快速发展，已经不断拉近与西方发达国家的距离，同时也面临着日益激烈的系统之间的竞争，如果仍走之前的老路，通过对外的资源和利益的争夺来实现国家的强盛，将面临着系统之间恶性竞争（也就是战争）的风险，这对国家和人类都将是一场灾难。

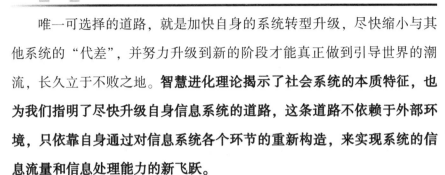
　　唯一可选择的道路，就是加快自身的系统转型升级，尽快缩小与其他系统的"代差"，并努力升级到新的阶段才能真正做到引导世界的潮流，长久立于不败之地。**智慧进化理论揭示了社会系统的本质特征，也为我们指明了尽快升级自身信息系统的道路，这条道路不依赖于外部环境，只依靠自身通过对信息系统各个环节的重新构造，来实现系统的信息流量和信息处理能力的新飞跃。**

老智谈智慧之十三

——人类社会发展的终极原因

我们上一篇分析了最近一次系统之间"代差"形成的过程，揭示了所谓代差是不同系统在进化过程中出现的"质"的差别，这个"质"就是社会信息系统的本质。智慧进化的理论揭示了智慧系统进化的过程和本质，也揭示了人类社会发展的终极原因。

 ## 一、生物进化与智慧进化

在此之前人们一般认为生物的进化和社会文化（智慧系统）的进化是不同的两件事，后者用"发展"来表示似乎更为贴切。智慧进化理论的提出，使我们认识到这两个进化过程实际上有着共同的本质，就是它们都是生物信息系统的进化过程。

1. 生物进化是智慧进化的基础。我们已经回顾了生物进化的历史。生物进化第一阶段的智能系统经历了 20 多亿年的进化，才升级进入到智力系统阶段；而智力系统又是经过了近 10 亿年的进化，才开始进入到初级智慧系统阶段。每一阶段的升级都是建立在前一阶段的进化基础之上，即使到了初级智慧系统的阶段，生物进化仍然占据主导地位，这正是我们在前面论述的、初级智慧系统的进化实质上就是通过原始人的不同种群替代来实现大脑器官硬件的不断进化。

智慧系统的进化建立在生物进化的基础上，我们可以通过几个层次来分析这一问题。首先，在智能系统层次，人类的遗传结构蓝图（基因）通过个体发育过程决定神经系统的构造与功能，神经系统又制约或影响个体的学习认知过程以及行为特征。医学界认为，由于基因的原因造成大脑结构缺失或发育不良，结果形成白痴、弱智等个体，直接影响智慧系统的运作。另一方面，尽管基因的改变与智慧系统进化相比十分缓慢，但仍然造成人类个体外表的极大差异，这些形成各种族之间的差异，这些差异在智慧系统的进化中也起到一定的作用。

其次，智力系统的进化更直接地为智慧系统的出现奠定了基础。我们在前几篇已经讲了，智慧系统是智力系统突破进化的限制所形成的，主要来自智力系统的信息处理中心——大脑经历了长期的进化过程，其神经结构的核心部分大脑皮层，也是从生物本能皮层（旧皮层）进化到基础心理皮层（旁皮层），再进化到符号文化皮层（新皮层），大脑神经结构获得序列进化的上述层级，为支撑智慧系统进化的实体基础。但除了大脑神经结构的遗传，还可能有像"基础系统软件"的程序遗传，而后天所学的知识则构成不同的"应用软件"。

最后，不仅是大脑，早期智慧系统的各个环节都是经过智力系统进化产生的，包括传输信息的语言能力、前肢进化为劳动器官，以及个体的复杂行为方式等。在此基础上才有了新层次的信息系统，而在新系统中的信息不断积累就产生和创造出人类特有的信息储存结构——语言文字。虽然某些动物有简单的语言（信号语言）、有一定的智力，甚至有社会组织，但它们不能够形成新层次的信息系统，不能稳定地积累、传递后天获得的经验信息，因此它们永远地停留在了动物的层次。

2. 智慧进化是三个系统共同进化的结果。智能系统和智力系统的进化，可以用生物进化来概括，表示生物个体和种群的遗传组成以及与之相关联的表型特征的世代改变。智慧系统的进化也可以用文化进化来表示，以反映人类社会随时间而文化信息的不断变更积累、系统结构不断改变的过程。就人类本身而言，同时经历着这两个进化过程，即人类自身的生物学进化和人类社会的文化进化。这两个过程是相互关联的，智慧进化的过程实际上是三个层次的系统都在起作用，是它们相互协调进化的过程。

二、智慧系统进化的特殊性

智慧系统的进化是建立在智能系统和智力系统的生物进化基础之上，但是随着智慧系统的不断进化，其进化过程与之前的生物进化相比，出现越来越大的区别，表现出新型信息系统进化的特殊性。

1. 从信息系统的各个环节来看。其一在系统信息传递方式上来说，生物是以"遗传"的方式，将固化在DNA中的生物遗传信息传给下一代，通过自然选择法达到进化。而智慧进化的基础是后天获得的遗传，即人的观念体系是后天学习所得而非个人先天固有，因此，它不只是被动接受，还可以利用学习手段去主动吸收，这使得智慧进化要比生物进化快得多。

其二生物系统内的变化或变异信息必须以某种形式存储、传递，才能完成进化过程。在生物系统进化的过程中，智能系统对于变异信息的存储和传递是通过以核酸为基础的遗传系统，遗传基因信息的储存必须是一个非常稳定的体系，否则无法确保人类正常遗传。智力系统在此基础上又进化出网络神经系统，并且以大脑神经细胞组成结构的方式来存储和传递信息，大脑神经细胞的储存方式已经出现一定的灵活性，简单地讲，是以一种"用进退废"的方式，有选择地储存有用的信息。

智慧系统在智力系统的神经网络基础上不断进化出新的信息存储和传递方式，早期只是通过口头语言的传递和个体大脑的概念方式来储存信息；到了中期，出现了各种符号和文字的存储系统；到现代，出现了各种专业电子信息储存和传递的人造信息系统。尽管系统基础信息结构在不断地进化，但是受到智慧系统结构特点的影响，在系统信息的储存方面仍有许多不稳定性，主要是系统信息来源于无数的个体采集和整理，而个体受到生理、心理、社会环境等方面的条件限制，所采集和整理的信息往往是片面的，甚至是相互矛盾的，这也体现了我们前面所讲到的智慧系统的特点之一：矛盾性。由于人类认知体系内部存在的不一致性，所以导致系统信息或者说知识体系内部必然会出现矛盾，这种矛盾性导致智慧系统储存信息的不稳定性，决定了这些信息需要经过长期的、反复的实践验证过程。

其三从信息处理上看，智慧系统在有声语言的背后是大脑皮层对信息综合处理能力的大幅提高。将外部的事物特征通过命名的过程与储存的声音元素相结合形成"概念"，这是非常复杂的信息处理过程，**大大地超越了智力系统出现过的任何此类过程，实现了系统信息处理方面"质"的飞跃**，正是因为这个"飞跃"促成了初级智慧系统信息基础结构的升级，形成新的语言网络，极大地提高了系统的整体性，成百上千倍地拓展了信息空间，使信息处理的能力从智力系统的个体内部感受的本能层次，上升到智慧系统的集体跨越时空障碍的对外部认知的层次。

智慧系统信息处理能力的跨越，极大地增强了系统的整体性，最明

显的证据是参与到网络的系统个体，可以不通过个人的感觉器官而直接从网络中接收信息，借助之前有过的感觉经验来体会虚拟客观世界或主观世界之情景，参与到系统信息处理的过程中，极大地提高了信息处理和信息积累的效率。

其四从信息使用上看，智慧系统的信息使用类似于智力系统，都是通过个体行为实现的，但不同的是，智慧系统的个体行为与智力系统的个体行为相比，也产生了"质"的飞跃。主要表现在：一是人类除了本能支配的行为外，还有一种具备更高级目的的行为，其目的往往是为了满足整个系统的需要；二是这种行为是经过设计或者有计划地安排，并能通过使用工具及设备来完成，其复杂程度远远地超过了动物的行为；三是这种有目的的行为，绝大部分是大规模集体协作的行为，正是这部分行为构成了智慧系统信息使用的范畴。

2. 从结构进化来看。智能系统是通过细胞的 DNA 蓝图来构建系统的实体结构；智力系统是通过细胞的分化来不断地形成组织和器官，完善系统自身的各项功能；智慧系统是通过横向的"分工"和纵向的"分层"来形成各种组织及阶层，并通过它们之间的矛盾运动来积累相关信息，逐步构建起制度的框架，以完善系统自身的各项功能。

3. 从生物信息系统进化的动因和进化方向上看。在生物系统的进化中，自然选择是主要的进化动因，自然选择的导向作用使生物朝适应生存环境的方向改变。具体来说，自然选择必须有可供选择的"材料"，而这些"材料"就是不断生长和变化着的大量生物系统。我们现在已经清楚生物系统不断变动的原因，来源于系统内部进化机制运作所形成的系统动力。智能和智力系统进化的动力来自基因的渐变和突变。但是在智力系统进化的后期，尤其在高等动物出现之后，智力系统的信息中心——大脑进化出不同层次的"本能"以及新的信息处理方式，"本能"

直接带来的动物"趋利避害"的行为偏好，造成生物器官"用进退废"的改变。"本能"是智力系统形成的一种新动力结构，它通过神经系统对行为方式的控制，调节基因变异的方向，直接应对环境的选择。因此智力系统是比智能系统更高层次的系统，它存储更多种类的变异性方案可供选择，具有更强的适应性。

智慧系统突破了智力系统的限制，将智力系统原本个体的、狭小的信息空间汇聚成网络的、不断发展的、巨大的、几乎无限的空间，并且随着智慧系统的进化，信息空间的结构不断地跨越时空进行拓展。与之相适应的是，在新的信息空间中积累起人类复杂的信息储存结构，称之为文化库。"文化库"首先建立起人类的观念体系，由起初以原始人非理性的或本能的联想为基础，发展成为受价值观支配的高度组织化的知识结构。从而逐步取代智力系统的"本能"动力结构，在新的源自于个体大脑升级后逐渐形成的"求知欲"基础上，通过对环境和自身的认知建立起新的观念体系，成为促进系统进化的新动力。

具体来看，"文化库"变化的源泉是多方面的，首先是系统内部的变化，既有基础结构变化带来的，例如组织结构的变化、系统软件的进化，也有系统信息的积累，例如科学发现和发明、生产技术革新、文化艺术创造、法律、制度、宗教等。其次，智慧系统变化的另一来源是外部来源，与之前的智能和智力系统不同，由于智慧系统的特点决定它可以直接吸收其他系统的"文化库"信息作为自己的信息来源。具体来看，由于各地环境不同，按照生物信息系统进化的规律，不同地区的智慧系统会进化出不同的结构和形态，积累起完全不同的文化信息。这种外来文化信息的引进或不同智慧系统之间的信息交流与融合，就成为智慧系统的一个重要来源。最后，智慧系统内部的矛盾和斗争，例如组织结构之间的矛盾、阶层以及阶级矛盾和阶级斗争，以及系统之间不同程度的竞争，包括不同社会制度之间的良性竞争，或者以战争为表现形式的恶性竞争，都在特定时期和特定条件下成为系统进化的重要动因。

4. 从进化速度上看。生物学进化是极其缓慢的过程，而智慧进化在达到适应目的方面要快速得多。例如，动物界进化出翅膀经历的时间以百万年计，但人类进化创造发明飞机却只经历了 2000 年（从风筝发明算起）。又如，自然界从未进化出轮子，而人类文明的早期就发明了车轮，这样的事例不胜枚举。

许多事实（例如人类遗传学研究的结果）都证明，人类进入文明阶段以后仍然没有停止其生物学进化，首先是随着大脑新形成的网络连接部分的不断进化，按照智力系统进化的机制，个体的大脑和身体器官及组织也会出现相适应的进化，使异常发达的大脑智力与意识体验能力得以引起大脑的生物学功能与结构发生超前发展，并构成以神经内分泌系统和生殖系统为主的全新身体调节方式，适度的紧张与良性应激状态，为身心发展和高效活动动员了脑体潜能，为生命进化提供了自上而下的精神动力。

总之，尽管智慧进化有许多特殊性，但是仍未脱离**生物进化的本质，因为生物进化实质上就是生物信息系统的进化，所谓生物进化的机制，也就是生物信息系统或者说系统信息结构运作的机制**。因此，人类社会的发展或者说智慧系统的进化，仍然离不开生物进化的基本规律。

三、智慧进化的基本规律

严格意义上的物质系统演化理论是对一个已发生过程作出解释，通过我们对智慧进化过程的揭示，已经将物质系统演化理论推进到社会领域，补充上了物质演化理论的最后一个环节。这个理论的重要之处还在于揭示了人类认知所受到的自身进化程度的限制。面对十分复杂的生物系统以及更为复杂的社会系统，我们不可能用类似物理、化学等一般物质系统的简单明了的运行规律来描述。因此不能以简单的"历史决定论"来代替进化理论。从具体的、个别的例子来看进化的结果都是多变的，没有什么"不可避免的历史发展规律"。但是，**从总体上、宏观上看，进化规律包括了进化必经的特定阶段，而且生物的进化历史根本上就是一个从简单到复杂、从低级到高级、从微观到宏观的必然进步的过程**，正因如此才会有人类的出现，因此我们才会导引出可对进化过程作预测的结论。

1. 生物信息系统进化的一般规律。智慧系统属于生物信息系统，我们知道生物系统经过了 30 多亿年的进化，这个进化既表现为信息积累的量变过程，又表现为系统通过不断的结构改变实现升级的突变过程。因此，智慧进化与生物学进化在某些重要特征上是可以类比的，它们有共同的规律。

（1）进化是建立在生存的基础之上，生存永远是第一位的，这是生物系统的最一般规律，也是最早被人类所认识的。任何生物系统的生存都要维持物质和能量的循环，这个过程有两个重要方面：一个就是新陈代谢，另一个是复制或者繁衍。生存的能力是进化的基础，进化的过程受到生存能力的制约，没有生存就无从谈起进化。但是，只有通过进化才能达到更好生存的目标，因为进化会使得系统复杂程度增加，系统的功能也开始增加，系统与环境的关系开始发生变化，生物系统由被动地适应到主动地适应环境，再到预测、控制、改造环境，越高级的系统获得越好的生存条件。从这个角度来讲，进化也是生存的目的，**生存就是为了完成进化赋予的使命**。

（2）什么是进化的使命呢？进化是物质系统向更高层次发展的必由之路，宇宙的诞生就是物质系统演化的开始，经过不断地演化升级，在地球这个极其特殊的环境中才形成了生命这个新层次的物质系统，也就开始了物质系统演化的特殊阶段——生物进化阶段。生物进化仍然遵循着物质系统演化的最普遍规律，就是从简单到复杂、从低级到高级的演化。我们从现在已知的物质系统演化过程可以知道，**生物是在许多偶然的机遇巧合中才能出现，而生物进化的时间之窗又是多么地岌岌可危，在这个时间之窗关闭之前，也就是在地球的生命环境被破坏之前，将生命扩散到整个宇宙，保持住这一物质系统演化 30 多亿年的最高级成果，就是历史赋予我们人类的神圣使命。**

（3）生物进化不同于一般的物质系统演化，是由于生物系统的特殊本质所决定的，这就是生物信息系统特征。其一，生物信息系统的进化是通过不断地加大信息系统的容量、提升系统信息流通的效率、增加各种系统信息处理的能力，在使系统内部结构日益复杂的同时，使系统外部产生更多功能，以应对外部环境的选择。其二，这个过程表现出从量变到质变的不同阶段，当生物信息系统处于相对稳定阶段时，系统信息的不断积累就表现为量变的、比较稳定的过程，也会引起系统功能的逐渐变化。而质变的过程往往是系统的信息结构发生重大改变的时候，例如：智能系统进化阶段通过被称为"共生"的自组织过程来体现；而到智力系统阶段这种改变则主要来自于繁殖结构中细胞核的突变；在智慧系统阶段这种变化一般来自于系统基础信息结构的变化。总之都能够从生物系统的信息结构方面找到进化阶段质变的依据。其三，由于生物信息系统的信息结构特点所决定，进化呈现出累积性的特征，形象地讲，就是"喜新不忘旧"，新的功能都是在旧的功能基础上出现，绝大部分原有的结构和功能与新功能一起发挥作用。其四，由生物进化的共同本质所决定的、三个层次的系统进化都经历了大体相同的阶段，如：主要是面对自然环境选择的扩散阶段；在不同环境下多样化系统出现的阶段；面对同类系统的生存竞争阶段；以及向新的更高级的系统升级的阶段等。

2. 智慧系统进化的特殊规律。智慧系统进化的本质特征，就是最大限度地汇集个体的智慧使系统的信息空间不断扩大、信息处理能力不断提高。我们知道，智能和智力系统由于本身物理结构的限制，它们的进化主要来源于自身信息的积累，这个过程非常漫长。而智慧系统由于并无本身结构的限制，因此可以由非常灵活的结构组合形成巨大的信息网络，为快速进化提供可能。实际上，智慧系统在进入中级阶段之后，系统内部的结构进化逐渐成为进化的主要方式，使进化不断地加速。到目前，已经开始直接构造系统自身的信息结构，可以预期随着本书揭示出进化的真正内涵，我们将迎来智慧系统进化的新飞跃。

智慧系统的结构性特点，决定了智慧系统在进化过程中个体的重要性，因此，系统要不断改善适应个体生存和发展的环境至关重要。首先需要维持智能系统和智力系统生存的条件，这需要提高系统的物质生产能力，以及系统内部的相应制度性保障，最大限度地满足个体的基本生理需要；其次是要创造个体在系统中发挥作用的条件，与智力系统的个体不同的是，智慧系统的个体除了生理需要，还要满足一定的心理需要，例如人人平等的社会地位、自由的意志、平等获得信息的权利以及建立在相互尊敬基础上的人与人之间的关系等；而奴役、压迫以及各种限制人身和思想的制度，只能培养出奴才和应声虫，难以培养系统需要的、具有独立人格的高素质人才。最后是加强对个体的信息输入，也就是对个体的教育。专门的教育系统是在文字出现后才出现的，使系统内部的个体可以通过接收系统的间接信息来实现对环境的认知，极大地提高了系统的个体接受信息的效率，促进了个体素质的提升，目前能够做到的是对青少年的普及教育和高等教育，将来应该转向对所有个体的个性教育和终生教育。

智慧系统的以上特性，**决定了它的进化过程在经历了系统竞争阶段之后，必然走向全球统一的阶段，即建立人类统一的大智慧系统。这正是智慧系统与智能系统、智力系统进化过程的最大区别，也是智慧系统进化的特有规律。**智慧系统的层次和构成决定了它与智力、智能系统的进化过程和目标是不同的，智能系统是生活在水的微观环境中，它通过进化升级到中观层次，可以获得生活在陆地和空中的自由。智力系统通过群体方式的升级可以取得与其他动物竞争的优势。而智慧系统的进化则肩负着进入宇宙宏观层次的进化使命，要完成这一使命就是要靠最大限度地集中智慧，将全部人类纳入到这一系统中来，极大地拓展系统的信息空间，增加系统的信息处理能力，只有这样才能为将来向宇宙的发展创造条件。

实际上智慧系统的进化过程已经清楚地表明了其方向性：一是在进入智慧系统中级阶段之后，经历了从原始部落到国家的系统形态，伴随着的是系统个体的大量增加；二是从中级阶段开始，从专制类型向民主类型的转型升级过程中，体现得最为明显的是系统的个体素质不断提高；三是进入到中级阶段的后期，人造信息系统开始出现并不断地进化，打造出可以将全球个体跨时空、即时连接的物质信息技术基础。将全球所有个体的智力汇集起来使其发挥应有的作用已经不是梦想，智慧系统向高级阶段进化的条件开始具备。

当智慧系统逐步进化到高级阶段的时候，系统内部的信息空间将无限地扩大，系统的信息处理能力将极大地提高。随着大智慧中心的形成，**在生物进化历史使命的旗帜下，将建立起人类共同的观念体系，人**

们将从短期的、狭隘的利益目标转向长期的、人类共同的进化目标，**对于全体人类个体来说，将具有极大的吸引力**。因此系统之间的恶性竞争将逐渐减少，并被良性竞争和更广泛的合作所取代。当系统的信息结构全面进化到高级阶段，系统利用物质资源的能力将大幅提高，并且**随着对外太空拓展，人类终将突破地球资源制约的瓶颈，不同系统之间对于资源和利益的争夺将成为历史**。

个体的重要性将日益增加，那时的个体将不只是一个劳动力、一个消费者，而是构成系统信息中心的一个神经元，系统有能力将每一个个体的智力充分地发挥出来，并汇集到整个集体以至于全人类的智慧体系之中，形成人类总体性的认知体系和策略体系。智慧系统进化到中级阶段所出现的各种国家以及阶级、阶层、利益集团等都将完成其历史使命逐渐消亡，人类社会必将进入统一的大智慧系统，也就是千百年来人们所向往的人人平等、公平正义的天国、乌托邦、神界、大同世界、共产主义社会等。

 ## 四、社会发展的终极原因

我们用智慧进化来代替社会发展，能够在更广阔的时空范围来看待人类社会整体，从而更清晰地描述复杂物质系统进化的一致性和层次性。智慧进化是整个宇宙自然物质演化的一部分，随着人类认知的进展，开始越来越多地了解宇宙的历史，从已经发生的历史中能够体验出宇宙物质演化的方向性和目的性。从总体上看，就是要逐步升级成为更复杂、更高级的系统，以便能够更好地适应环境。

我们所处的生物进化阶段，是宇宙物质演化的高级阶段。早期物质演化出的各层次物质系统，经过在宇宙中的长期扩散，最后汇集在太阳系的这颗极其特殊的行星——地球之上，利用其极为特殊的环境创造出新层次的物质系统——生命系统。并在地球的环境中开始了几十亿年的生物进化过程，经过了智能系统阶段和智力系统阶段，现在进入到智慧系统阶段。生命从极微观的系统，上升到中观系统，再上升为宏观系统，好像有一种无形而又巨大的力量推动着生物系统的加速进化且至今仍不能停下。如果我们从宏观角度回顾宇宙物质系统演进的过程就会恍然大悟，原来从 DNA 诞生的第一天，就已经担负起了宇宙物质演化的责任，也就明确了生物进化的使命。**生物进化的目的实际上也就是重复着物质演化的循环，关键是要将这个新生的、更高层次的系统扩散到广泛的宇宙中去，用更高级的智慧系统的进化，来引导宇宙物质演化的方向，这才是生物进化、智慧系统进化，也就是社会发展的终极原因。**

从整个宇宙来看，物质系统的演化是有规律的必然过程，但是具体到个别星球，这个演化的规律只有偶然性，从生物进化来说并不是所有的生物大分子都能合成生命，也不是所有的生命都能进化到高级阶段。近期人类从火星上发现的生命存在的痕迹来看，生命的出现和生物的进化充满了太多的偶然因素，也可能已经在无数的类地星球环境中夭折。

就是从地球本身来看，尽管我们已经进化到生物系统的高级阶段，但是我们生存和进化所依赖的地球环境也存在着极其不稳定的因素，像我们已知的由于人类活动所引起的大气中二氧化碳的含量上升，所引致的地球气候开始逐渐发生剧烈变化；还有几千年一次的小行星的可能撞击，以及地下板块异动引起大规模的地震、火山喷发等，太多的意外因素对我们的地球环境构成威胁。属于我们生物进化的时间不会太多，为了完成历史赋予我们的进化使命，我们必须促进智慧系统快速地进化升级，尽快进入到智慧系统的高级阶段。这个阶段关键是要尽快**结束大量**

智慧系统相互竞争的局面，建立起全人类统一的智慧中心，集中全人类的智慧创建出适应宇宙环境的系统新功能。就像当年细胞散布到全球一样，高级阶段的智慧系统一定会冲出地球这个生命的摇篮，将以人造星球的方式，向太阳系、银河系乃至于整个宇宙扩散。进化的结果就是逐步实现按照智慧进化的要求来重新构造宇宙，从智慧的地球到智慧的银河系，当智慧进化在宇宙中进行时，智慧系统的进化必将引领宇宙的进化，这时才是人类真正获得自由的时候。

老智谈智慧之十四

——制度进化的局限

在分权制衡和充分竞争的环境中所形成的资本主义民主制度，在与其他类型的系统竞争中，以"代差"的明显优势，确立了霸主的地位，并发展成为几个大的殖民帝国。第一次工业革命促进了世界殖民体系的形成，使得资本主义世界体系最终确立，世界逐渐成为一个整体。

 一、资产阶级民主制度的局限性

就在资本主义民主制度不断推动工业化前进的同时，这种制度的缺陷也开始逐步地暴露出来。首先是在经济方面，以私有制为基础的市场经济是通过市场调节这只看不见的手来调节企业的行为，实际上是构造了一种类似于促进智力系统进化的自然选择的环境。这种环境曾经通过优胜劣汰的充分竞争，极大地促进了智力系统个体信息结构的不断进化，也促进了智慧系统内部企业的快速升级。但是环境已经大不相同，市场经济只是智慧系统内部的部分环境，由此决定其特点有：一是受到系统内部其他结构的制约，许多社会公共消费产品难以通过正常的市场价格机制来加以分配，例如国防、基础设施、电力、邮电等全国性网络等。还有些部门，如公办的学校、医院等不是以利润最大化为目标的，因而也不完全受价格机制的调节。二是市场主体不同于智力系统，竞争的失败者不会被彻底地消灭，但可能会造成像大量失业、极端贫富分化等社会问题，而竞争的成功者，往往会追求垄断地位，对于生产、销售和价格形成的垄断，限制了竞争的充分展开，因此市场法则也难以像"丛林法则"一样充分发挥作用。三是从智慧系统整体的角度看，高层次的信息系统需要中央协调机制，不断提高系统的整体性，从而增强系统的整体功能，而市场机制是商品生产者依据市场价格进行自主决策，这种分散决策带有一定的盲目性、自发性，而且是滞后的，主要反映短期的供求关系，当然无法起到中央协调机制的作用。单纯的市场调节只能解决市场的微观平衡问题而不能解决宏观的平衡问题，反映系统总体的由社会总供求失衡引起的经济衰退、失业和通货膨胀等宏观经济问题单纯靠市场机制难以很好解决，因此造成资本主义社会循环性的经济危机，以及为解决危机而出现的建立中央协调机制的努力，表现在早期的凯恩斯主义理论和资本主义国家不断采取的财政和货币政策上面。

在上层建筑方面：一是资本主义受到本身制度的制约无法提出符合智慧系统进化规律的人类更高层次的目标，仍然以传统宗教作为指导思想，难以形成新的观念体系，并以此来凝聚智慧系统个体的精神力量，因此也难以避免阶层、阶级之间的矛盾冲突。二是因为其资本主义制度发展的时间长并且进化得比较完善，反而成为制约人们思想的瓶颈，认为这已经是上帝赋予的最好制度，因此对于制度变革难以想象，尽管社会不缺少新的思想和观念，却难以被社会主流接受，主要原因是经过漫长的资本主义市场经济发展，形成了强大的资本主义既得利益集团，旧有的利益机制已经逐渐固化，体制无法调节社会产生的结构性矛盾，只有通过掠夺和剥削那些进化程度比较低的发展中国家来攫取资源，用以缓和国内的各种矛盾，因此已经失去了进化的动力。三是资本主义的民主制度在经历了长期进化之后，民主决策的作用不但没有逐步增强，反而出现减弱的趋势，这主要是由于第二次工业革命中出现的新兴工业都要求实行大规模的集中生产，形成垄断组织，使企业的规模进一步扩大，如此更有利于改善企业经营管理、降低成本、提高劳动生产率，实际上这是资本主义生产关系的局部调整，此后资本主义经济发展的速度加快。但是，**控制垄断组织的大资本家为了攫取更多的利润，越来越多地干预国家的政治生活，民主政治逐步沦落为金钱政治，资本主义国家逐渐成为某些垄断利益组织的代表者**。甚至还跨出国界，形成国际垄断集团，要求从经济上瓜分全世界。

工业革命的不断发展，造成许多资本主义国家政治、经济发展不平衡加剧，后起的资本主义国家要求重新分割世界，帝国主义争夺世界市场和世界霸权的斗争更加激烈。促使各资本主义国家加紧了对外侵略扩张的步伐，并在这些系统之间形成新的群体以及相互对立的不同军事集团，终于在20世纪初爆发了第一次世界大战，将世界一半以上的人口卷入其中，而在短短的几十年之后，更大规模、更为惨烈的第二次世界大战爆发，人类经历了一次自身带来的浩劫，智慧系统正常的进化过程被打断。随着人类利用科学知识制造出越来越强大的毁灭性武器，这种智慧系统之间的恶性竞争已经远远地超出自然选择的范围，甚至危及到整个人类的生存。

客观地讲，资本主义制度具有一定的自我调节能力，每一次都是通过产业升级和制度调整来逐步化解经济危机带来的伤害，但这种能力明显地受到制度框架的限制。从智力系统进化的过程来反思，可能有助于我们对现状的理解，**这就是当一个如同恐龙之类的庞然大物，其大脑经常受到不同的身体组织支配时，一定是一种病态。**由于智慧系统的结构特性决定智慧系统进化往往取决于对自身认知的进展，这种认知的滞后造成系统的结构性失衡，随着对资本主义制度缺陷的不断反思，对于智慧系统自身认知的进展开始出现。

二、认知的进展：从靠上帝到靠制度

社会主义思潮的出现集中体现了人们对资本主义制度缺陷不断反思的进展，这种反思将自宗教以来对人类道德、人格的思考，带到了社会制度的层面。之前我们曾提到过新型宗教的进化曾达到过人类道德理想的顶峰，但是，对于如何实现这些道德理想，宗教只能给出依靠上帝（包括真主、佛祖）等超自然的力量。随着文艺复兴运动中的科学和理性取代了传统宗教的信仰和崇拜，科学研究和知识体系的建立，也逐渐从简单的物质系统，向复杂的物质系统拓展，社会科学开始打破宗教唯心历史观的长期统治，用科学方法对资本主义社会进行客观分析。

最优秀的成果是19世纪40年代马克思、恩格斯所创造的哲学和社会科学理论体系，是由马克思主义哲学、政治经济学和科学社会主义三大部分组成，吸收和改造18世纪中叶和19世纪上半叶的社会科学和自然科学的优秀成果，并在实践中不断地丰富、发展和完善。实际上马克思主义既有对现实社会结构的微观分析，也有对其在时空过程中运动规律的宏观论述，并且从结构入手，将人类有史以来的社会分成生产力和

生产关系、上层建筑和经济基础这样的基本结构，从这些基本结构的矛盾运动中寻找社会进化的动力，**将社会进化的观念带入到社会变革的过程，提出了社会演化的一般规律**。这与本书所提到的智慧系统在中级阶段的组织、阶层以及阶级之间的矛盾运动，以及这些矛盾、斗争在一定时期和一定条件下促进系统进化的观点基本上是一致的。**马克思主义指明了人类实现道德理想的必由之路，就是建立一个没有剥削压迫的、公平正义的社会主义制度。由此形成一个全新的观念体系，可以凝聚人民的精神力量**，并且精心设计了建立社会主义制度的具体方案，并亲身投入到建设新型社会制度的斗争之中。

三、新类型系统的出现

马克思主义理论为新的类型系统提供了构造的蓝图，认为新的类型系统是在旧的资本主义系统最薄弱环节出现。20世纪初，资本主义发展由自由竞争进入到垄断资本主义——帝国主义阶段，随着第一次世界大战爆发，各主要帝国主义国家忙于相互之间的战争，新型系统诞生的条件开始出现，在资本主义国家中最弱势的俄国，无产阶级的组织——共产党的力量却很强大，当俄国在第一次世界大战中遭遇惨败，造成巨大人员伤亡，激化了国内各种矛盾，列宁领导了十月革命，使社会主义类型的系统首先在俄国取得成功，实践了马克思无产阶级革命的理论。

第一个新的系统类型社会主义国家的建立，开辟了人类按照一种理论模式建立社会制度框架的先河。在人类历史上第一次尝试消灭剥削和压迫的不平等制度，建立公平正义、共同富裕的美好社会，开始探索社会主义的道路，使马克思主义传遍世界，宣告了社会主义由理想转变为现实，沉重地打击了帝国主义的统治，极大地鼓舞了国际无产阶级革命运动和殖民地半殖民地被压迫民族的解放运动，改变了俄国历史的发展方向——用社会主义改造俄国的发展道路，对整个人类社会都产生了巨大的影响，这一新类型系统的优势具体表现在：第一，开创了人类按照对于自身社会的认知来设计、构建系统框架的新时代，为后人提供了可供研究借鉴的成功经验以及失败教训；第二，新类型系统依靠新的、更合理的观念体系，凝聚起成员的精神力量，不但取得革命成功，在周边系统的恶性竞争中站稳了脚跟，而且取得了反法西斯战争的伟大胜利；第三，快速地促进了生产力的发展，使苏联由一个落后的农业国变成了现代化工业国；第四，新类型的系统模式不仅成为此后其他社会主义国家的样板，对资本主义国家也产生了重大影响。资本主义国家开始调整内部政策，形成中间大、两头小的社会结构，扩大中产阶级的比例，极大地缓和了国内的阶级矛盾。另一方面加强了国家对经济的干预，即使在传统的老牌资本主义国家，也早已放弃了完全自由经济的原则，干预的程度和范围都在不断地增加。如罗斯福新政时，其经济政策的计划成分在一定程度上说，是借鉴了苏联的经验。

但是，从智慧系统进化的角度来看，当时的社会还不具备生物信息系统升级的基本条件。由于**新类型的系统是按照一种科学理论来建设的，而在 19 世纪人们对于生物系统和社会系统的认知还刚刚深入到内部结构认知阶段，这些知识远远不足以构建一个更高层次的智慧系统**。但是由于受到历史的局限，造成人们对于社会系统理论体系的认知缺陷，也就是对生命、人类和社会本质的认知缺陷。在当时的科技水平下只能认识到物质系统构成结构的性质，而难以从动态上把握系统的运行，尤其是对信息系统的概念还一无所知，而这些正反映了生命系统和社会系统的本质特征，可见当时的认知水平对于构建一个新的社会系统来说是远远不够的。其结果造成新制度无法长期持续，在政治上忽视了民主和法制的长期进化，反而向专制集权的体制倒退；在经济上忽视了市场经济自发的调节作用，以及利益机制对个体创造财富的激励作用，盲目地照搬高度集中的计划经济模式；更为重要的是领导人试图从社会结构性的矛盾运动中去寻找社会进化的推动力，因此夸大了系统内部阶级之间矛盾斗争的作用，幻想通过阶级斗争和意识形态领域的不断革命来推动社会前进，反而阻碍了正常经济发展的过程。

因此，当革命的热情逐渐褪去后，新类型系统没越上更高的层次，反而出现很多旧的集权专制体制的弊端：

第一，政治上没有充分研究和吸取资本主义权力制衡、民主法治的经验，反而退向高度集权，破坏民主集中制，造成等级制度回归，特权观念严重，官僚主义盛行，各级官僚唯上令是从，严重脱离群众，社会失去了活力。

第二，经济上高度集中的计划经济体制僵化、缺乏弹性。一方面这些计划中心的管理者，既无法及时地掌握整个系统的信息，又没有能力及时处理这些信息，正像之后的自由经济学派理论家哈耶克所总结的那样，他们永远都不会获取足够的资讯以正确地分配资源，造成经济结构严重失衡。另一方面排斥市场机制和价值规律，又无法构筑新的系统动力结构，只能一味依靠传统的政治热情来动员，搞得企业和职工都没有主动性和积极性，经济也失去了活力，导致高投入、低效率，甚至难以满足社会的基本生活需求。

第三，高度集中的文化体制限制了信息在社会中的自由流动，充斥教条主义，窒息了新的思想，几乎没有创新可言，使系统的信息流量和信息处理能力急剧萎缩，学术研究整体上落后于西方。

在经历了半个世纪之后，新类型系统中最具典型代表的苏联，以及东欧社会主义集团，在与西方资本主义多年的竞争之后轰然倒下。但是这次并没有重复当年民主制度的先行者古希腊城邦彻底消失的悲剧，社会主义的旗帜仍然在中国等一些国家飘扬，并且将迎来智慧系统升级条件逐渐出现的新时期。

 ## 四、制度进化的反思

从四五千年前开始，随着国家的诞生，维持国家形成的制度框架就一直在不断地进化，构成了智慧系统信息积累的一个主要部分，这部分积累十分重要，因为体现了人类对自身的认知进展，构成智慧系统自身的框架。但是长期以来受到宗教思想的影响，人们认为体制、制度都是上帝留给人们的恩赐，不能够轻易改变，直到科学理性的观念取代了传统宗教的观念，人们才可以对制度开始各种反思，对于人类社会自身的认知从依靠上帝的理想，到从社会制度中找出原因，并提出改造社会制度的道路，建立新的社会制度，这是人类对于自身认知的巨大进步。

尽管新型制度在与传统制度的竞争中暂时失败，但是新型制度的火种并没有熄灭，仍然在中国、越南等一些国家延续。尤其是在中国，1978 年以邓小平同志为核心的党中央树立起改革开放大旗，从此制度性的改革成为中国的最大特色，从"摸着石头过河"到强调制度的顶层设计，充分利用了中央协调机制的优势，在几十年的改革中积累起制度改革的丰富经验。将整个社会作为一个大的系统工程，在政治、经济、科技、文教、社会管理等方面进行配套改革，经过近 40 年的经济改革，经济保持持续高速的增长，社会面貌焕然一新，所依靠的就是这种对自身制度变革的能力。在西方发达国家中也有制度创新，但往往只限于某些行业和局部小修补，远远达不到中国体制改革的深度和广度，因此制度改革和构建成为中国的主要优点之一，正是因为根据自身特点，在一定程度上保留了传统"举国体制"中某些方面中央协调机制的特点，使其既具有动员全社会资源的能力，又不断地充分发挥市场的作用，社会经济保持充分活力，才使得中国在全球各系统的激烈竞争中稳步走在前列。

尽管我们已经从"制度改革"中收获了巨大的红利，但是必须看到制度不是万能的，就像当初苏联也没有因为拥有先进的社会主义制度而走到人类社会发展的前列，反而是腐朽没落的资本主义不断地创造出新的产业循环，使工业社会不断地升级到了更高的阶段。这只能说明我们对社会的认知还远远不够，正像某位伟人所说，"当理论无法解释现实的时候，不能去改变现实去适应理论，而只有创造新的理论去反映现实"。进入到20世纪后，随着工业革命不断循环升级，科学技术更加快速发展，人们终于开始重新认识细胞、动物、人类以及人类社会这些复杂系统的特点，使我们对这些领域的认知从静态的、部分的、结构性的，上升到动态的、整体的、系统性的，更重要的是反映复杂系统本质属性的有关信息和信息系统的理论开始出现。对此，请看下一篇的内容。

老智谈智慧之十五

——认知的进展：从制度到系统

随着中级智慧系统在制度、体制以及组织等方面的不断变革，越来越多的系统转型升级，促进系统基础信息结构的不断进化和系统信息的不断积累，逐渐地建立起庞大的科学知识体系和应用技术体系，人类对外部世界的认知在逐渐深化。经过农业社会和工业社会这两个阶段，人类物质生产的能力得到极大提高，建立起全新的系统物质基础，新的生存结构使系统可以容纳更多的个体，并使他们的生活水平不断地提高，激发出人们不断创新的能力，新技术、新产品层出不穷，制造出各种信息传播以及观测与实验手段，对于信息传输以及接收的能力远远超过了个体感官。

但是系统对知识的利用效率还是很低的，因为在以语言、文字符号组成的网络中，信息处理主要是靠个体大脑进行的，尽管大脑的信息处理速度仍是机器无法企及，但是容量和寿命毕竟有限，难以把已有的大量知识信息组合运用，尤其是在面对生命、社会这些复杂系统时更显不足。因此，在系统的组织进化到一定程度后，对系统新的信息处理能力的需求开始出现，我们知道这是智慧系统的核心能力，这一能力的出现需要人类认知的新飞跃。

 一、从分科到综合，新基础理论的萌芽开始出现

随着智慧系统的进化，人们的科学认知能力不断地提高，进入 20 世纪中期以后，在积累起对简单物质系统认知经验的基础上，开始了对物质系统演化到高级阶段后所出现的生物和社会系统的研究。但是，由于此类系统的复杂性，个别大师级的人物越来越难以出现，新的发现大都是通过由掌握不同方面专业知识的专家组成团队，不仅需要设计制造各种复杂的观察实验设备，而且需要通过新的理论框架，达成知识的综合、集中大家智慧，以及长时间的积累才能达到。

1. 生物学的革命——新的理论框架开始出现。达尔文的进化论带来生物学领域的革命，极大地激发人们的研究兴趣。19 世纪产生对生物体内基本单位进行研究的细胞学说，之后是对不同生物体内部构造的研究，包括胚胎学、生理学等。直到 20 世纪初期才开始把这些分支汇集起来，从整体上来研究生命过程所涉及的化学反应，这就是生物化学。随着观察手段和设备的不断发展，对生物的研究开始向分子领域里延伸，经过无数人的不懈努力终于在 20 世纪 50 年代初开始逐步揭开了生物进化之谜，这就是遗传物质 DNA 的构造及其运作机制。新的生物学理论的诞生，使人类开始对生物系统的认识取得长足进步。

随着生物学研究的深入，人们逐渐发现生物系统的特性，即这些系统具有高度的复杂性并且时刻在变动中。首先，在这些系统内部除了物质和能量的流动外，还有信息的流动，导致系统内部各组成部分之间的相互作用，使其产生复杂的行为，具有形成系统的总体大于各部分之和的功能；其次，系统多部分实体持续动态的相互影响和作用，成百上千个变量随时间函数发生变化，从而使其行为具有多种可能性、不确定性；最后，对于动态复杂系统而言，因果关系并非单方向的运动，而是不断循环、互为影响，因此不能像对待简单物质系统一样，只依靠静态的、结构的分析来解释。

1925年英国数理逻辑学家和哲学家N.怀特海提出用机体论代替机械决定论，认为只有把生命体看成是一个有机整体，才能解释复杂的生命现象。后来奥地利理论生物学家贝塔朗菲多次发表文章表达一般系统论的思想，批评了当时论述生命体本质的"机械论"和"活力论"的片面观点，指出生命的本质是一种由多个部分相互作用而形成的有机整体，并提出生物学有机体的概念，强调必须把有机体当做一个整体或系统来研究，才能发现不同层次上的组织原理。后来发展成一般系统论，认为系统是由相互联系、相互作用的若干要素结合而成的、具有特定功能的有机整体，它不断地同外界进行物质和能量的交换，而维持一种稳定的状态。进而提出用数学模型来研究生物学的方法和有机体系统论的概念，把协调、有序、目的性等概念用于研究有机体，形成研究生命体的三个基本观点，即系统观点、动态观点和层次观点。一般系统论的提出是人类认知的一大进展，为我们认知生物、社会这些复杂系统提供了新的总体性理论框架的基础。

2. 管理学的革命——将社会组织看成一个系统。另一项进展是从管理学方面得到的，第二次世界大战之后，企业组织规模日益扩大，企业内部的组织结构也更加复杂，从而为系统管理学派提出了一个重要的管理课题，即如何从企业的整体要求出发，处理好企业组织内部各个单位或部门之间的相互关系，以保证组织整体的有效运转。以往的管理理论都只侧重于管理的某一个方面，或者侧重生产技术过程的管理，或者侧重人际关系，或者侧重一般的组织结构问题。为了解决组织的整体效率问题，必须把组织当做一个整体来研究。参考一般系统理论对有机体的研究，西方有些学者开始把它应用于工商企业的管理，形成系统管理学派。

系统管理理论使人们注意到任何社会组织都具有开放的有机系统的性质，将一般系统论扩展到社会组织，通过对社会组织的研究来分析管理行为，使人们从系统整体的观点出发，对组织的各个子系统的地位和作用以及它们之间的相互关系，得到了更清楚的了解，加深了人们对于社会系统的了解和认识，为人们处理和解决各种复杂组织的管理问题提供了一种十分有用的思路和方法，也成为认识整个社会系统的基础。

二、理论创新是对复杂系统本质揭示的开始

复杂系统理论研究的不断深入是从信息理论研究开始的，从 20 世纪 50 年代开始，揭示复杂系统基本性质的系统技术理论开始出现，这就是系统论、控制论、信息论"老三论"，以及耗散结构论、超循环理论、协同学、突变论等。尽管这些理论往往都是为解决具体问题而出现，但实际上**却揭示了复杂系统的某些共同特征**，例如信息论是为解决通讯技术中的信息编码问题；而控制论中，"控制"就是通过获得并使用信息来"改善"某个或某些受控对象的功能或发展；耗散结构论讲的是开放性系统通过从外部得到信息来获取负熵；突变论的核心可以理解为系统内部信息结构的突然改变；而自组织理论讲的是这些复杂系统的组成和升级信息系统的过程。这些理论都从不同方面揭示了复杂系统的特征，为我们今天的综合信息系统进化的理论研究奠定了基础。

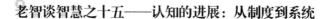

近年来，一方面是一般系统基础理论的研究进一步深化，另一方面是向更加广泛的实践领域发展。一些物理学家、生物学家和化学家还在各自的领域中沿着开放复杂系统的方向深入研究一般系统论，并得到了关于复杂系统的一系列重要规律。最重要的是生物科学的进展，到 20 世纪 70 年代在系统科学的指导下，一个崭新的交叉综合学科诞生了，这就是认知科学，它综合了心理学、语言学、人类学、计算机科学和神经科学六大学科的最新研究成果，将心智问题的研究拓展到更广泛的领域，开始探究人脑或心智工作机制。与历史上对心智问题的研究是不同的，认知科学对心智的研究已经不再是哲学的思辨，也不仅仅是心理学、生理学等单一学科的实证研究，而是建立在脑科学发展基础上的多学科的综合研究，这标志着在系统科学理论的指导下人们已经开始把握生物系统最本质的特征。

三、智慧进化理论——新理论体系的曙光

进入 20 世纪后，科学发展进入到一个综合的时代，动态的、综合的、系统的观念兴起，在科学研究方面要取得一项突破需要集合大批各门学科的人才，将各种分门别类的知识综合起来才行。这实际上体现了对于生物、社会这些进化程度更高的物质系统认知上的要求，是我们从时段性、结构性认知转向全时空、系统性认知的时期，这个时期最为紧迫的任务就是需要一个更清晰明确的理论框架，建立起宇宙物质系统演化在复杂系统高级阶段的新秩序，将已有的各学科和门类不同的知识综合起来，上升到新的层次，总结出复杂系统的共有特征，从总体上把握其内部构成、运行机制、信息结构及其发展演化的一般规律，将人类对复杂系统的认知真正推进一大步。

智慧进化理论义不容辞地担负起这一伟大的历史使命。首先，它从实证的角度，将信息系统理论引入到整个生物进化的过程之中，**第一次明确提出生命就是由生物大分子组成的第一个信息系统，生命的诞生就是宇宙中第一个信息系统的诞生。**由此揭示了生物进化的根源，或者说生物系统进化的"内因"，是由信息系统的运行机制形成的；而生命的升级，即"自组织"的核心，也就构成了新层次的信息系统。从此解决了人们关于生物进化的长期争论，为生物进化的实证性研究指明了方向。以此为基础，在纷繁杂乱的生物进化的历史事实中，建立起由原核细胞构成的智能系统、由真核细胞组织和器官构成的智力系统，以及由猿人个体构成的智慧系统三个层次。以信息系统为标准的生物进化体系清晰明了地论述了三个层次系统的来源及构成特点、运行及进化机制，将我们对复杂系统的认知大大地向前推进了一步，并建立起复杂系统进化的秩序，从而完善了宇宙物质系统按复杂性演化的排列秩序。

其次，**第一次明确提出人类的出现是一个新层次信息系统的形成，**完善了关于人类形成的理论，解决了困扰人们几千年的人类起源问题，将精神创造人和劳动创造人的观点，通过信息系统结合在一起。精神无非指的是系统信息的积累和处理，而劳动实实在在是信息使用的环节，这个观点的形成，清楚地展现了人们对自身的认知从片面走向比较全面的过程。

最后，**揭示了细胞、生物、人类社会这些复杂系统的共同本质，**这个共同的本质就是信息系统，由此决定了复杂物质系统的诸多特征以及特有的运动方式。为了与之前一般物质系统的演化相区别，人们将其称为生物进化。为了便于理解，我们再来简述一下：任何生物系统都是通过产生新的功能来接受外部环境的选择，这个"环境"包括不断变化的自然环境和同类系统之间的竞争，**关键在于生物系统的新功能是如何产**

生的。**在智能系统的层次，**是 DNA 信息系统机制在起作用，也就是我们现在所说的"转基因"，通过输入新的基因信息实现系统结构和功能的转变；**在智力系统的多细胞生物层次，**"转基因"的机制受到动物神经系统运行机制的影响，通过"用进废退"机制影响基因带来器官的进化，符合神经系统也就是智力系统进化的方向；**在智慧系统的层次，**早期初级阶段还是依靠生物进化来促进大脑硬件的进化，使群体语言网络更复杂，从而产生出诸如新型石器、用火等新功能。中期随着晚期智人大脑进化到顶峰，新的信息结构文字符号系统出现，标志着智慧系统进入到系统软件和组织进化的新阶段，从此智慧系统不但依靠信息积累和信息处理所产生的新功能来应对环境，而且通过这些新功能来构建自身。

生物系统进化的规律就是信息系统进化的规律，这一规律所揭示的过程无论在自然界还是在人类社会都是普遍存在的，是因为其内部都具有共同的本质。如果我们回顾历史，从生物体的进化到人造机器系统的优化，以至于人类社会的发展，到处都可以发现信息系统进化的事例以及这些事例背后隐藏的信息系统进化的规律。

生命诞生也就是信息系统的诞生，智慧进化理论用严格的逻辑秩序与大量的历史事实相结合，建立起全新的生物信息系统进化的理论体系。从生命诞生也就是信息系统形成开始，通过细胞级的**DNA 信息系统，**升级到组织器官级的**神经信息系统，**再进化到猿人群体组成的**语言网络信息系统。**既有不同复杂程度的信息系统所表示的清晰的进化阶段，又有不同类型的信息系统所表现的明确的进化层次；既有内部运行机制的变化，又有外部功能与环境的选择；不仅为生物进化理论奠定了实证基础，而且轻松地解释了许多困扰人类几千年的理论问题，例如生命如何诞生、生物进化的内在机制、什么创造了人、生物进化和社会进

化的关系等。

总之，智慧进化理论揭示了复杂物质系统的本质及运行规律，补充完善了宇宙物质系统演化的秩序，为一个大范围的理论综合拉开了序幕，必将极大地促进人类认知的发展，补充和丰富人们对物质存在形式的哲学认知，形成新的、系统的世界观，并且为现实的智慧系统的进化升级提供理论指导。

四、对社会认知的深化

智慧进化理论的出现，不但将这种新的系统性认知整合成综合理论体系，而且为其向实践拓展开辟了道路，其中最具实用价值的就是对人类形成以及社会本质的认识，把我们对社会的认知从制度、体制、结构等抽象的、结构性的概念层面，推进到可以具体分析社会系统的本质联系、各个环节运行机制的具体层面。

对于社会制度的分析来源于100多年前的社会科学理论，相对于宗教对于社会的认知，无疑是巨大的进步，也为批判旧制度的弊病，以至于推翻旧的制度提供了思想武器。但是，当面临需要构建新的极其复杂的社会系统时，这种只停留在抽象概念领域的结构分析就远远不够，但是以整合了最新复杂系统的相关理论，并揭示了复杂系统本质特征的智慧进化论，为我们重新整合社会系统所需要的认知提供了理论框架。

1. 智慧进化理论从生命的诞生开始，一直到人类的形成，揭示了隐藏在生物系统物质和能量运动背后的根源，就是信息结构的运行。这个结构决定物质和能量运行的方向，决定了生物系统的诸多特殊属性，也决定了生物进化与一般物质系统演化的区别，因此决定了生物系统或者说复杂系统的共同本质特征。

在此之前，没有找到贯穿所有生物系统的共同本质这条"纲"，当然也就无法把分散杂乱的"目"贯穿起来，形成整体性的新认知。具体到社会系统，大家都知道这个系统不只是物质和能量的运行，里面还有意识、精神、心理等各种非物质因素在起作用，有时甚至起主要作用。但是在传统理论所提供的"语境"之下，这类无法通过实验即时验证的东西很难说得清楚，更难以深入研究，也就成为精神迷途最后的藏身之处。

智慧进化理论在最新认知科学的基础上，揭示了社会内部的信息系统的运行，将看来神秘的意识、精神、心理等各种因素纳入到系统信息的处理环节之中，并且通过三个层次生物信息系统进化的理论体系，清楚地区分不同层次的系统和系统信息以及它们之间的相互影响，为深入分析社会系统的运行及进化指明了方向。

2. 智慧进化理论为我们重新认识纷繁复杂的人类社会提供了基础。在此之前，我们认为构筑社会的框架是制度、法律、规范、习惯等，基本上都是属于观念形态的东西。但是从智慧进化理论的观点来看，这些东西都是属于信息积累的范畴，它们的运作受到更为基础的信息结构的制约，这一点是我们从近几十年电子信息系统的理论和实践之中得到的启发。电子网络中积累的内容，受到电脑硬件和软件的制约，而人类形成的无形语言网络也如此。因此，**贯穿人类社会始终，并构成我们社会基础、决定我们社会进化水平的关键，并不是某种制度，而是我们智慧进化论中提出的生物系统的基础信息结构**。从这个角度出发，我们就能清楚地看到社会系统的硬件是什么、软件是什么、如何进化得来的，以及信息结构网络是如何形成和逐步进化的、系统内的信息是如何逐渐积累起来而形成观念结构，以及最后这些信息是如何得到使用的，如此等等。

3. 智慧进化理论揭示了社会系统的本质，为种类众多的社会科学理论提供了科学综合的框架。在此基础上明确社会科学理论描述的整体对象，这样才便于了解各种具体理论是反映系统整体的哪一部分，以及哪些理论属于系统认知科学，及系统信息的积累和处理、系统运行的科学、系统管理的科学、系统信息的使用等，当我们把这些分门别类的学科重新整合到新的总体框架之中，将政治、经济、文化、科学等分类知识同炉共治，新的认知将油然而生，带给我们的将不是干巴巴的几条理论，而是动态的、生动的、可数量化的社会（智慧）系统模型，从而实现对社会系统认知的真正飞跃。

4. 有了对自身本质认知的基础，我们就可以跳出所处系统的局限，居高临下地将智慧系统与外部环境的关系看清楚。智慧系统基础信息结构的进化水平，决定了当时人类社会的信息处理能力，表现为总体的认知水平：从初级智慧系统前期的小群体，以肢体语言为主形成的**直觉性认知**；到后期大脑硬件发育成熟、群体扩大形成社交网络，以口头语言为主形成的**常识性认知**；再到智慧系统进入中级阶段，在组织进化的基础上由语言文字发展形成的**经验性认知**；一直到中级智慧系统转型升级为民主型制度，发展成现在的**科学理性认知**。现在可以预测的是，随着人造信息系统、电子信息网络的不断进化，人类的认知也将进入到新的阶段，这是总体的、综合性的、动态的、全面的认知，我们暂且称为**智慧性认知**。伴随着智慧系统基础信息结构的进化，人类的认知将不断地发展，人类改造世界的能力也将不断地提高。

5. 将人类社会看成一个整体并不是我们的发明，古今中外许多人都有此提法，只不过我们今天是站在现代科学最新进展的基础之上，从生物信息系统的角度来研究人类社会的整体性，就会发现它与智能系统的细胞、智力系统的动物，在内部有着相似的结构，在外部也会产生出相似的功能，这都是由它的本质特征也就是信息系统所决定的。智慧系统的进化过程就是不断地满足这个信息系统的本质要求的过程。系统个体的不断扩大，从数量上满足信息流量的扩大；系统个体素质的提高和系统内部信息结构的改善，从质的方面扩大信息流量；而系统内部规章、规则、法律制度的不断完善和进化，使得系统内部组织之间以及组织内部个体之间的关系更加和谐融洽，减少了由于矛盾和对抗所造成的信息流通不畅，提高了信息流通的效率。**智慧系统正是在不断满足信息系统进化要求的同时，获得了对环境的主动权。**

6. 智慧系统反映了人类最本质的特征，可以毫不夸张地说，没有智慧系统的产生和进化就没有如今的人类。这个本质到底有多重要呢？让我们看两个例子：一是德国、日本这两个第二次世界大战之后的战败国，大战之后是遍地废墟，但是构成信息系统的人还在，系统仍然可以按照原有的结构运行，因此短短的几年就在废墟上建立起城市和工业体系，甚至比战前更繁荣；二是笔者曾经听说过的"瓶盖"理论，说的是某种塑胶瓶盖，某国际大公司和街道企业都在做，外表一模一样但质量差别巨大。人们说是背后凝聚的智慧不同，但从信息处理的角度来看：对材料选择涉及认知信息，生产设备以及产品涉及设计信息，各种环境的测试是反馈信息等，信息处理才是根本的原因，任何人造产品的区别实际上都是其背后的信息处理过程的差别所形成的。以上例子说明大到支撑社会的整个硬件环境、小到最细微的一个产品这些物质的东西，实际上都是由背后的信息系统决定的。

总之，从体制到系统，认知的进展将极大地推进我们的观念变革，把我们对生命、生物和社会的认知推向可以实际操作的领域。在激烈的系统竞争环境中，为我们找到了一条快速进化升级的捷径，这条捷径不需要占有更多的资源，也不需要"掠夺"更多的财富，而是像我们的祖先道家所提倡的"修身养性"一般苦练内功，就是按照智慧系统的本质要求，在新的系统电子网络信息基础结构之上，打破各种利益藩篱，重新构造体制和机制，实现社会这个巨大信息系统的各个环节的优化和高效，使智慧系统升级到新的阶段，为人类社会的进化作出贡献。（下一篇，我们将介绍信息系统的新形态——人造信息系统）

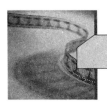

老智谈智慧之十六

——人造信息系统

　　20世纪前半叶受到资本主义经济危机的影响，处于系统进化前列的资本主义发达国家学习了苏联等社会主义国家的经验，开始放弃自由放任的市场经济传统，接受了凯恩斯主义，利用国家权力对经济进行大力干预，主要是创造一些属于整个系统的需求，例如大规模的基础设施建设、社会福利设施等。更重要的是这些国家开始参与和组织、建设整个社会系统的信息流动和信息处理，比如开始制定中、长期的发展规划，组织实施大型的科学研究项目，以至于通过各种组织创新来促进科学和技术两大信息体系的融合，直接地促进了系统基础信息结构的进化。

　　在新的观念以及新型组织创新的带动下，直接影响系统基础信息结构改变的产业开始出现。在经过农业和工业两个阶段的进化，人们构建起智慧系统新的生存结构之后，到19世纪人们开始向智慧系统信息结构的方向探索，这方面与智力系统的进化相似，都是从信息的接收和流通开始。1837年电报和摩尔斯码的发明，使人类在远程信息通讯的历史上迈出了第一步。1876年贝尔发明了电话，声音通讯使信息传递更加及

时、方便，传递信息量更大。

在这些信息传输技术的背后是一个新兴行业的出现和发展，这就是电子行业。**新出现的电子产品相当于在智力系统中新出现的神经细胞，它们的进化也是与智力系统的神经细胞一样，先是构成各种感应和接收信息以及传输信息的器件和设备，之后才能进化出更复杂的信息储存与处理设备，再后来才逐步进化成一个新层次的信息系统。**但是与智力系统不同的是，电子产品的进化过程要比神经细胞的进化快上几十万倍。我们知道电子管是在 1904 年出现的。1947 年第一只晶体管诞生；1958 年第一块集成电路问世，集成电路经历了小规模、中规模、大规模、特大规模到超大规模集成的发展路径。短短几十年，电子产品已经过十几代的进化，信息处理的效率千万倍提升。现在微细加工工艺、以集成电路为核心的微电子技术与光电子和微电子传感器件的开发，既是计算机，也是机电一体化技术与产品的基础。

进入 20 世纪 40 年代，以电子计算机为代表的数字化信息处理技术产生。第一代电子计算机诞生于 1942 年，是美国大学与军方合作为计算火炮弹道而设计的。电子计算机具有人脑的部分功能，能够存储信息和进行计算。通信等"弱电"的作用第一次超过了能源等"强电"的作用，标志着信息化社会的开端。计算机技术的出现和高速发展是中级智慧系统功能进化的第三大里程碑，和前面两次相比，它的特点是人类的制造能力已经从材料和能量的层次上升到对信息的加工处理。如果说前面两次是人类极大地加强了感官功能的话，这一次就是充分解放了人的大脑。因为原来全部需要由人脑来处理的信息中有一部分开始由计算机来处理，使人类可以大幅度地提升工作效率，集中精力去处理那些更复杂的信息，真正发挥"人的作用"。

一、人造信息系统的诞生

随着电子计算机的进化，为其配套的信息收集、传输及使用的设备不断出现，它们结合起来形成新的信息系统——人造信息系统，这个系统逐渐地应用到传统组织之中，逐步地改变了这些组织的性质，为中级信息系统进化到更高级阶段奠定了基础，下面我们来具体分析。

1. 新型的信息系统。从生物信息系统的进化过程中，我们知道现在**经常使用到的信息系统的概念，实际上是指人造信息系统。**我们对信息和信息系统的认识，是随着科学技术以及工程和管理实践的发展而不断深入的，直到今天我们才知道**原来这个信息系统早在 30 亿年前就已经出现，并且是所有生命体的最本质的特征。**下面就让我们来看看这个人造系统和经过几十亿年进化的生物系统有何不同。

2. 人造信息系统的特点。我们拿人造信息系统与生物信息系统比较分析后可知，首先它们都是信息系统，都具有信息系统的基本属性，就是具有信息的接收、储存、处理、传递与使用等基本功能。

其次它们的区别也十分明显，人造信息系统不是自然进化的产物，而是人类制造的：第一，从目前来看，它并不是生物材料制造的，而是使用物理材料制造的，因此它内部的结构是物理结构，它的信息结构和能量结构是分离的，它的运行需要特别的能量供应。第二，经过几十亿年进化的生物信息系统是从保持和发展自身的根本目的出发，去接收（或传递）信息，以消除对环境"认识"的不确定性，进而提高对外界的反应或控制能力；而人造信息系统是由人制造并控制的，没有自身的目的性，必须由人类来驱动并为人类的目标服务。第三，作为人造的产品是建立在人类对该类事物认知的基础上，并且随着人类认知的深化而进展，因此在进化方面，人造系统与生物信息系统的区别尤为明显，进化机制完全不同，结果就是进化速率也大不相同。我们知道作为智能系统的单细胞生物，它们的进化是以百万年为单位的，而智力系统的多细胞生物，它们进化的速率已经提高到以 10 万年为单位。进入到智慧系统阶段，进化的速率不断加快，在智慧系统的初级阶段初期仍然以万年为单位，中级阶段就变成以百年为单位，而现在十几年的时间，人造信息系统已经升级了几代，并发展到联通全球的网络。

总之，人造信息系统的出现极大地改进了中级智慧系统的基础信息结构，提高了系统信息传递的效率，扩大了系统信息处理的容量，使系统一体化的程度大大地提高，为系统的升级奠定了基础。具体来说，在信息接收方面，各种传感器不断出现，远远突破人体器官的极限；在信息传输方面，不但突破了空间的限制，而且突破了时间的限制，真正能够做到处处和时时连通；在信息储存方面，极大地提高了信息的储存效率，用形象的话来说，文字时代整座图书馆的资料，现在只是一小片磁碟；在信息处理方面，随着信息储存能力的大幅提高，使传统的信息处理方法难以应付，在此之前，尽管信息传输的方法早已出现了革命，例如电报、电话的发明等，但是在信息的处理方面还主要是以个体的大脑为主。电脑的出现才带来信息处理的革命性变革，电脑开始逐步代替人脑某些方面的功能，高速地、大批量地处理海量的信息，并开始在人的大脑之外建立起新的数码信息空间来整合人类的知识体系，使人造信息系统得以更快进化。

二、人造信息系统出现的意义

在经过 3000 多年的中级智慧系统进化之后，我们终于迎来了人造信息系统的诞生，这是人类在构造了智慧系统的生存结构，经历了农业社会和工业社会两个阶段之后，向反映智慧系统本质特征的信息社会迈进。

一是组织进化的基础开始改变。组织进化是中级智慧系统进化的主要特点之一。但是正如我们之前分析过的那样，建立在口头语言和文字基础上的组织进化，有其难以克服的缺陷，这就是基础结构造成的信息不对称。由于信息传输的范围有限，组织内的个体必须保持一定数量，组织的扩大是通过不断地产生分组织或者下级组织来实现，组织内部及分组织之间的地位是不平等的，在缺乏强有力控制中心的情况下，组织之间和组织内部由于信息传输和处理的差异，极易形成矛盾和冲突，并造成种种弊端，成为系统信息结构改进的障碍。

随着人造信息系统的进化，新系统利用电子信息技术可以在极短的时间内，将信息传遍全球每个角落，完全打破了时间和空间的限制，并且借助计算机带来的信息储存和处理能力，可以解决个体获得的信息不对称问题，带来构建系统内部全新的组织和结构的可能。随着系统中心从权力中心转变成信息中心，每个系统内的个体可以平等地从系统中心获得所需要的信息。随着虚拟信息空间的拓展，虚拟组织将大量出现，成为区别于实体组织的新的组织形式。虚拟组织将打破原有的时空界限，也将突破阶层、阶级以及利益集团的边界，既可以发挥原有组织积累和处理专业信息的长处，又可以避免传统组织的缺陷，为建立人类统一的观念体系、实现真正公平正义的理想社会创造条件。

二是构建真正的系统信息中心。随着人造信息系统的进化，以较低成本形成的联系全球所有个体的电子信息网络，不但可以促成全球个体的信息即时共享，而且可以为全球个体参与系统信息的处理创造条件。当这个网络连接起大型计算机和巨量存储设备之后，将构建起不断扩展的数码网络空间，为建立全人类统一的信息体系提供可能。我们大家都知道"盲人摸象"的寓言，**反映的是在中级系统语言和文字的基础上，人们的认知只能是个体和小集体的，因为没有巨大的信息空间来容纳人类统一的信息体系，也就无法形成全人类统一的观念体系，因此认知差异和观念冲突为社会带来难以平息的矛盾和冲突。**

在人造信息系统全球网络的基础上建立的信息中心，不但为我们建立全人类统一的信息体系创造了条件，而且还为我们建立经济和社会公平正义的管理机制奠定了基础。如前所述，由于中级系统组织进化的局限，形成系统中心的缺陷，因为渗入了管理者的私利而成为系统的权力中心。尽管经过长期进化后，中级系统普遍地转型升级：一方面大幅减低了系统中心对经济的调控作用，利用市场机制实现自发调节；另一方面在系统的管制中心形成相互监督和制约的结构，以减少腐败和以权谋私的现象。但是，**当系统的管制中心仍是主要依赖个体大脑进行信息处理时，因其性质决定个体的本能私欲仍时时处处有侵入的可能。**利用体制和社会舆论的监督，尽管是有效的，但是要耗费大量的时间、精力和社会财富，最典型的例子就是西方现在普遍实行的民主选举，不但浪费了大把的时间和金钱，而且选出的代表一般并不代表绝大多数人的长远利益，往往只是代表某一部分人的短期利益。

人造信息系统的进化，为解决以上问题创造了条件。随着计算机网络信息处理能力的日渐提升，可以逐渐地取代个人大脑的部分信息处理功能的网络产品开始出现，尽管从目前来看这还只是个别应用，但是这种趋势难以改变，因为智慧系统内部的信息流量随着网络的进化而急速增长，传统的实体组织形式将无法应对，只有建立起以虚拟组织结构为基础的网络信息中心，让超级计算机在系统信息的分析和决策等各个领域发挥越来越重要的作用，才能真正实现系统中心从权力中心向信息中心的转变，将个人的本能私欲彻底与系统中心隔绝，实现真正公平正义的社会理想。

三是极大地促进系统信息处理能力的提高。智慧系统的核心就是其信息处理的能力，这种能力表现为人类通过认知、设计、实施和管理，最后达成人类的目标。伴随着人造信息系统的进化、计算机功能的逐渐增强，和以往科学研究方法与技术不同，计算机部分替代和强化了人脑的功能，并形成了一种新的与理论探索、实验研究并驾齐驱的第三种科学工具——科学计算。科学计算指的是通过建立数学模型，转变为计算机算法，再通过计算机用 3D 或其他形式以动态模型的方式展示出来。这实际上形成了一种新的认知方式——计算机模型化认知的方式，是在概念、理论和科学计算基础上的新认知工具。模型化的认知是以动态的模型为基础，用动态模型的方式反映现实事物的特性早已有之，在 1949 年就有人用它展示了英国的经济是如何运转的。此模型实体是用水管和旧零件制成。此模型基于对消费者开支、税收以及其他经济活动所进行的"假设"性调节，用有颜色的水模拟收入的流动。尽管用今天的标准来看，这个模型还相当初级，但它却具备了模拟系统的基本运作方式：规定系统内各个要素之间的一系列关系，输入数据，然后观察结果。即使预测效果不准，这种误差本身也能成为有用的信息，可以用于改进模型。

实际上随着计算机技术的发展，计算机内部的计算能力逐步提高，以及软件升级使人机交流的界面更加形象，各种实用性的模型已经开始在各行业出现，例如：在自然科学中，根据物理定律，用模型预测流体中的粒子行为；策略性模型工具允许管理者事先能有效地预测火情可能如何扩展，以及未来火情可能在哪里爆发，而战术性工具允许在短时间内为特殊火灾建模。使用最广泛的或许是一种名为 FARSITE 的模型，它能使用地形、燃料和气象数据在二维地图上设计一条火灾路径，不仅是对火山喷发、短期经济增长的影响建模，而且还要针对人类行为涉及的所有领域，从教育到疫苗的分配，以至于购物、约会或投票等建模。模型能够创建科学家所谓的"行为循环"，可以预测出人类的许多事情。

动态模型作为智慧系统新的软件，它的进化也同当年口头语言、文字、概念、句子、文章等系统软件的进化一样，随着人们的应用需求，从特殊的、简单的动态模型，向一般的、复杂的动态模型发展，并随着计算机的普及而应用到各种不同的行业，以及智慧系统的认知、设计、管理和运营的各个环节。**有意思的是，就像简单的口语用于诗歌、传说，复杂的文字产生文学作品，动态模型也首先用来表达人类的感情和娱乐，并且飞速发展，成为吸引全民参与的普及活动，这就是电脑及网络游戏**——不断创造出参与人数的高峰，就像古代的诗歌或者中世纪的文学作品一样，成为现代人类的新时尚。作为一种新型的智慧系统软件，动态模型同语言、文字相比，不仅更生动形象，而且因为它包含了更大的信息量，对事物的反映更加精确，将逐步克服人类固有的随意联想的缺陷，使人类的思维更加丰富、严谨，让精神迷途不再有市场。

随着计算机功能的不断进化，各种动态模型也变得更加复杂，当计算机不断地连接起来、形成网络后，这些不同类型的模型也开始结合起来，成为超级模型。目前有许多国家开始建立这种由大量动态模型结合起来的复杂模拟系统，在这些复杂的模拟系统内，人可谓形形色色，动机也各不相同，既有各种意外事件，也有无数复杂的反馈信息，并且可以通过输入、输出以及反馈回路，与其他相关系统相连。例如，一个城市的经济模型就依赖于该城市的交通模型、农业生产模型、人口统计资料、地理和气候模型等。已经有些研究者计划打造一个能模拟整个世界的系统，以便预测未来。

建立在人造信息系统基础上的动态模型不仅能够用来对生物以及社会这种多变量的复杂系统进行反映，而且能够将对这些复杂系统的反映模型结合起来，整体性地反映外部环境，建立起虚拟世界。这种计算机模型形成新的认知方式，使人类对事物的系统性整体认知成为可能。尽管现在来看，模型还不够完美，许多研究者认为世界上许多复杂的运作机制，例如互联与争论等动态模型也难以表达，我们相信随着人造信息系统的快速进步，带来智慧系统的快速升级，实现对地球这个我们赖以生存的环境的系统且综合性的全面认知已经为期不远。

三、人造信息系统的进化

人造信息系统的出现只有短短的几十年，但是已经代表了智慧系统进化的方向，它的进化与智慧系统的初期进化有着十分相似的过程，从硬件进化开始，之后是软件进化，再后来才是逐步出现各种专业的自动化系统，再进化到将全球联系起来的互联网。我们回顾人类初级智慧系统的进化或者说人类大脑的进化，可知，从当初最简单的动作加有声语言的网络，到成熟语言和文字的网络，经过了200多万年的时间，期间主要是大脑新皮层、发音器官等系统硬件器官的进化。而现在的计算机或者说电脑从出现到网络的形成，只用了短短三四十年的时间，这里面表现的正是智慧系统最大的特性——极强的系统信息处理能力，以及由此产生的自然选择和人工选择的区别。下面看看其进化经过的几个主要阶段：

1. 从硬件基础到计算机的进化。早期出现的是电子物理元器件的进化。我们前面已经提到，其经历电子管、晶体管、集成电路到大规模集成电路与超大规模集成电路的发展阶段。实际上从 1946 年第一台电子计算机投入使用，硬件的进化整体地体现在计算机进化的过程中。从 20世纪 70 年代开始，计算机进入新的发展阶段，由大规模集成电路和超大规模集成电路制成的计算机运算速度大幅度提高，使电脑进入了第四代。目前巨型并行计算机已能达到每秒 10 万亿次、百万亿次的浮点运算速度，大规模集成电路特别是半导体集成电路的出现，为微处理器提供了可能性。超大规模集成电路的发明，使电子计算机不断向着小型化、微型化、低功耗、智能化、系统化的方向进化。

2. 个人电脑的进化。1969 年美国通用电器公司推出微处理机方案。1971 年第一台微机问世，1977 年苹果公司的个人计算机投放市场。个人计算机发展神速，世界上第一台个人机由 IBM 于 1981 年推出，世界进入到个人计算机的时代。进入 21 世纪，计算机更是笔记本化、微型化和专业化，每秒运算速度超过 100 万次，不但操作简易、价格便宜，直接代替人们的部分脑力劳动，在许多方面扩展了人的智能。于是，今天的微型电子计算机就被形象地称作电脑。随着电脑的普及，个体的信息处理能力逐渐增强，新的信息传输需求开始产生，电脑连接起来的网络开始出现。

3. 电脑网络的进化。随着计算机不断进化的是应用系统的进化，早期的应用主要是在自动化控制方面，类似于智力系统进化出的简单神经网络，主要用于控制肌肉的运动，而这时的电脑主要用于协助人类控制各种机械系统，在各行各业都出现了由电脑控制的自动化系统。

20 世纪 50 年代产生了计算机之间的通信方式——数据通信。电子计算机和现代通讯技术的有效结合，使信息的处理速度、传递速度得到惊人的提高。1969 年，为了能在爆发核战争时保障通信联络，美国国防部高级研究计划局（ARPA）资助建立了世界上第一个分组交换试验网ARPANET，连接美国4个大学进行数据交换和通讯。这是历史记载中人类首次正式建成和应用计算机网络，由此也宣告了计算机网络时代的到来。此后整个互联网就从最初的4台计算机开始膨胀到现在的几百万台服务器，由此产生了种类繁多的互联网应用。一些最基础的原始应用开始萌芽，主要包括电子邮件、网络游戏、BBS等互联网原始应用，这些技术的诞生为互联网此后的繁荣奠定了基础。

1983年互联网的原始元素之一BBS发生功能分离的现象，通过建立专业性的网络数码空间，实现信息积累为个体提供服务，分裂出新闻类、电子商务类、博客类、威客类、维基类、SNS类、DIGG类、换客类、搜索引擎类等至少9个方向的网站。**1997年**互联网开始形成个人的数码空间。博客是互联网的第一步，此后博客与威客、电子邮件系统、IM，逐步融合形成互联网中真正的个人数码空间。互联网个人信用的确立也将是21世纪的另一大特点。**2005年**为了延长人类与互联网接驳时间，无线互联网逐步超越固定互联网，各种应用逐步转移到移动互联设备上面，人们可以随时随地通过移动设备进入互联网。

在近40年的时间里，互联网高速蓬勃发展，已经进入千家万户，成为当今大多数人工作和生活中必不可少的一部分。据统计，互联网在美国的普及率已经达到82%，2008年中国互联网用户的总数量也首次超过美国，以约2.44亿人的规模，成为世界第一大互联网用户国。

随着人造信息系统的不断进化，智慧系统的进化将进入新的阶段。在此之前，人类技术的进步只是在信息的储存和传递层次，现代电子通讯技术的发展是19世纪初叶才出现的事情。和语言、文字相比，电信技术主要解决远距离信息快速传输的问题。但是当电子技术从个别的元器件组合成为一个信息系统之后，质变开始出现，新的属性也随之产生。随着处理信息的机器出现，人们开始用机器代替人脑的部分功能来处理系统信息，从此人类在构建与生存有关的物质结构、能量结构之后，开始直接构建智慧系统的核心结构——基础信息结构，并且随着智慧进化理论的逐步普及，智慧系统的进化将从自发阶段进入到自觉阶段。

老智谈智慧之十七

——智慧系统升级的必然性

新类型信息系统的出现，标志着智慧系统的进化将进入到新的阶段，此时只有用智慧系统进化理论取代社会发展理论，才能在回顾整个历史进程的时候，发现生物进化的历史和社会发展（进化）的历史之间的必然联系，从而深刻地理解智慧系统不断进化升级的必然性，并由此逐渐地明确社会发展或者说智慧系统进化的前景和方向。

一、生物信息系统进化的共同规律

生物信息系统的进化有其客观必然性，是不以人的意志为转移的，这是由其根本性质所决定的，从生物信息系统诞生的第一天起，就决定了它总体上只进不退的命运。不论地球的环境如何变化，生物系统都在顽强地从小到大、从简到繁、从低级到高级地不断进化，进化是生物信息系统生存的目的，也只有进化才能更好地生存。

智慧进化的理论体系已经揭示了生物进化的本质，这个本质就是生物信息系统的运行机制。生物信息系统是一个具有自动力的信息系统，只要它还生存，其内部的信息就会按照基本固定的方向流动，所谓生命不息，信息流动不止。从进化过程来看，在细胞级的智能系统层次，表现为 DNA 信息系统的运行机制；在具有组织和器官的智力系统层次，表现为真核细胞的 DNA 信息系统与动物的神经系统相互作用的运行机制；在由人类个体组成的智慧系统的层次，由语言构成了新层次的无线信息网络，形成新的信息系统运行机制。这些不同层次的系统，都是通过信息接收、传递、储存、处理以及信息使用等信息系统主要环节的循环运行，来构造自身的内部结构以及产生新的外部功能。正是这部分新的功能在与外部环境的相互作用之中，完成"自然选择"的全过程，这是一个生物系统进化机制发生作用的过程，也是一个与时俱进的过程。

 ## 二、从智慧系统自身特点来看

　　智慧系统是生物信息系统进化到高级阶段的形式，从智慧系统的运行来看，它是三个信息系统共同运行的结果，但是对于进化机制直接起作用的，主要是智慧系统中的语言无线网络层次，因为前两个层次的系统只是与系统个体的生存有关，而后一个层次才关系到系统外部功能的生成，直接面对环境的选择。这正是我们认识智慧系统的难点所在。由于没有看到智慧系统进化的特有机制，或者将智慧系统进化的机制与个体智力系统进化的机制混淆起来，使我们难以把握人造信息系统不断进化出的各种新的功能，甚至对一些像人工智能等新功能，产生庸人自扰式的担忧。

　　智慧系统是进化等级比较高的系统，不但结构更加复杂，也表现出更大的灵活性，**一般系统理论里常提到的要素构成方式，也就是结构的**

不同将决定着系统的不同属性。智慧系统的结构的最大特点，就是它并不像之前的智能、智力系统受固定结构限制，是由智力系统的特殊个体所构成的群体。因此，首先是开放性的，一方面，系统可以吸引大量的个体加入，而使整个信息系统迅速扩大；另一方面，开放性还表现在对所有信息来源的开放，或者说智慧系统是可以接受自然界、人类社会以至人类思维的所有信息。

其次是系统结构的灵活性，因为无线网络没有了结构上的限制，智慧系统构成的灵活性是其他任何生物信息系统所不具备的，可以突破时间和空间的限制，既可以通过集中大量的个体来构造起系统运行的某个环节或者系统的某个组成部分，又可以通过对自身本质的认知来改造或者说重构整个智慧系统。

我们知道这对于较低层次的生物信息系统来说，由于受到固定结构的限制，系统内部信息结构的改变是极小概率的事件，甚至要经过几百万年的时间，而对于智慧系统来说这种改变十分容易，这也是生物系统进化到高级阶段的优势。因此生物信息系统进化到智慧系统阶段之后，出现不断加速进化的趋势，在初级阶段仍然类似于智力系统中的哺乳动物躯体的进化，新生种群的更替要经过十几万年的时间；到了晚期智人时期进化明显加快，几万年的时间就从原始部落进化到氏族部落；进入到中级阶段的国家形态，1000多年的时间经历了从简单的城邦到跨几大洲的大帝国，从封建专制的国家到资产阶级的民主共和国，再到社会主义国家，不同的规模、制度、形态不断演化；进入20世纪，人们在经历了农业社会和工业社会构建起的系统坚实的生存基础之后，开始进入到信息社会，制度的进化将不再重要。随着人造信息系统的出现，人类将进入到依靠技术的进步直接构造自身系统的阶段，作为人造信息系统基础的电子信息技术在短短的几十年里，已经更新了几代，智慧系统大

爆发式的进化升级已经越来越近了。

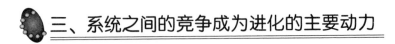

三、系统之间的竞争成为进化的主要动力

　　除了智慧系统的特殊结构有利于进化机制的形成之外，智慧系统之间的竞争也是促进智慧系统进化的主要动力。随着社会信息化程度的提高，智慧系统之间的相互依存程度越来越高，但是竞争依然存在，从农业社会的冷兵器，到工业社会的机械化、自动化武器，发展到信息社会的政治、经济、文化和军事等全面竞争时代。

　　最新的竞争来自互联网带来的虚拟信息空间，互联网作战打破了传统战争样式，使人类进入了没有硝烟的战争，20世纪90年代，美国就提出了网络战概念，近年来更打着维护国家利益的旗号大力发展网络部队积极扩军备战。美国是全球唯一的超级大国，冷战时期它使用的是核威慑。冷战结束后，美国又以强大的军事手段实施外交政策、国际关系上的常规威慑。现在网络威慑已经进入美国战略威慑的第三个阶段，利用网络空间作战，达到大规模武器的杀伤效果，瘫痪对方作战指挥、武器应用、通讯、运输、电力、水利、金融、物流、生产、生活等系统，用软杀伤达到攻心夺志，破坏对方作战和经济运行能力，破坏制度稳定的基础，造成政治动荡和社会动乱，达到不战而胜的目的。

　　尽管竞争的形式已经有所改变，但是竞争的本质是不会改变的，最传统的恶性竞争——对抗形式的军事冲突也常常会在系统之间出现。在中级阶段，国家作为智慧系统的主要形式，以短期利益为基本目标，为了自身的利益往往会不择手段。尽管由于核威慑等原因，大国之间保持着某种战略平衡，但是这种平衡十分脆弱，许多国家都在努力发展其军事系统以获得优势，世界大战的风险逐步增加，而一些中小国家之间或

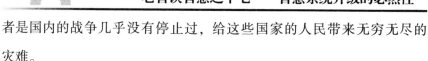

者是国内的战争几乎没有停止过，给这些国家的人民带来无穷无尽的灾难。

避免系统之间恶性竞争的道路只有一条，就是我们在前面指出的，加快整个智慧系统的进化升级，尽快取得对所有其他系统的"代差"优势。在冷兵器时代，这种"代差"只是体现在数量方面；工业社会的"代差"表现在观念、组织和武器系统方面，前面我们已经举例说明了这种以一敌十、甚至以一敌百的战例；如今我们已经进入到信息时代，系统之间的竞争直接地表现为信息体系之间的竞争，这种竞争涉及的是智慧系统的本质。我们只有在人造信息系统的基础上，重新构建信息系统的各个环节，集中全体人民的智慧，在广阔的数码空间构建起统一的、庞大的信息体系，使整个系统在整体信息流量、信息处理和使用效率方面大幅提升，形成巨大的覆盖全球的信息空间，**不仅在军事方面，而且要在整个信息系统领域形成全面的"代差"，才能在竞争中占据绝对优势，从而具备制止战争的能力。**这种优胜劣汰的自然选择机制，仍然在智慧系统中级阶段的进化中发挥着重要作用，因此智慧系统的加速升级是系统之间激烈竞争的必然结果。

四、系统信息集中化处理的要求

在系统之间激烈竞争的环境下，生物系统只能依靠自身信息结构更有效率的工作、更灵敏的反应来应对环境，这就要求信息系统有更为高效的信息集中处理机制。智力系统阶段进化出中央协调控制的信息处理机制，使生物进化的过程彻底改变。动物通过大脑的不断进化，来提高系统的信息处理能力、信息流量和信息使用效率，从而在激烈的竞争中获得优势。到智慧系统的中级阶段，系统逐步进化出信息结构和权力结构相结合的统治中心，对整个系统进行控制和管理，在一定程度上起到了大脑的作用。

当人造信息系统形成新层次的网络之后，很多人认为互联网只是一种平行性网络，是一种去中心化的设计，会促进整个系统的信息流通，使社会结构出现"扁平化"倾向。但这只是对网络社会的一种粗浅的认识。从智力系统神经网络的进化过程，我们可以清楚地看到，**在系统之间激烈竞争的环境下，平行的信息网络必然向有中心控制的、分层次的信息网络进化，才能促使信息合理流动、集中处理和有效使用，从而更好地适应外部环境**。作为高层次的智慧系统当然也不例外，在中级智慧系统的初级阶段就已经出现了作为整个系统控制中心的统治阶层，他们总体上起到了整个系统的控制和管理中心的作用。但是受到进化程度的限制，使其在实施各种系统功能的同时，往往优先谋取个人或者集团的利益，由此引起系统内部阶级、阶层、组织之间的各种矛盾冲突，成为中级阶段一个令人深思的特殊现象。随着人造信息系统的不断进化，尤其是以互联网络为基础的新型基础信息结构出现之后，信息传输和处理的时空限制逐渐被打破，尽管还有各种体制、制度、等级、习俗等限制因素存在，但是**权力结构的基础已经越来越薄弱，旧的权力中心将逐渐远去，而新的全体平等参与的系统信息处理中心将逐渐形成**，就像智力系统到达大脑进化的阶段，尽管这个过程可能会很漫长，但是新型智慧系统"虚拟大脑"的出现及其不断进化，将为解决许多长期困扰人类社会的难题提供了契机，这也成为推动智慧系统进化升级的内在动力。

随着人造信息系统向互联网的方向进化，使系统内部逐渐产生对信息集中化处理的具体要求，实际上这是信息系统本质要求的表现，复杂的网络信息系统要不断地提高系统的效率，只有通过系统信息的集中高效处理、高速传递和分散有效使用，才能充分地实现全系统的信息共享，使其产生远超出其组成部分之和的巨大系统功能。具体来看，这种系统信息集中化处理的要求表现在以下几个方面：

1. 在技术层面，云计算和大数据为整个系统带来巨大的信息处理能力，但是这种能力的发挥需要诸如计算范式、开发方式这样偏架构和技术的变革，以及相应的体制和机制配合，也就是依靠云计算和大数据来重构互联网。

首先从云计算来看，它带来的计算、存储资源集中化效应，以及数据量的激增，都使得系统架构在信息产业发展中发挥越来越关键的作用——因为支持云计算和大数据的基础就是系统架构。大数据时代的到来，也使得数据更多地参与到系统和各种服务的构建中，软件和系统架构是一个完整系统，更多的人参与进来修改、维护和升级这套系统。同时，依靠海量数据来完善这个系统，提升系统性能，搭建统一的云操作系统是重构互联网的关键。真正的云平台实际上是一个人人共享的统一操作系统，所有数据、服务、用户的 ID 业务系统本身都聚合在一个平台上，形成一个大规模、合作创新的平台。只有集中了全局的数据，大数据算法才可以更好地发挥作用，这个平台在工程师和用户以及大数据的推动下不断进化，最终会变成一个超大的、囊括性的统一智慧系统，这本质上就是对互联网的一次重构。

其次从大数据来看，要实现这一切，需以云计算为基础，并融合、联通来自各种渠道的海量数据。但目前的情况是，由于中级智慧系统的体制、机制、组织结构等限制，造成互联网的数据和资源都是分散的，难以集中使用，比如每个用户的数据是分散的，这些数据被割裂在不同的设备、不同的应用区间，同时计算资源也很分散，因此数据信息的集中化处理是新技术使用的基本要求。

2. 从网络系统管理的角度来看，"信息爆炸"产生的新问题有：首先是信息设备的增加，制造出大量的信息源，但在缺乏有效管理的情况下，造成信息泛滥，虚假信息流行。尽管网络越来越方便、快捷，但是人们反而更难得到有用的信息。其次是互联网的发展和其运营的商业化体制，使运营商往往为了经济利益而损害公众利益，出现众多互联网虚拟王国，为了争夺用户甚至不择手段。例如：网游商为了获取利益，想方设法让人沉迷于网络游戏，荒废学业、影响工作、损害健康；更有甚者，由于互联网的管理混乱，成为野心家和极端宗教势力扩大影响、宣传洗脑、招募人员以及传递恐怖袭击信息的主要工具。互联网的混乱导致对其监督和管理的需求大幅增加，现实世界中政府开始全面介入互联网的管理，但是要建立一个统一和谐的互联网虚拟世界，必须使商业化从互联网虚拟世界的构建中消退，建立起一个能够统一控制、管理、运营的网络中心，这是不以人的意志为转移的。

3. 从组织结构进化来看，除了围绕着互联网的技术、管理整合之外，系统的组织整合也在一些行业开始，但受到了体制和机制的限制，以及信息设备发展的制约，信息系统在各行业或组织的发展是极其不平衡的。在整个系统范围内，有些组织进化出超常的信息处理能力，反过来影响系统中心的运作，最典型的就是西方垄断性跨国企业，它们快速地升级内部的信息处理能力，成为对外反应灵敏的数字神经系统，内部的高效率使得其快速地膨胀，很快突破了系统之间的地域限制成为跨系统的实体，即跨国公司，反过来影响甚至控制个别系统中心的运作，架空了民主体制，使这些国家成为某些利益集团的代言人。这就是我们前面所讲的组织进化不平衡所造成的一种"病态"组织结构。要克服这种状况的唯一出路就是加快系统信息中心的进化升级，使系统的虚拟大脑真正具备控制和管理自身组织和器官的能力。

具体到各个行业，已经开始全面地转向与网络相结合的"互联网+"

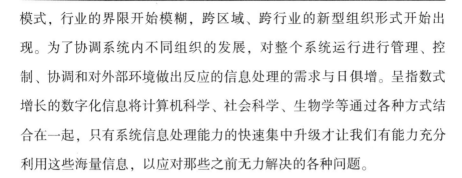

模式，行业的界限开始模糊，跨区域、跨行业的新型组织形式开始出现。为了协调系统内不同组织的发展，对整个系统运行进行管理、控制、协调和对外部环境做出反应的信息处理的需求与日俱增。呈指数式增长的数字化信息将计算机科学、社会科学、生物学等通过各种方式结合在一起，只有系统信息处理能力的快速集中升级才让我们有能力充分利用这些海量信息，以应对那些之前无力解决的各种问题。

五、网络社会、信息社会必然会向智慧型社会转化

人类的出现也就是网络社会的出现，只不过在初级阶段时这些网络是由人类的语言所构成，这种无形的网络经历了长期的进化过程。到中级阶段，逐步出现了迅速发展的公路网、铁路网、航空网、电力网、输油输气网等各种实体性网络，以及文字信息传输的网络。网络的特点就是流通、传输和联系，直到通讯和信息网络的出现，社会系统才出现了质的改变。

到了中级智慧系统的后期，人们开始认识到信息和信息系统的存在，并开始制造各种人造信息系统，使得个体在松散的系统中，接受和制造信息的能力大大提高，整个社会的信息量大大增加，有人称为进入信息社会。信息社会意味着将社会生活与社会发展从以物质材料、能量为基础，转到以信息、信息技术为基础。人造信息系统的不断进化和全球高速信息网络的实现，使人类社会的基础信息结构发生了根本改变，许多原来社会系统的界限将被打破，新的观念体系将会形成。建立在全球高速信息网络之上的社会，新的特征就是全球一体化。如果把地球作为一个广义的生命体的话，那么全球高速信息网络就可以看成是地球的神经网络。神经网络的出现对于生命的意义是众所周知的，当地球上的

人类社会拥有自己的神经网络，社会的发展就进入一个全新阶段，**其结果是网络社会中将产生一种新的"全球智慧"，以取代传统社会中的个体智慧和集体智慧。**

从智慧系统进化的角度来看，"全球智慧"的产生过程，也就是智慧系统从中级向高级进化的过程，同时也是网络社会、信息社会向智慧型社会转化的过程。如果我们说人类社会是一个超巨大的有机体，那么新的网络系统就是它的神经网络。从智力系统的进化过程，我们知道在激烈竞争的环境下，神经网络不断进化的结果就是出现具有中央控制机制的系统信息中心，在智力系统中，这个中心就是动物的大脑，**对于智慧系统来说，这个超级巨大有机体的虚拟大脑就是系统的信息中心，我们称为"大智慧中心"，它的产生将使智慧系统跃升至高级阶段，使人类社会进入一个崭新的、智慧型社会的历史阶段，实现智慧系统在地球进化过程中的一个质的飞跃。**

智慧型社会的到来是必然的，其必然性来自人类对高质量生活的追求，包括物质生活与精神生活，而且随着社会的发展，人们对后者的需求会变得越来越强烈。在本篇中我们简要分析过这些精神性需求的基础，而系统中级阶段开始的精神进化，正反映出有关认知信息的不断积累。这些信息积累的结果，不管是如何令人眼花缭乱，实际只是相互紧密关联的两个方面：一个是有关人类个体，就是个体的幸福、快乐、健康、长寿；另一个就是由人类个体组成的社会，即社会的公平、正义、和谐、繁荣。从本书提出的生物信息系统进化的观点来看，要达到以上目标，首先必须有对于智力系统的个体以及智慧系统的社会的深刻认知，在此基础上才能够实现规划、设计、调整或改造。但是对于生物和社会这些复杂系统的认知，已经远远地超出了个体的能力，只有加速智慧系统的升级，将人类的个体能力结合起来，形成更大范围的集体智慧，以至于升级到集中全人类智慧的"大智慧中心"，形成新的智慧型认知的能力，才能使我们具备足够的力量向人类向往了几千年的理想迈进。

目前的人类社会受到中级阶段的信息结构制约，社会的价值体系主体仍然是由个体的本能欲望转化而成的各种集团和组织的利益所决定的。由此产生出的各种"利益"关系错综复杂，而作为系统的管理和调节中心的国家，由于受到进化阶段的影响极易被各种集团和组织的利益所束缚，难以实现系统自动调节的功能，以实现社会的公平和正义，而由市场的自发调节所带来的缺陷和不平等，更是造成人类社会纷争和苦难的根源。

正因如此，从有文字记载的历史开始，人们就把"世界大同"作为最崇高的理想，几千年来人们在精神世界里不断构筑着这个理想的社会形态，但是由于没有物质基础而只能成为空中楼阁。如今随着人造信息系统的不断进化为我们提供了新的和最佳的手段，就是尽快地促进智慧系统进化升级，建立起集中全人类智慧的"大智慧"中心，在统一的虚拟空间构建起新的信息体系，使系统的信息处理能力千倍、万倍地增长，实现对于生物和社会这两个层次复杂系统的深度认知，从而使我们具有规划、设计、改造、甚至重构这些系统的能力，将人类社会的注意力引导到关注人类长期目标上来，彻底地消灭中级智慧系统的权力结构所引致的腐败、不公平、矛盾和混乱，从而消除人类社会绝大部分的灾难性纷争（如战争、内乱），使人类大家庭充满和谐、幸福，人类个体健康、长寿，为实现生物进化的历史使命奠定坚实的基础。

老智谈智慧之十八

——智慧系统升级的条件开始具备

在经历了 30 多亿年的生物进化之后，我们进入新的智慧进化阶段。智慧系统经过 200 多万年的初级阶段进化，多次经过全球扩散、个别发展两个阶段之后，终于大约在 1 万年前进入到全面竞争的阶段，全面的竞争大量地淘汰掉初级智慧系统，同时促进中级智慧系统加速进化。在此过程中，整个系统的信息中心逐步建立起来，这个中心构成的观念体系主要包括对外部世界的认知和对自身的认知，观念体系逐渐地取代了本能，为中级智慧系统的不断进化提供了永不枯竭的动力源。在短短的几千年内，中级智慧系统经历了内部组织的不断进化和外部功能的不断更迭，终于进入信息社会，通过人造信息系统为智慧系统的升级创造了条件。系统将在电子信息网络的基础上逐步建立新的大智慧中心，该中心将成为系统真正的大脑，它将直接连接系统内的全部个体，为它们提供统一的观念体系和知识结构；它不但将集中人类所有的知识，而且可以汇集个体的所有智慧，真正实现对整个系统的科学控制、调节和管理，解决中级系统几千年来所面临的内部与外部的矛盾和斗争，为完成生物进化的愿景和使命，实现系统在宇宙空间的新扩散奠定基础。

 # 一、中级智慧系统升级的条件开始出现

1. 观念的进展。从历史上看，智慧系统每一次大的跃升，都伴随着思想的大解放和观念的大进展。例如：原始宗教的产生对于农业社会；文艺复兴与科学的产生对于工业社会；一般系统科学以及智慧进化的理论体系和以人造信息系统为基础的模型化认知方式的产生对于信息社会等。旧的观念被冲破，新的认知信息体系逐步建立，是智慧系统大幅度提升的主要条件之一，这一次当然也不能例外。**从信息系统的各项基础理论到本书提出的智慧系统进化理论，是人类认识的又一次大飞跃，在这里第一次把生物进化与物质系统演化统一起来，把信息系统进化和生物进化统一起来，把生物进化和社会进化统一起来，完成了人类对物质系统演化的整体认知，这个飞跃必将使伴随着人类数千年的许多基本观念发生变革。**

首先，提出生物进化是物质系统演化的继续，揭示了物质世界具有统一的演化规律；而提出生物系统进化的核心是生物信息系统的进化，揭示了所有生物系统进化的根源，也使得生物系统的进化与之前其他物质系统的演化有所区别。最重要的是，**第一次提出有了生命才有信息和信息系统，生命系统是第一个信息系统，揭示了生物和人类以及社会的本质，**极大地拓展了人类对信息和信息系统的认识，为人类的认知向更深刻、系统和整体性的方向发展奠定基础。

其次，生物信息系统进化理论的提出，将争论了近百年的生物进化论牢牢地构筑到了科学实证的基础上，从此建立起从基本粒子到生命、从简单生命到复杂生命、从复杂生命再到人类社会的不同层次生物系统的进化秩序，**改变了人们的世界观和宇宙观**；提出生命是世界上的首个信息系统，而生物进化经过智能系统、智力系统和智慧系统三个阶段，**改变了人们的生命观**；提出智慧系统的本质是新层次的信息系统，揭示了人类的本质属性，解决了人们长期争论的个体的自私本能与各种不断进化的集体行为背后的物质基础，**改变了人们的是非观**；提出智慧系统进化理论，概括了文明进化、文化进化等多种社会进化理论的本质，揭示了所有物质财富的根源在于智慧系统进化过程中系统信息的处理和积累，**改变了人们的价值观。这些基本观念的改变为我们建立全人类统一的观念体系奠定了基础。**

2. 理论的准备。智慧系统的进化来源于系统信息的逐步积累和系统基础信息结构的不断改进。随着人类认知的进展，越是向高级阶段进化，越需要对自身认知的深化和正确理论的指导，智慧系统进化理论的提出，完成了对目前已知的宇宙间最复杂的系统——人类社会的总体认知，为我们建立人类进化的里程碑——大智慧系统指明了方向。

智慧进化理论的提出，为重构社会科学的理论体系提供了新的框架，**首先它揭示了生命、人和人类社会新的本质特征，**将最新的科学理论成果（生命科学、复杂系统理论、控制论、信息论等）作为理论基础，构建起可以将自然科学和社会科学纳入统一整体之中的理论框架，促进了自然科学和社会科学的大融合。在此之前，人类对自然科学已经建立了一套行之有效的认知体系以及庞大的知识结构，累积起巨大的利用和控制自然的能力。但是另一方面，人类对于自身的认识，由于受到各种观念的束缚和利益的影响，以及认知能力的局限，往往难以客观地看待自身、看待社会。

实际上，知识体系存在着从物理学到化学以及生物学、人类学到社会科学等学科的联结链条，自然的和社会的环境本身是浑然一体的，只是我们的认知能力受到智慧系统进化程度的限制，只能通过分科的方式进行研究。随着近代工业文明及分工的日益专业化，使科学被人为地划分为自然科学和人文社会科学，两者之间缺乏应有的交流合作，而且愈演愈烈，以至日益阻碍了人类科学与文化的完整化发展，影响到许多重大问题的解决。

智慧进化理论使我们可以用**新的视角来研究人和社会，从而跨越长期影响人们的意识形态界限，超脱各种利益的羁绊，站在系统之外，更客观、理性地看待对人和社会的研究**。当将人类社会完整地看成一个巨大的生物信息系统之后，我们就能找到自然科学和社会科学的各个组成部分的真正位置，即哪些属于系统的生存结构、哪些属于系统的信息结构，在其中哪些是信息输入的范畴、哪些是信息储存的构成部分、哪些是系统内部个体之间关系调节的范畴、哪些属于系统管理和控制中心的范畴、哪些是信息使用的范畴。将经过几千年积累起来的知识体系重新排列之后，新的整体认知将油然而生，我们将真正地站在一个新的起点上面，用新的认知来改造社会。智慧进化理论不仅是停留在理论层面的认知，对社会实践将有很强的指导作用，它的应用将直接地促进智慧系统的进化。

当然，只有理论体系的框架是不够的，需要社会把研究力量转移到对整个智慧系统进化过程的研究中来，利用最新科技将人类几千年来积累起来的所有知识整合起来，还原到生命的进化过程之中，也就是将自然科学与社会科学整合到智慧系统进化的理论大框架中，实现自然科学与社会科学的大融合，以及形成对生命、自然界和社会的整体性认知。这样将极大地提高人类的认知水平，解决一直以来单纯科技发展所带来的负面效应、环境破坏、疾病困扰以及社会不公，尤其是各类组织之间的利益冲突等许多日益严重的问题，**建立起以大智慧中心为主体、以绝大多数人的最大利益为依归的新型社会结构，改变目前国际上占主导的市场经济社会所倡导的"眼前利益优先"的社会结构。**

从智慧系统进化的过程，我们知道人类认知信息体系的建立是经历了长期过程，从初级智慧系统前期的小群体，以肢体语言为主时形成的直觉认知；到后期大脑硬件发育成熟、群体扩大，形成社交网络，以口头语言为主时形成的常识性认知；再到智慧系统进入中级阶段，在组织进化的基础上，语言文字发展所形成的经验性认知；一直到中级智慧系统转型升级为民主型制度，发展成现在的科学理性认知，伴随着智慧系统基础信息结构的进化，人类的认知不断取得进展。

客观世界本来就是一个统一体，它被分解为单独的部分不是由于事物的本质，而是人类认知能力的局限性，今天我们终于能将这种局限性看清楚。**这个局限性来自于智慧系统的进化程度，或者说得更明确一点，这个局限就来自于智慧系统的基础信息结构。** 早期是与系统的个体硬件进化程度有关，之后是与软件的进化以及组织形态表现的网络结构有关。而目前我们所面对的智慧系统基础信息结构进化的新方式，就是人造信息系统的进化，这个进化带来智慧系统基础结构的"质"变，将极大地提高人类认知能力，科学向前发展成为总体性的新认知体系。这是新形式的系统信息积累，使当代科学从分析的科学走向综合的科学，科学重心正转移到研究复杂系统上来，这不仅需要各门类科学家的协作团队，更需要以大型计算机为核心的高效的数据处理系统、大规模的数据储存系统，以及联结起全球人口个体的互联网系统，在此基础上形成新的系统认知方式，将给我们的世界带来翻天覆地的变化。

二、基础信息结构的持续进化

观念和理论的进展，促使人们的认知向信息系统方面发展。我们知道人造产品是由人类在理论认知的基础上设计完成，因此，如果没有系统和信息等理论的支持，人造信息系统的持续发展是不可想象的。同样道理，智慧系统进化理论的出现，使我们能够从**更深远的角度来认识人造信息系统，不仅能够分清楚人造系统的不同层次，而且能够将它们整合到人类社会的总体大系统之中，使我们在各种层出不穷、变化万千的新技术面前保持清醒头脑**。就像我们在前几章所提到的那样，不能只是用人工智能这样一个概念来概括所有的人造信息系统，因为它们可能是处在智能、智力或者智慧系统的不同层次，因此清楚地区分这些差别，不但使我们对自身的认知深化，而且能够指导我们的实践。随着人造信息系统的进化，开始出现不断加速的趋势，各种新技术如雨后春笋般出现，并且逐步被整合进整体性的网络之中，成为智慧系统基础信息结构不断升级的真正基石。

1. 人造信息系统的持续进化，直接改变着系统基础信息结构，为系统的升级创造条件。进入 21 世纪，随着电子计算机不断发展，各种数字化设备不断出现，人造信息系统开始"大爆发"式的发展，短短的30年计算机的升级和各种人造信息系统的大量出现，在模仿智能、智力和智慧系统的不同层次，都出现了新的进展。在智能系统方面，主要是通过基因工程的方式，来编辑信息的储存（或简称转基因），以达到产生新的细胞功能的目的；在智力系统方面，主要是对动、植物功能的模仿，制造出各种自动化的设备和器具，最形象的进展就是机器人；但是，核心的进展集中在智慧系统方面，在经过电脑硬件、个人电脑以及电脑软件等几个主要阶段的进化之后，快速进入到电脑网络化阶段，在短短的十几年之中网络已经遍及全球，连接起全球大部分人口，各种以网络为基础的系统信息处理功能不断出现，**互联网的进化最直观地表现了智慧系统基础信息结构进化的过程，不但深化了我们对智慧系统进化的认知，而且为智慧系统的升级创造了条件。**

2. 极大地促进了信息系统各环节的进化，使整个中级智慧系统的信息收集、传递、储存、处理以及使用的各个环节都发生着革命性的变革，这种变革与智力系统中神经系统进化的初期阶段相类似，智慧系统也开始出现这种技术的整合，这种整合是以最能体现智慧系统整体性的互联网为基础。

（1）信息收集方面。用户界面使得人与机器的输入和输出更加简单，加上传感器越来越多应用，使得人们能够通过机器捕捉的数据量大大增强。首先是将各种感应器接收到的信息整合到互联网中，形成网络视觉和听觉系统。安放在家庭、工厂、旅游区、交通路口的监视器和视频录制系统，它们将收集到即时视频信号、音频信号通过互联网进行汇聚，这一应用目前已经相当普及和发达，各种传感器收集来自城市、海洋、太空、地下、沙漠、森林等世界每一个角落的视频、音频、超声、红外、遥感航拍、热敏、光敏、GPS 定位、X 射线等各种信号，这些海量信息使系统信息的流量已经从小江小河汇集成为汪洋大海，为系统的虚拟大脑提供了丰富的信息资源。

其次，随着互联网的扩大，来自互联网自身的数据日益庞大，主要有使用者输入的信息，以及系统本身产生的信息，例如 Web 浏览记录、传感器信号、GPS 跟踪、社交网络信息等数据，2011 年全球被复制和创建的数据量为 1.8 ZB，远超过人类有史以来所有印刷材料记载的数据总量。如果把 1.8 ZB 的数据量刻录在普通 DVD 光盘里，光盘叠加起来的

高度等同于从地球到月球的一个半来回。

（2）信息传递方面。随着信息传输技术的发展，高传输速率的光缆将普及，信道容量几近无限。新兴的无线网络不断进步，移动通讯设备日益普及，在本地和云端的数据交互中，移动技术成为未来连接两者的纽带。智能手机逐步成为人们新的网络终端，方便、快捷的全球网络迅速形成。互联网络的不断升级，网络连接的速度不断加快，传输信息的内容不断增加，从连接人与人的"互联网"，到将所有智能型设备连接起来，形成"物联网"；从有线连接到无线的小区域连接，再到全球无线连接，信息网络的进化以低成本将全球的人类以及智能设备连接成一体，极大地促进了全球一体化的进程。

（3）信息储存方面。中级系统前期主要是以文字符号通过纸张记录的静态储存，而进入后期系统信息储存的技术日新月异，在一块小芯片上就可以储存一个大型图书馆的内容，传统的书籍、绘画、音像制品、影视节目都可以变成统一的数码形式储存。新趋势是将由原来个体设备的信息储存，逐渐进化到整个网络的虚拟储存，当网络虚拟视觉系统、听觉系统和躯体感觉系统出现并逐渐完善后，它们收集的数据将首先存放在互联网信息处理中心的服务器中进行筛选和整理，这些服务器将担当互联网虚拟大脑的海马区功能。互联网用户通过各自的互联网虚拟大脑神经元从这个中央信息处理中心获得需要的信息，并转移到自己的虚拟神经元以及所在的互联网社区和兴趣小组里，这个过程就实现了记忆信息从互联网虚拟海马区向互联网虚拟大脑皮层的扩散和转移。

（4）信息处理方面。中级系统的前期，信息处理主要是靠个体的大脑，中后期才通过不同类型的组织形成集体智慧。但是，由于受到语言、文字等基础结构方面的限制，这个过程很长而且常常伴有冲突和矛盾，因此形成的集体智慧往往是小范围、分散的，甚至相互矛盾。随着系统进化，这种情况将发生改变，首先是互联网络将越来越多的个体联系在一起，可以跨越时空共同参与到信息处理的过程中来，在网络中形成巨大的、统一的虚拟信息空间。随着虚拟时空的不断扩大，将脱离任何组织和个体的控制，形成全人类共同观念体系的基础。同时，机器处理信息的能力不断提高，人们通过编辑软件将比较简单、不断重复以及需要大量计算的信息处理工作交由机器高速处理，人类可以将精力集中到更特殊、更复杂的领域，当找出规律后再交给机器处理，形成不断集中智慧的良性循环，使系统的信息处理能力快速提升。大数据、云计算、机器智能等新的信息处理技术的出现，都是在为网络虚拟大脑（我们称为大智慧中心）的建立创造条件。

（5）信息使用方面。各种设备连接入互联网，将网络的整体性向信息的使用端延伸。首先是机械设备的远程控制，随着互联网的发展，远程设备将更加灵敏和强大，互联网用户将可以通过各自的网络进而经过互联网的虚拟系统，远程操控挖掘机、潜水器、收割机、家用电器以及工厂的各种生产设备和仪器。

随着"物联网"或者"工业互联网"概念的提出，从单纯的远程控制向远程的管理和维修的方向进化，各种各样的机器嵌入传感器与其他的高级信息设备，方便了海量数据的收集与分析，从而改善机器的性能与系统连接网络的效率。最新的进展是运用云计算连接智能服务的机器人，将需要的信息下载到机器人的大脑中，代替人类完成各种预定的任务，人们开始真正可以逐步远离体力劳动。

三、构造新智慧系统的技术手段不断出现

随着人造信息系统的不断进化，各种新的网络技术、信息处理技

术、人工智能技术等不断出现，为我们建构、升级新的智慧系统，提供了物质技术基础。首先来看技术层次，近年来信息处理技术方面的主要趋势有：

1. 大数据。所谓大数据是指计算中心处理海量网络数据的能力，这种能力首先是以超级计算为基础的。超级计算又称为高性能计算，是以大型计算机的超高速运算为基础。

大型计算机系统强调的是计算能力和计算速度，其服务对象主要是需要处理海量数据的科学研究和一些行业，比如气候模拟与海洋环境研究、工程设计与仿真技术、天气预报等，目前逐步地扩展到对网络的海量数据进行分析。从某种程度上说，是数据分析的前沿技术。随着我们对智慧系统认知的深化，大数据技术将成为智慧系统信息中心集中综合处理信息能力的基础，通过信息网络和无数的个体连接起来，集中全体人员的智慧，按照智慧系统信息处理的要求，在数码空间建立起全新的综合信息体系，为智慧系统的进化升级奠定坚实的基础。

目前大型计算机运算速度的竞赛，在主要的智慧系统之间如火如荼地展开。同时，模拟人脑认知、思维过程的新概念计算机，以及运用微观量子运算的量子计算机等也将出现。

2. 从2008年开始兴起的云计算概念则是网络虚拟化的计算模式，随着数据增多、软件更加复杂、终端日益多样化，计算量也必将越来越大。这对原有计算方式的效率、能耗、实用性提出了新要求——云计算正是在这样的技术发展背景下应运而生。云计算是通过利用网络闲置的计算能力，让用户能够便捷获取、资源共享、实时访问的网络计算模式。云计算本质上是面向资源共享和资源流转的，单个运算的数据量通常并不大。数量庞大的中小企业没必要再自己购置服务器和各种软件，这样不仅能节省购买、运行、维护成本，还能获得相对优质、廉价的服务。将来在新型的智慧系统信息网络中，不但需要极强大的网络中心的信息处理能力，还要在区域、节点、分系统中实行小范围的信息处理和信息共享，应用云计算的技术，建立分层次的信息处理网络，提高整个系统的信息处理效率。

3. 区块链技术是一个由全体联网节点共同维护并持有同一账本的分布式数据库，它通过算法来达成共识，在无需信任的各节点中构建一个无单一故障点或控制点的去中心化的可信系统。对于许多不需要全部连接到系统信息中心的网络架构，例如物联网来说，就是为数以亿计的设备之间建立低成本的 P2P 的数据互联模式，通过其去中心化的特性，所有的数据不用回到中心服务器溜一圈，而是直接点对点发射，如此不仅增加了安全性而且提高了效率。

4. 网络智能。在大数据的基础上，利用计算机网络模仿大脑的信息处理功能，可以大量取代人类重复性的脑力劳动，极大地提高以网络为基础的系统信息处理功能，目前主要有机器学习、自动分析等技术。

（1）"机器学习"是一门多领域交叉学科，专门研究计算机怎样模拟或实现人类的学习行为，以获取新的知识或技能，重新组织已有的知识结构，使之不断改善自身的性能。现在人们利用网络存在的海量信息，通过分析互联网上的大量视频，以寻找事物之间的联系，以便创造世界最大的视图体系知识库。在这个库中，所有的物体、场景、动作、特征以及背景关系都被加上标记并分门别类。目前，互联网规模如此巨大，仅一个 Facebook 就有超过 2000 亿幅图像，要分析它们的唯一希望是让计算机来做。

人类能不断利用"不言而喻的假定——巨大知识库"来作决策，现在我们有机会将这一假设变为现实，利用计算机网络的学习功能，在网络空间建立起庞大的数据资料库，这些资料将转化为认知信息体系，成为系

统的历史记忆，可以为整个系统进行自动化分析和决策服务奠定基础。

（2）自动化分析和决策。当网络速度更快、范围更广，资料库的规模更加巨大时，海量数据到达决策系统的速度不断提高，而依靠人力把这些数据转化为决策方案则越来越困难，通过电脑的自动化程序，许多普通决策就成为电脑程序自动处理信息的模式，人们将注意力集中在特殊情形的处理上，将极大地提高信息处理的效率。

传统的统计方法采用历史数据收集技术，这种方式通常将数据、分析和决策分隔开来。伴随着先进的系统监控和信息技术成本的下降，工作能力大大提高，实时数据处理的规模得以大大提升，高频率的实时数据为系统操作提供全新视野。通过先进的特定行业分析，充分利用历史与实时数据，实现智能化的工业互联网。将来可以利用海量数据分析，取代任何个体在决策中的位置，实现智慧系统信息中心对所有短期和长期决策最大限度的虚拟化、自动化，将中级系统时期的权力中心恢复到信息中心的性质。

5. 数字模拟仿真。这是一门利用计算机软件模拟实际环境进行科学实验的技术。数字仿真作用很大，基于仿真的系统研究不仅在其应用领域呈现出明显的经济有效性，而且对高新技术的发展起着明显的推动作用。从信息系统的角度看，数字仿真极大地拓宽了智慧系统信息处理的空间，在此之前我们可以将认知、设计、管理等纳入到系统信息处理的过程，但制造出产品后还是要到实验室或者真实的环境中去检验。数字仿真技术将这一过程也逐步纳入到系统的信息处理之中，通过"虚拟实验室"使人类真正具有了在一定范围内的虚拟空间进行"自然选择"的能力，是智慧系统信息处理能力的巨大进步，必将随着其不断发展而被人们所认识。

进入 21 世纪以来，数字仿真逐步向更复杂的技术方向发展，最典型的就是"虚拟现实"（简称 VR）和"增强现实"（AR），开始突破单纯的视觉显示，向包括模拟环境、感知、自然技能和传感设备等方面发展。但是最核心的部分仍然是仿真的程度和范围，这直接和认知的程度相关，目前的仿真技术只能反映小部分简单物质系统的物理运动以及化学变化，或者反映一些高级复杂系统的表面和简单的变化，这是由于我们对这些高级复杂系统的认知缺陷所造成。对于生物和社会这些高级复杂系统本质的揭示，必将极大地推动数字仿真技术的发展，而数字仿真技术的发展将直接为建立"大智慧"系统的核心——统一的、综合性的认知和策略信息体系奠定基础。

四、新的网络信息使用方式

人造信息系统层出不穷的新技术，为信息网络的使用层面提供了新的进化前景，新的使用形式、新的组织形态层出不穷，主要在以下几方面：

1. 人造信息系统网络的进化。首先是在网络上的文字和语言的交流层面打破了空间的界限，使不同地域的用户因共同的兴趣聚合在一起，使用文字、图像或者是有声语言组成讨论和交流的网络空间，如新闻社区、学习社区、游戏社区等。目前使用计算机的互联网用户以博客为单位，正在以兴趣和爱好为动力进行聚合的虚拟社区化演变，发展到使用智能手机、通过微信等移动通讯手段，组成各种讨论群组，人们在这些社区和群组内认识朋友、交换个人信息，对共同感兴趣的信息进行讨论，**实际上这已经是虚拟组织的雏形。**

2. 另一种使用层面的信息处理方式是网络空间的模型运作，主要形式是网络电脑游戏，几千万甚至上亿个体同时在线参与的网络游戏已经出现。尽管现在只是通过互动游戏为人们带来娱乐，但是这意味着系统已经能够以动态模型的方式将成千上万的人时刻联系在一起，或者说**智慧系统已经具备了同时集中成千上万甚至上亿人智慧的可能性**。试想，如果这些人不是将网上的时间消磨在没有任何作用的游戏上面，而是用来建立认知或者技术的虚拟模型体系、参与系统的运营管理，那将是多么巨大的力量啊！无论如何，互联网技术进步带来的成果，已经为智慧系统进化到高级阶段奠定基础。

3. 实际上利用综合大规模的数据集中处理能力，用于模拟现实的超级模型项目，直接服务于人类需求的大规模的、动态的、模型化的认知信息系统，已经在一些国家开展，比较著名的有：美国宇航局领导实施的"行星皮肤"项目，能够将一个庞大的传感器网络连接起来，搜集海、陆、空以及太空的全方位气候数据，并形成有效的可用数据和庞大的空间虚拟模型。另外一些小型化的系统已经广泛应用，例如 GIS 系统（即地理信息系统），是在计算机系统的支持下，对某个空间中的有关地理分布数据，进行采集、储存、管理、运算、分析，并通过虚拟模型实时显示和描述的技术系统。

更具雄心的项目出现在欧洲，准备投入 10 亿欧元打造一个计算机系统。由多国科学家组成的国际研究团队致力于建立一个特殊的模拟器，被称为"活地球模拟器"，据称可以复制地球上发生的任何事情，从全球天气模式到疾病的传播、国际金融交易，再到交通拥塞等。这个项目的核心部分在于它试图模拟一个全球尺度的系统——包括经济、政府、文化趋势、流行病、农业、技术发展及更多领域——这需要用到巨量数据流、高级算法，以及能让系统运转起来的硬件设施。这个项目的领导者德克·赫尔宾是一位物理学家，同时也是瑞士苏黎世联邦理工大学的社会学教授，他的目标非常明确，他认为这个系统绝不仅限于用来预测金融、政策或环境等某一方面，而是用以对世界上将要发生的所有事情作出有效预测，从而找到决策者面临的最棘手问题的解决方案。他的勇气和直觉值得佩服，这是人类试图利用人造信息系统进化出的巨大信息处理能力，来全面解决社会现实问题的一次有益尝试。这也正是智慧系统进化到高级阶段所应该具备的能力，尽管还有许多问题没有解决、许多条件还不具备，但是新生的"大智慧"中心已经呼之欲出了。

4. "智慧城市"的出现是智慧系统进化的最新进展。2010年提出这一概念时，人们还主要着眼于物联网在城市的应用，即对于地下管线、城市交通、安全、环保等方面的智能化管理。然而，随着大数据、云计算等新一代信息技术的不断发展，开始整合城市运行核心系统的各项关键信息，担负起区域系统信息整合与处理的责任。在继数字化城市、信息化城市之后，有人提出智能城市的概念，但是更多的人接受智慧城市这一概念，这是为什么呢？因为近年来人们研究发现，利用现代信息技术手段实现城市设施的网络化、智能化还只是初级目标，因为智能网络的形成以及不断的升级，还需要有知识社会环境下逐步孕育的开放城市的创新生态，也就是大众创新的民主化进程。前者是技术创新层面的技术因素，后者是社会创新层面的社会经济因素，只有将两个层面相结合才能集中所有城市所有个体的信息处理能力，参与到系统信息运作的流程中来，从而形成城市大众创新的生态，这才是集中了大家智慧的城市，所以**智慧城市的提出反映了人们对城市本质属性的一种直觉的认知**，可以说与我们的智慧进化理论不谋而合。

实际上就像前面指出的，人类的产品是需要认知和设计作为前提的。如今我们所要构建和改造的是物质系统演化到最高层的人类社会——这个有史以来最复杂的物质系统，因此人们在讨论智慧城市的时候常常提到需要顶层设计，而真正的顶层设计一定是超越地域性的限制，而涵盖整个人类社会。本书提出的智慧进化理论，揭示了生命和人类社会的本质特征，为这个顶层设计提供了坚实的理论基础，而随着人造信息系统的不断进化，新出现的认知方式将成为我们具体认知人类社会这个高级复杂系统的最为重要的工具。

五、智慧系统的核心信息处理方式开始转变

就像我们在前面提过的一样，智慧的本质实际上是人类社会系统的一种网络信息处理能力，随着以超级计算为基础的大数据和整合整个网络计算能力的云计算的出现，系统处理信息的能力即将出现"飞跃"性的质变，这种质变首先带来的是新的认知方式，使人们得到更大程度的综合性认知，在计算机的科学计算建立起动态模型化认知的基础上，将各种模型再综合起来实现"模拟现实"或"虚拟现实"，或者"模拟未来"。计算机软件可以构造出几乎所有能够想象出来的东西，并通过三维动画生动地表现出来，由此构筑起了人类认知的新方式——综合的、模型化的、模拟或虚拟的认知方式。

这种新认知方式的出现将智慧系统的认知能力推向顶峰，从智慧系统进化的历程中我们可以发现，**系统基础信息结构的进化带来人类认知方式的逐步发展，是促进人类社会发展的根本原因**。正如我们在前面提到，初级智慧系统阶段的系统信息基础结构主要是依赖原始人类大脑硬件结构的逐步进化以及与其相适应的软件进化，是从肢体语言为主转向口头语言，人类的认知也是从直觉认知逐步转向常识性认知；在中级智慧系统阶段初期，系统的基础信息结构是从口头语言逐步转向文字符号系统，人类的认知也从常识性认知转向经验性认知；中期，伴随着中级系统的转型升级和组织进化，文字符号系统的功能更好地得以发挥，可

以通过组织的形式集中集体的智慧，使得经验性的认知得到提升，转变为理性的科学认知。如今在计算机和现代网络信息技术的基础上，人们的认知上升到更高的层次，利用计算机的信息处理能力，人们将科学理论和科学计算结合起来，制造出三维动态的电脑模型，来综合反映动态的现实世界和未来世界，不仅更形象、更直观，而且更全面、更精确，甚至可以模拟复杂系统的许多现象。**这是人类新的认知形式，是建立在人造信息系统基础之上的、通过科学计算以模型化方式形成系统的、虚拟的、综合的、整体的认知形式，我们称之为智慧性认知。**

随着信息网络的发展，尤其是大数据和云计算的出现，将无数台单个计算机的数据处理能力汇聚成一个整体。在这个广阔无垠的虚拟网络空间中，个别电脑制作出的动态模型，相当于当初文字刚刚产生时的单词概念，只有将它们组织起来才能成为文章，而通过网络信息处理技术将各种模型组织起来，这篇文章终将概括我们人类整个的已知世界、人类的所有思维，并由此构筑起未来世界，把世界从观念形态、理论形态转变为动态的、可见的虚拟模型形态。

新的认知方式的广泛运用，将为智慧系统的信息处理结构带来质变，首先借助计算机网络实现对高级复杂系统的整体认知。我们已经知道物质系统从低级到高级的演化秩序，**而智慧系统正是通过不断进化，提高自身的认知能力，来实现对物质系统从低级到高级的认知，**人造信息系统尤其是网络信息技术的出现，为我们认知高层次的、更复杂的物质系统，提供了有效的手段。例如对生命系统和社会系统的认知，特别是对复杂的社会经济工作进行各个层次的分析、预测、模拟，均是新认知方式的重要手段和特长。

其次，使人们综合现有知识体系的想法逐渐成为可能。先是利用计算机的信息处理技术，将某一专业知识集中地表现在动态的模型之中，再通过网络信息处理技术将这一模型整合到网络的虚拟空间。当大量的模型汇集到虚拟时空之中，且这些模型按照现实世界的规则运行时，我们将得到一个与现实世界的某一部分相对应的虚拟世界，也就实现了将分科之学变成综合之学，现代科学也将进化为将来的智慧之学。

要实现新的认知，关键是最大限度地集中人类个体的智慧。随着电脑与手机的普及，不但为网络提供了极其大量的信息来源，无处不在的手机可以创造出大量的数据，而且也提供了无数可处理数据信息的"神经元"，将这些"神经元"结合起来，配合不断出现的新类型的系统信息处理技术，智慧系统就可以具备越来越强大的信息处理能力，那么，众多新颖的探索领域就会很快向我们敞开大门。新的认知方式将很快扩展到系统信息处理的各个领域，将在网络空间建立起综合了所有人类知识的认知体系，以及为满足人类个体和整体需要的规划、技术及策略体系，为智慧系统突破时空的限制进化到更高级的阶段奠定了基础。

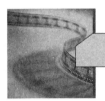

老智谈智慧之十九

——向"大智慧"迈进，谈谈高级阶段的智慧系统

高级智慧系统是生物信息系统进化的高级阶段，在这个阶段智慧系统将克服在初级阶段和中级阶段的一些系统性缺陷，展现出完全不同的面貌，具体来看应该有如下三大主要特点：

一、全新的体制基础

从智慧进化理论我们知道，当系统信息基础结构从语言文字网络逐步转向电子信息网络之后，个体之间联系的范围急剧扩大，而相应地对于个体身份识别的能力则受到限制。口头语言阶段通过感官和记忆的生理识别，以及文字阶段的证照识别都难以在网络实行。因此，对系统内个体身份判别的职能已经从个体自身转移到网络管理者的身上，这不仅是因为只有它才具有这个能力，而且是因为这个职能是网络社会管理的前提和基础。因此，高级智慧系统将建立起全新的体制基础、法律和制度的保障，促使现实世界的个人实体向网络虚拟世界的"数码人"转化。

1. 首先要求网络管理中心与系统内部每个个体建立新的、直接的联系，实行一种称为"个人基本数码账户"的制度，这个账户就是个人在网络空间的身份证，个体必须通过这个账户与网络连接，同时这也是个人所有信息的综合，从出生开始所有重要信息都将记入这个账户，并将储存到大智慧中心。这个账户类似于目前具有多种功能的个人微信账户，但主要区别是：第一，这个账户是国家或者说智慧系统中心建立的，不是任何商业行为，可以作为专门移动设备的基础及应用软件，也可以在其他商用设备上使用；第二，这个账户是实名的，每人只有一个，是个体网络数码空间的身份证，个体必须依此进入网络空间，除此之外没有其他渠道；第三，个人数码账户将具有构建"数码人"的全部信息，从出生开始建立，包括智能、智力和智慧系统层面的相关信息，随着个体成长不断进行信息积累，直到生命停止、账户结束归档为止；第四，个体数码账户与"大智慧"信息中心随时保持联系，通过这个账户，个体与信息中心将建立起新型关系，个体既可以随时地接受网络中心的管理和服务，又可以随时参与到网络中心的管理和运营中来，真正成为系统整体中的一个分子。

2. 为保证个人基本数码账户的真实性，必须建立起史上最严格的、以生物信息收集及验证体系为基础的个人身份管理制度。生物信息的收集包括智能和智力系统两个层次的识别。尽管其他生物信息也能起到判别身份的作用，但是 DNA 信息是区别个体的终极因素，建立包括全部个体的 DNA 和各种生物指标的信息库以及各种检验设备，不但能够随时判明个体的身份，而且能够追踪血缘关系，为智慧系统对所有个体的管理奠定坚实的基础。

个人基本数码账户本身就包含可搜集到的个人全部生物信息，这些信息自然也储存在信息中心里。与现在身份证件的使用相类似，法律将要求所有个体随身携带具有个人基本数码账户的移动设备，保证在任何时候都可以准确定位、随时核查生物信息确保本人使用，并通过法律对盗用他人身份的情况进行严惩。

3. 个人基本数码账户制度的建立，将结束网络世界的混乱状态，实现系统信息中心对每个个体的直接管理，这种管理包括在智能、智力和智慧系统的三个层面。同时也实现了每个个体对系统信息处理的直接参与，从此将现实世界的个体推向虚拟世界的"数码人"转变，成为大智慧中心的一个神经元，个体与整体将史无前例地紧密联系在一起，通过大智慧中心的科学管理，人类的健康程度将大幅提高，人们随时可以学习最新的知识，同时再也不会有失业、下岗、无所事事的个体，全体人类都将投入到为完成生物进化的伟大使命的奋斗之中。

二、虚拟组织构造新的环境

新的体制基础为新型组织的大量成长创造了条件，所谓新型组织实际上大家都不陌生，因为现在大家已经每天都参与其中，像微信的朋友圈、游戏的战队，以及各种平台的讨论区、群组等，这还只是虚拟组织的雏形，随着个人基本账户制度提供的实名制保证，以及各项法规制度等不断完善，各种不同类型的虚拟组织将迎来大的发展，并将不断地取代实体组织，完成系统信息处理和在网络空间构建虚拟现实世界的重任。

虚拟组织的主要特点有：一是可以分散工作，也可以随时工作，打破地域和时间的限制；二是节省办公场地，以及人员组织的相关费用；

三是工作可以直接与计算机相联系，最大限度减少人事关系的影响，提高工作效率，更便于新技术的采用；四是可以完全打破行政级别，按照专业水平和整个系统的需要，来制定级别、层次和工作的报酬；五是个体可以根据自己的知识和能力，参与到多个虚拟组织之中，最大限度地发挥作用。

虚拟组织的出现是智慧系统大脑进化的一个重要环节，这个大脑将由专业性的和综合性的虚拟平台所构成，每一类虚拟平台都将有大量的虚拟组织参与其中，通过虚拟组织的激烈竞争，将获取的工作成果综合到上一个层次的更大模型之中，逐步升级，最后构成历史的、现实的和未来的虚拟世界。

所有系统内部的个体都可以通过基本数码账户参与各种虚拟组织、从事网上工作，网络工作的报酬有多种形式，系统中心将根据个人的具体情况（包括家庭、财产、身体、爱好等）和系统的需要来推荐虚拟组织，并提供有针对性的激励计划，使每个人都可以选择从事既是自己喜欢又是社会需要的工作，避免福利社会出现的个体贪图享乐、失去前进的动力，以至于使社会失去活力的情况，从而保持系统内每个个体的充分活力，同时保证整个系统的动力。

三、建立起虚拟大脑——大智慧中心

在全新的体制结构的基础上，虚拟组织将逐渐构造虚拟大脑，建立起新型系统中心，这个中心将中级系统的权力中心转变为真正的系统信息处理中心，是高级智慧系统形成的标志。我们知道，初级智慧系统的系统信息处理，主要是依靠原始宗教形成的信仰中心；进化到中级智慧系统，主要是依靠国家的强制力，形成了权力中心；而到了高级智慧系统，将建立起真正的系统信息处理中心——大智慧中心。**这个中心将吸引系统中绝大部分的个体，并且扩展到全体人类，使其加入系统信息处理的过程中，利用电子信息技术集中人类的所有智慧来解决由于进化阶段所产生的各种问题，或者说实现人类几千年来的理想，**这些理想已经从先哲的著作或者宗教理论，及社会科学的各种著作中尽人皆知。

实际上，经过人造信息系统的近百年进化，我们将要进入的智慧系统的高级阶段就包含了以上这些主要特点。首先我们将建立系统的信息处理中心，这个中心将积累起人类所掌握的上下几千年的全部信息，并将整理成为认知信息体系，规划、设计等策略信息体系，以及系统管理、运营等信息体系，随时提供给有需要的个体使用；其次这个中心对系统内所有的个体进行管理，这个管理将是全面的、多层次的，当然也包括对所有个体的行为管理的因果计算，因为这些行为的结果不但决定着当今生活的质量，而且影响今后的生命延续；最后一点也是最重要的，就是系统中心是一个全系统内部人人参与的信息中心，不但在建立的时候，而且日常的运营管理也是由全体成员参与，这种参与也是某一类"修行"，这种修行就是学习系统内部个体所必备的知识，然后通过某一类虚拟组织，参与到整个系统的信息处理过程之中。**这个中心积累的庞大信息体系，将汇集全体人类所有时期的智慧，正因如此，我们才称之为"大智慧"中心。**对于整个系统来讲，大智慧中心是一个真正的虚拟大脑，它既是一个认知和设计的中心，又是一个管理和运营的中心。

大智慧中心的主要特点。大智慧中心是高级智慧系统的虚拟大脑，这个大脑不是地理上的中心，而是由庞大的计算机网络构成的虚拟数码空间。实际上也是由系统内的每一个个体的大脑所构成的，这些个体的大脑既是中心的建构者，又是中心的神经元，也是所有系统信息的处理者，还是系统中心的管理者。因此大智慧中心必须是建立在高度民主的制度基础上，并且将远远超越现代国家的政府职能中心，我们先来看看它与中级智慧系统时期政府职能中心的区别：

（1）大智慧中心从建成的第一天起，就开宗明义地表明是面对全人类的。这是由其高级信息系统的性质所决定的，这个中心是存在于虚拟的网络信息时空之中，尽管在初期这个中心一定会带有地域的色彩，但是随着不断进化，必将会不断地吸引世界各地的人们加入其中，逐渐成为全人类的信息中心，而现代国家由于处在中级智慧系统的阶段，永远难以脱离地域的束缚。

（2）大智慧中心的出现将改变建立在语言和文字基础上的中级智慧系统的性质。我们之前对中级智慧系统的特点分析后曾指出：由于中级系统主要依靠个体大脑来分散处理系统信息的性质，实际上是无法快速有效地整合、传递和共享系统信息而建立统一的信息体系，因此也就难以避免个体利用所处的优势地位来谋取利益。从中级系统的进化过程来看，从早期的封建专制体制，一直到现代资本主义民主制度，尽管对权力的监督、制衡作用在不断地加强，但并没有从根本上解决少数人利用系统权力结构谋取私利的问题。而人造信息系统的出现和进化为解决这一问题提供了条件，大智慧中心将通过各种竞争性的虚拟组织来处理各种分类信息，然后分层次地将这些信息集中到规划体系之中，也就是将无数个人的智慧集中到巨大的计算机系统网络之中，**在此过程中原来最能体现权力属性的决策环节，转变为规划体系自动化的信息处理过程，隔绝个人利益的渗入，杜绝中级系统普遍存在、根深蒂固的腐败问题，实现社会的公平、正义。**

（3）新出现的大智慧中心将把目前十分复杂的政治体制简洁化和透明化，成为系统中心软件的一种运行规则，这种规则将得到最严格的执行。这个体制的核心结构主要体现在三个方面：

一是可以用极低的成本和极高的效率实现最普遍的直接民主制度，实现由系统内所有个体参与的网络直接民主来选举领导层，以及对于系统重大事项的表决，改变目前西方国家实行的低效率的、浪费极大的代议制民主制度，真正实现人民当家作主；二是决策权力的规范化和自动化，大智慧中心将常规性事务交由规划体系自动管理和运作处理，特殊性事件由预案体系自动管理和运作，只有极特殊的从未出现过的情况才由领导层和专业性的委员会来研究后交由民主表决，之后并入规划或者预案体系，切断任何个体或组织、集团与系统决策的利益关系；三是建立起最为广泛的全民监督体系，大智慧中心的建立，将实现系统内最大程度的信息共享，为建立专业性和群众性相结合的最广泛的监督体系创造了条件，保证所有的权力都在系统监督之下运行。系统内部的个体可以参加各种虚拟组织并发挥不同的功能，既可以学习认知，又可参与设计、运营，还可以参与管理、监督。

民主的理想核心是人民主权，大智慧中心利用不断进化的人造信息系统技术将最充分地实现这一形式，不仅在领导人选举方面，而且在重大事件决策和监督体系的建立上，都将充分贯彻这一原则，杜绝中级智慧系统的权力结构所带来的弊端，使大智慧中心真正成为全体人民参与的系统信息中心、管理中心和运作实施中心。

（4）大智慧中心将建立起与高度民主政治制度相适应的新型经济制度。这个新制度是大智慧中心的物质基础，**实际上大智慧中心已经将原有的各种制度、体制高度综合之后，变身为统一的智慧系统运营和管理体制。**为了便于比较和理解，我们仍然按照现有体制的划分来论述。新的以规划为中心的网络经济体制将逐步取代原有的市场经济的体制，新体制是以上面提到的个人数码账户管理制度为基础，信息中心与系统内的每个个体建立直接联系，个体通过规划体系参与到系统信息处理的过程中。**规划体系本身将是一部建立在虚拟数码空间的、极其庞大的、动态反映智慧系统进化的、细致精确的数码模型，**系统信息中心将在此模型基础上实现对整个系统的经济和社会方面的管理，这个管理是通过直接精确地调控每个个体的行为来实现的，做到了宏观管理的微观化，不仅能够达到需求与供给总量方面的基本动态平衡，而且能够通过结构调整和动力机制的调整，来不断提高系统运行的效率，使系统保持平稳、高速的运行。

可以说这种体制来源于之前的传统中央计划经济模式，因为从形式上看这种经济结构都是由某些中心所控制、管理，统一进行核算的。但是与传统的计划经济又有本质的不同，主要因为它是建立在不断进化的人造信息系统的基础之上，这个基础之重要正如当时自由经济学派的理论家哈耶克所指出的：在中央计划经济里，某个特定的个人或团体必须决定资源的分配，但这些计划者永远都不会获取足够的资讯以正确地分配资源。这种问题又被称为经济计算问题，所反映的正是当时人们对社会系统或者说是智慧系统的认知还处于低级的水平，这些知识无法满足系统的管理、运营或构建、改造的需要。大智慧中心对经济活动的管理是建立在新的"个人数码基本账户"体制框架基础之上，实现了对全局信息的集中掌握，而新的信息技术所提供的巨大计算能力，已经超出了那时人们的想象，从而可以实现对智能、智力和智慧系统的深刻认知，或者说对人和社会的深刻认知。就像前面我们所分析的那样，新的认知能力已经可以深化到微观模型化的阶段。也就是说，与当年文字图表编制的经济计划书相比，**我们已经具有建立在人造信息系统基础上的智能系统和智慧系统的动态模型，在此基础上我们可以反复运用模型、比较各种方案，代替"自然选择"之手，选取最优的结果。**在执行层面，我们不仅可以直接调节系统个体的需求，而且可以直接调整系统各方面的结构，甚至重新构建整个系统。

新的经济体制将解决中级智慧系统阶段所存在的长期难以解决的各种问题，例如长期影响市场经济的供需平衡问题。因为新系统是以规划为核心的经济，不仅能够对于个体的消费需求精确预测，而且能将这部分消费需求纳入到整个智慧系统运行和进化的总体需求之中，于是长期困扰经济的"有效需求不足"将成为历史。同时，由系统中心对经济结构进行的随时调整，可以直接调控系统的最基本单位，真正做到了宏观管理的微观化，因此做到动态的供需平衡并不是难事。

在中观和微观的层次，新经济体制将解决传统计划经济所面临的两大难题，即体制内部的竞争和系统动力的问题。我们知道，在智慧系统中级阶段的市场经济是一种企业激烈竞争的生态，只有在竞争中取得胜利的企业才能获得生存和发展，激烈的竞争也是激励企业进步的外在动力。在新的体制内，虚拟组织将逐步取代实体组织，虚拟的竞争环境也将逐步取代实体竞争的环境，新的竞争环境更加公开、透明、便于调控，使我们可以利用竞争的好处而避免它的害处。传统的计划经济体制之所以失败，除了管理中心对宏观经济管理的能力不足之外，就是这种体制只能依靠短期的精神动力，而缺乏其他方面的刺激，形成"大锅饭"那般干好干坏都一样的机制，从而失去系统提高效率和创新的动力。同时，市场经济完全依靠物质刺激，造成唯利是图、不择手段，企业的激烈竞争带来的优胜劣汰，经常在经济周期低迷时，造成大量的人员失业，不仅带来社会需求逐步下降的恶性循环，影响到社会稳定，还造成社会日益严重的贫富分化，社会生产力大量浪费，甚至成为新技术应用的障碍。因此，失业问题往往成为市场经济时期政府所面对的最大问题。新体制解决系统动力问题的方法是通过大智慧中心对系统内每个个体的直接调控来实现的，调控的基础在于建立在智力系统动态模型基础上的个体行为动力分类模型分析，结合个体的信息精确地分析每个个体现实的主要动力类型是属于生理的还是心理的，物质的还是精神的，现实的还是未来的；然后通过提供不同的虚拟或者是实体的环境来实现。正像前面所说，新体制已经打破需求的制约，有无数的参与工作（系统信息处理）的机会，所有个体都可以通过工作来满足自身的需要。当系统内的每个个体都保持充足的动力时，整个系统的动力就不言而喻了。

新体制破除旧体制的各种制约，极大地提高了系统信息处理的能力和利用效率，同时也就极大地解放了生产力。最主要的表现就是冲破了消费需求的束缚，传统经济主要是面向个人的消费需求，社会公共产品的需求也要受到个人消费需求的制约，一旦个人消费需求减弱，经济也就马上陷入低谷。新的经济体制通过精确预测的动态规划，将个人的消费需求纳入到整个智慧系统的运行构架之中，人们看到的已经不是生产、消费等个别方面，而是整个智慧系统的构建和运营，在这个庞大的信息系统之中，有无数的工作可做，可以无限吸收全人类的劳动，这也就打破了长期困扰传统体制的失业问题的制约，使各种新的技术应用再无阻碍。

四、高级智慧系统最核心的特点

智慧系统的核心就是其信息处理的能力，在高级阶段这些能力表现在如下方面：

1. 大智慧中心是一个人类认知信息的中心。大智慧系统是一个巨型的信息处理系统，它将建立在连接全球个体的信息网络基础上，由最先进的计算机群落组成，并配备有巨量的信息存储设备，它不但与世界上所有的信息来源设备相连接，而且通过各层次的云平台以及在平台内的竞争性虚拟组织，与所有智慧系统的个体相连接；它可以将获取的巨量信息及时处理，整合到数码虚拟时空之中，所谓数码虚拟时空，其实就是由网络电脑模型所反映的真实时空的部分映射，也就是人们所说的虚拟世界。这个虚拟世界从智人形成之后就一直存在，早期只是分散在个人的大脑之中，中期出现在众多哲人的书籍之中。随着智慧系统的进化而不断地整合、成长，不断地清晰，现在以规划体制的数码虚拟时空的动态模型形式反映出来。

新的数码虚拟时空是将人类所有知识的重新组合，是把所有自然科学和社会科学理论整合到新的理论框架之中，通过还原物质系统逐级演化的过程，把历史和逻辑高度统一起来，在集中了全人类智慧的基础上，建立起具有普世价值的人类统一观念体系，这是建立新的系统进化机制所必需的。在这里，现象维与价值维联合构成互补、完整的自检系统和自我纠错、自我改进机制，通过事实检验而对理论的真实性进行纠正和改进，并通过价值检验对理论的合理性进行纠正和改进，从而形成新的观念体系。在这种观念体系指导下，所有的自然科学、社会科学以及各种技术与设计、管理、运营的知识都将集中整合到一个巨大的规划体系信息系统之中，这是智慧系统真正的升级，将改变中级智慧系统的小集体型的智慧形成模式，将人类几百年来通过制度达到的集体智慧，升级成跨越时空的全人类智慧，实现自然科学与社会科学以及科学和技术的真正融合。

这种融合的真正用途是最大限度地实现系统信息的集中高效处理、全面高速流通和分散及时共享，极大地提高系统信息运行的效率，使系统所有成员能够得到及时的、有效的信息。信息中心既可以随时接收系

统个体的最新认知和设计、管理等信息，并整理汇集到总体之中，又可以将个体需要的信息以最有效的方式第一时间传输给系统内的每一个有需要的个体，通过充分的信息共享，最大程度地发挥信息系统的效能，必将使整个智慧系统产生极其强大的外部功能，迎接外部环境的任何挑战，去完成生物进化交给我们的历史使命。

2. 虚拟数码时空的关键是形成人类总体的智慧性认知，也就是建立起一个新型的、统一的、动态的、不断增长的认知信息体系，而这一体系的目的是为了知识的应用，因此认知体系和知识应用的策略体系应该是紧密相连的。在此之前，由于并没有一个整体性的目标体系，因此知识应用都是分散在个体和组织之间。随着新的综合性的智慧进化理论框架建立起来，人们将对物质系统的演化过程有一个总体性的认知，进而建立起物质系统演化的秩序，并且对这个演化到高级阶段的生命系统以及人类智慧系统有了更深刻、更全面和更清晰的理解，在此基础上我们可以构建起全新的目标体系，从"以人为本"到"造福社会"等原则性的目标，变为规划体系中促进智慧系统进化的更加具体的目标。围绕着这一目标整合知识应用的过程，这样才能把知识增长与知识应用置于同一个系统中，也就是把我们现在的个体和集体创新活动纳入到整个体系运行之中，使得大智慧中心建立的数码时空不但是现实的映射，而且是历史的和未来的映射。所谓未来的映射，就是在现实的数码时空的基础上，加上知识应用而对未来的规划、计划、设计以及各种方案的策略信息体系，再加上我们对自然界许多变化的认知，全部融合到反映未来时空的动态数码模型之中，构成我们中、近期清晰可见的未来，再配合操作和执行的各种方案，就成为我们将遵循的具体行为计划。至于远期的未来则需要综合全人类的所有想象力来构造，并且一定是有多种可能性结果。

大智慧中心将通过规划系统建立起人类统一的认知体系和设计、计划等策略信息体系，为实现全系统个体的信息共享创造条件，而这种高效率的信息共享是所有个体参与系统信息处理过程的基础。**当系统内每个个体都参与到系统信息的处理过程时，也就是集中了所有个体智慧的"大智慧"中心的形成时，这个系统将极大地发挥出高级信息系统的优势，很快地拉开与中级系统之间的"代差"，实现智慧系统向高级阶段进化的快速跃升。**

3. 除了是认知和规划、设计的中心，大智慧中心还是一个系统控制、管理和运营的中心。大智慧中心的具体管理功能，首先是内部调节、控制和管理的功能，智慧型的社会必须建立一套高度自动化的、对整个社会进行调节、管理和控制的系统。这个管理系统类似于哺乳动物阶段进化出的自主神经系统，将逐步取代智慧系统中级阶段的市场所发挥的自发调节功能以及政府的自主调节功能，形成智慧中心的自动化调节。如此，不但可以排除个体和集团利益的干扰，保证社会的公平正义，科学合理地管理系统内所有的个体，而且能够做到比市场和政府都更有效率地配置资源，极大地减少市场的交易成本和政府产生腐败所带来的低效率，使整个系统高效、安全、平稳地运行。

因为智慧系统是建立在智能系统和智力系统的基础之上，因此这个管理体系起码要包括两个层次（由于篇幅所限，其他层次暂时省略不述），一个是对系统个体的智能和智力系统方面的管理；另一个是对整个智慧系统方面的管理：

（1）在智能系统和智力系统的层面，主要是对人体细胞层面 DNA 信息系统的管理和对人体组织、器官层面的管理，这个管理是建立在对智能系统和智力系统进化过程认知的基础上，这个管理的目的主要有三方面：

一是通过对系统内所有个体的生物身份的永久性识别，构建整个系统管理的基础。前面提到，不同于以组织、团体等构成的小范围网络，日益扩展的全球性网络规模巨大，联系者难以见面，无法使用人类熟悉的个体感官生物特征来识别对方，这就为居心不良者提供了可乘之机。以网络为基础的欺诈随之兴起，形成互联网的混乱局面，带坏了整个社会的风气。而网络管理者要对参与的个体实施有效管理，必须依托于生物信息的识别系统，建立起对个体各种生物信息以及终级识别的 DNA 信息的储存和管理体系，才能通过"个人基本数码账户制度"对全系统的个体实行有效管理。

二是对个体健康的管理。大智慧中心将建立对系统内每个个体的健康进行有效管理的体系，类似于现在提出的"个性化医疗"和"精确医疗"，所不同的是这种管理是建立在大智慧中心运行的巨型人体数码模型的基础上。这个模型抽象出人体所有器官运作的整个过程，当个体的数据输入之后，就成为这个人的具体数码存在。随着基因测序成本的下降，监控设备的小型化，移动连接和网络覆盖范围扩大，大数据和云计算能力的大幅提升，使我们能够通过个人数码账户，将每个个体从出生开始形成的海量数据不断地整合到人体数码模型之中，从而实现对每个个体健康情况的准确预测，真正将疾病消灭在萌芽状态，实现人民健康状态的极大改善。并且随着人体数码模型逐渐从身体组织、器官的层次，深入到细胞的层次，人们将逐步具有基因调控以及细胞再造的能力，从而实现对人体寿命的调节。

三是实现对个体寿命的调节将是大智慧系统的又一次革命。从历史上，看人们所困惑的是，尽管人类可以改变的事物越来越多，改造自然的能力越来越强，但是对自己的寿命却无能为力。智慧进化理论使我们认识到了问题的关键所在，就是对于复杂系统认知水平的限制。随着大智慧中心的建立和智慧性认知方式的出现，为我们重新认识高层次的复杂物质系统（例如生物、社会等系统）提供了重要的工具，通过大智慧中心集中起巨量的信息处理能力，我们将能够建立从细胞到人体的逐步进化的动态数码模型体系，由此可以通过模拟还原出智能系统和智力系统30多亿年的进化过程，逐步掌握基因、蛋白质等细胞内部多种变量的相互作用。正是这一过程产生的一系列基因的不同变异驱动着疾病的发生，以及人类的衰老过程。这些认知的进展将促进人类抗衰老治疗，极大地延伸人类的寿命，这将是高级智慧系统对于所有人类个体的吸引力之所在。

（2）在智慧系统的层面，这个层面包含了现有社会管理的太多内容，受篇幅限制，我们仅简述涉及人类核心信息积累的部分，即一方面是对个体信息的输入管理；另一方面是对个体社会行为的管理。具体如下所述：

一是系统内所有个体对系统共同性信息的输入，是建立人类共同的观念体系，保持系统整体性的关键。这与细胞构成的智力系统基本是同样的，只不过智力系统中所有细胞相同部分的信息是通过 DNA 复制得到的，而不同部分的信息则是来源于其他渠道，这才使得所有细胞既保持生物的整体性，又能通过构成不同的功能结构而表现出多样性，从而适应环境的挑战。

与智力系统不同，高级智慧系统共同性信息的输入是通过从儿童时期开始的个性化教育实现的，大智慧中心将集中全人类的智慧，建立统一的、动态的观念体系，根据系统内个体的不同类型的特点，从幼儿时期开始由大智慧中心直接对系统内的每个个体进行互动式的网络教育，一直到基本观念形成。成年以后的基本观念教育将成为一种随时性的相互探讨的方式，起到答疑解惑的目的。

二是对系统内所有个体的差别性信息输入，这些信息的输入能使个体终身学习各种专业性知识，并在系统的运作中发挥出特有的功能。大智慧系统的信息中心将集中储存所有认知类的信息，再由各种实体或者虚拟的教育组织将这些信息整理制作成专业类的产品，提供给有不同需求的个体使用。与现在从小学、中学到大学的集体教育体制相比，大智慧中心的专业教育将主要是通过网络直接对个体的、灵活又非常个性化，个人完全是在兴趣和爱好的基础上作出选择。

与这种分散性的教育体系相适应的是分散性的考核制度，这个考核制度是建立在生物身份识别管理系统的基础上，由中央的考题信息库和分布在各个地方的具体考试场所联网组成，经过严格身份认证的个体几乎在一年的任何时间都可以参加考试。考试通过将可以获得各种专业水平和资格的认证，这种认证极为重要，将终生记录在个人的数码档案中，是参与各种虚拟或现实组织，以及获得某种级别的工作和相应的待遇或收入的前提条件之一。

三是对于系统内个体的行为管理涉及许多方面，我们只就管理最基本的经济行为进行探讨。因为在现实社会中，经济行为是人类的最主要行为。在对个体身份严格管理体系的基础上，大智慧中心将构建新的经济体系，我们将其称为系统网络规划经济，这个新体系是实现对个体经济行为管理的前提和条件。在大智慧中心形成后的相当长的时期内将会存在双重经济结构运行：一个是新的系统网络规划经济结构，一个是旧有的市场经济结构。

我们重点说说新出现的经济结构。首先它是建立在网络经济基础之上的，它的目标是整个智慧系统的建设升级和日常运营，参与者是系统内符合条件的所有个体，工作的内容主要是参与系统信息的处理。大智慧中心将在网络虚拟空间里构建起三类分层次的工作平台：一类是围绕认知信息体系建立的虚拟竞争性平台，这类平台是高度开放、面向全部人类的；二是围绕着规划、设计信息体系而建立的半竞争性平台，这类平台在一定时期只是部分地对外开放；三是围绕着监督管理、实施运营而设立的内部平台，只是对系统内部个体开放。

总之，"大智慧"中心通过对智慧层面的管理，可以关照到每一个人的需要，既为每个社会成员提供一定的物质生活基础，又可以提供一个满足各种精神生活需要的环境，实现整个社会的和谐发展。

五、智慧系统高级阶段的系统信息使用

大智慧中心的建立，将把智慧系统的信息处理能力推向高峰，也必将对信息使用阶段带来深刻的影响。其主要表现在以下几方面：

（1）信息使用过程高度的自动化。新类型的体制将彻底打破对于生产自动化过程的体制和机制限制，随着大智慧信息体系的建立和不断完善，规划、设计、管理、运营等策略信息体系将开始大整合，将一家一户的小农经济水塘汇集成智慧中心的汪洋大海，必将极大地提高信息的流动、处理和使用效率，实现策略信息体系方面的信息"大爆炸"，将越来越多的信息使用过程纳入到系统信息的处理过程之中；从各行各业全面使用工业机器人的生产自动化，进入到维修和运营全面智能化和网络化的工业互联网时代。

（2）绿色工业或者生物工业阶段。当大智慧中心在全球建立之后，或者说智慧系统经过相互激烈竞争的阶段逐步走向统一之后，全人类的智慧将可以集中在对于生命、社会这些复杂系统的认知方面。前面已经讲过，这些系统已经过 30 多亿年的进化，我们要重建这个进化过程，关键就是要用空间换取时间，就是用几十亿人的不同的信息处理空间，

虚拟重现这几十亿年的进化过程。当我们彻底地搞清楚智能和智力系统的进化过程，我们将不但能够重构生命，而且能够重构人类社会的整个工业结构。生物工业是细胞级微观系统的重构，它可以在自然中成长，根本不需现代工业那样占用那么多厂房、矿物和人力资源，是真正的绿色工业。到那时，人类需要的所有产品几乎都能够通过生物工业来实现。想想我们住在种出来的房子里面、出来可以骑着雄鹰高空飞翔、坐在鲨鱼背上深海遨游，享受生物进化带给动物的自由。更重要的是我们将能够在宇宙空间重建地球的生态环境，真正做到用生物进化来引领宇宙演化。

六、将智慧系统的优点发扬光大

高级智慧系统仍具有生物信息系统的基本属性。尽管进入高级智慧系统之后，人造信息系统的作用将逐步增强，并逐渐从协助作用转到主体作用，信息系统的效率也将大幅提升，信息系统的许多优越性将得到充分的发挥。我们在前面分析过智慧系统的特点——开放性、无限性和矛盾性，这些特点在智慧系统的高级阶段将尽显无疑。

首先我们来看开放性。高级智慧系统将是一个高度开放的系统，在智慧系统的高级阶段，随着国家的消失，**地球上的所有人类都是与智慧中心直接联系起来，智慧系统也就变成真正开放性的大系统**。对人开放的同时也就是对信息的开放，系统将收集所有信息，经过整理形成大智慧信息体系，为全人类的需求服务。将彻底改变智慧系统中级阶段系统之间的竞争模式，新升级的大智慧系统开宗明义是全人类的系统，**将逐步地破除所有地域、种族、宗教、财产等对人类的种种限制，实现真正的社会平等，为全人类提供新的共同的世界观、人生观、价值观等观念**

体系，为所有加入的个体提供更好的生存和发展条件。

其次我们来看无限性。主要表现在系统信息处理能力的无限扩大。在此之前的初级和中级阶段，系统信息的基本结构是由个体生物功能所构成的，因此在信息传播、处理、使用等各个环节，都受到人类生物本能的限制，信息系统发挥作用的能力是有限的。但是到了高级阶段之后，人们开始制造和不断地进化人造信息系统，各种限制不断被突破，统一的虚拟信息空间将无限扩展，使人类认知能力逐步从地球拓展到宇宙。

最后是矛盾性。这个特性在中级系统的进化中得到了充分体现，由于信息基础结构的进化程度所决定，信息传递受到时间和空间的限制，信息储存和处理主要依靠个体的大脑，因此只能依靠传统组织形式来集中小集体的智慧。在智慧系统进化的中级阶段，个体还受到生物本能的支配，以追求小团体的利益为主，不仅在不同组织之间积累着矛盾和冲突，就是在组织内部由于信息不对称而形成的权力结构，也造成矛盾和斗争不断。我们只要回顾人类几千年的进化历史就会发现，人类用了绝大部分的精力和财力，进行了人与人之间的斗争。不论是在系统内部的组织、阶层之间，还是阶级之间的斗争，以及系统外部相同或者不同层次系统之间的斗争，都是长期持续，一直到如今。**所以，有人说人类的历史就是一部人与人之间的斗争史，这个斗争史不结束，人类就难以掀开历史新的篇章。**

同类系统之间的激烈竞争，实际上是进化过程必然要经历的阶段。如果我们回顾历史，尤其是智慧系统进化的初期，在初级智慧系统进化的漫长阶段，尽管外部可能也会有系统之间的竞争存在，但是系统内部还是充满着和谐，这种和谐无疑为维持系统的生存和发展起到了极大的作用。**智慧系统内部的矛盾和斗争不是智慧系统与生俱来的，只是进化**

到中级阶段的产物，是传统组织的短期利益进化机制所带来的副产品。

当进化机制逐渐转变，智慧系统的核心结构开始变成人造信息系统构成时，这个系统就有可能克服中级系统的主要缺点：一是通过自动化决策和全民监督，能够隔绝个人的利益对系统中心的侵蚀；二是传统体制向网络经济体制转型升级，传统型组织向虚拟组织转化，为脱离利益机制的束缚转向人类的长远目标奠定基础；三是新的系统中心开始逐步照顾到系统中每一个成员的基本需求，使其有可能转向更高的需求层次。

到了高级阶段之后，随着大智慧中心的建立，智慧系统矛盾性的属性并不会消失，而是将以新的形式出现，例如在虚拟空间中虚拟组织将在认知、设计、管理、运营等各个环节进行激烈的竞争，但这只会是不同认知程度和不同观念的差异、矛盾和冲突，最终都会在信息处理的过程中得到合理解决，高级智慧系统的内部将重新进入积极、和谐、欣欣向荣的状态，只有在这种理想的状态下，人们才能向新的、更高的目标迈进。

主要参考书目

[1] 朱迪斯·M. 本内特，C. 沃伦·霍利斯特. 欧洲中世纪史 [M]. 杨宁，李韵，译. 上海：上海社会科学院出版社，2007.

[2] (英) 福提. 生命简史 [M]. 胡洲，译. 北京：中央编译出版社，2009.

[3] (美) 埃里克·简森. 宇宙简史 [M]. 熊况，译. 上海：上海科学技术文献出版社，2008.

[4] (英) 波斯特盖特. 微生物与人类 [M]. 周启玲，周育，毕群，译. 北京：中国青年出版社，2007.

[5] 理喻. 生命与进化 [M]. 石家庄：河北教育出版社，2007.

[6] 丁峻. 思维进化论 [M]. 北京：中国社会科学出版社，2008.

[7] (美) 约瑟夫·泰恩特. 复杂社会的崩溃 [M]. 邵旭东，译. 海口：海南出版社，2010.

[8] 查先进. 信息分析 [M]. 武汉：武汉大学出版社，2011.

[9] 刘益东. 智业革命 [M]. 北京：当代中国出版社，2007.

[10] 李喜先. 知识系统论 [M]. 北京：科学出版社，2011.

[11] 图书情报工作杂志社. 信息、知识与网络 [M]. 北京：海洋出版社，2009.

[12] 陶同. 进化中的宇宙 [M]. 北京：经济日报出版社，2003.